VICTORIA GRADER

CASPERS WELTFORMEL

ROMAN

Diederichs

Verlasse dich nicht auf den Zufall,
aber baue ihm goldene Brücken.
Ungarisches Sprichwort

Der Kopf dröhnt, das Blut rauscht mit wahrscheinlich 1,3 Metern pro Sekunde durch seine Venen. Casper steht auf dem Seitenstreifen der Autobahnbrücke, klammert sich an die Brüstung und starrt in die Dunkelheit.

Er hat das Gefühl, schon jetzt zu fallen.

Irgendwo da unten ist Boden. Kiesel, Schotter, Geröll oder Wasser, vielleicht ein Nadelwald, der das Mondlicht schluckt. Die Höhenmeter lassen sich nicht abschätzen.

Casper schließt die Augen und breitet die Arme aus. Hinter ihm liegt der Fall, vor ihm das Rauschen. Er atmet langsam ein und aus. Er muss es tun.

Was bleibt ihm auch anderes übrig?

CASPER

An diesem Sonntag im August ist es so heiß, dass sich selbst die Tauben ein schattiges Plätzchen suchen, um nicht unter der Sonne zu verbrennen. Casper schultert seine Reisetasche, in der anderen Hand schwebt die Aktenmappe über glühendem Asphalt.

Für die Bahnreise nach München wird ein ganzer Tag draufgehen. Was bleibt ihm auch anderes übrig? Er hat versprochen zu kommen, jetzt muss er sich daran halten.

Die Mutter wird sein Bett frisch beziehen, ein neues vegetarisches Rezept ausprobieren. Am Montag werden sie zu zweit eine Ausstellung besuchen, nach jedem Mittagessen spazieren gehen. Am Samstag wird er in einer Bar sitzen und belanglose Gespräche führen, nachts in die Tasten seines Laptops hacken, dann wieder nach Berlin fahren.

Morgens aufstehen, in die Uni radeln, irgendwas essen, zu Bett gehen und so weiter, bis er wieder nach München muss. Er seufzt, dann ist er an der Reihe am Ticketschalter.

»Unjünstiges Wetter, um lange Bahnreisen anzutreten«, näselt der Service-Mitarbeiter, als er das Ticket durch den Schlitz der Glaswand schiebt. Mit dem Ticket entweicht stickige Luft aus dem Schalterkabuff. Casper kann sie fast schmecken.

»Wahrscheinlich schon.«

Casper öffnet seine Aktentasche, legt das Ticket hinein und schließt sie wieder.

»Und der Hut? Mene Jüte, muss doch janz schön heiß unter dem Ding sein …!«

Casper zuckt mit den Schultern.

»Ihnen einen schönen Tag noch.« Er zieht den Hut zur Verabschiedung. Als er sich im Fortgehen noch mal umdreht, sieht er, dass der Mitarbeiter den Kopf schüttelt. Während er den Abriss faltet und den Locher ansetzt, murmelt er vor sich hin, offensichtlich leicht verstört.

Es ist nicht im Geringsten verwunderlich, dass ausgerechnet der Service-Mitarbeiter so auf den Hut reagiert: Hüte sind heutzutage nicht mehr allgegenwärtig. Casper zieht sein Notizbuch aus der Jackentasche und blättert, bis er die richtige Seite gefunden hat, macht ein Kreuz, schließt das Notizbuch und lässt es wieder in die Tasche gleiten.

Es ist der hundertzwölfte Service-Mitarbeiter, der seinen Hut anstarrt, der einundneunzigste, der einen Kommentar dazu abgibt. Casper dreht sich erneut um, der Schaltermensch sagt irgendwas zur Trennwand und nickt. Die Kabine neben ihm ist leer. Ein sauberer Schlag mit der flachen Hand auf den Locher, dann zieht er ein kariertes Tuch aus der Brusttasche und wischt sich die Schweißperlen von der Halbglatze, bevor er das Stück Papier abheftet.

Jeden Tag sitzt er da, wahrscheinlich acht Stunden lang und atmet die stickige Luft. Druckt Fahrscheine aus und heftet Quittungen ab. Wenn er sich umdreht, sieht er eine graue Wand. Wenn er sich nach links dreht, sieht er eine graue Wand. Wenn er sich nach rechts dreht, sieht er eine graue Wand. Er schiebt Papier durch die Luke in der Glaswand und fragt Leute, warum sie bei heißen Temperaturen Hüte tragen.

Wo er wohl abends hingeht, wenn er sein Kabuff absperrt? Kippt er noch ein Pils in seiner Stammkneipe hinter dem Hauptbahnhof? Oder wandert er direkt nach Hause, in seine Schuhschachtel-Wohnung? Setzt sich vor den Fernseher, wie ein Hamster ins Laufrad?

Casper seufzt. Irgendwie ist es auch egal, wo der Mann hinter dem Schalter hingeht. Casper selbst ist nämlich genau so ein Schaltertyp, im übertragenen Sinn.

Caspers Kabuff ist ein bisschen größer. Sein Büro in der Uni hat richtige Wände, die etwas mehr Raum einschließen, und ein Fenster gibt es auch – aber alles in allem ist es ein fader, farbloser Raum.

Er druckt Matrizen anstatt Fahrscheine, heftet Berichte anstatt Quittungen ab. Manchmal geht er in die Stammkneipe hinter der Uni und gönnt sich ein Bier nach der Arbeit. Kein Pils, sondern ein Helles, trinkt es schweigend und langsam. Manchmal fährt er direkt in seine Schuhschachtel zurück.

Der Laptop ist sein Laufrad. Außerdem ist da noch Berlin. Eine feine Ablenkung vom Abheften im Alltag – aber eben nichts Echtes.

Casper ist eingefroren, steht stumm zwischen all der Bewegung, zwischen den hetzenden Reisenden, den rollenden Trolleys, starrt auf den Schaltermenschen in seinem grauen Kabuff, der ihn schon längst nicht mehr sieht, der nicht ahnt, welche Beklemmung seine Existenz bei dem jungen Herren mit Hut auslöst.

Wie kommt man da raus? Wie zum Teufel kommt man da raus?, denkt Casper, während er sich endlich wieder in Bewegung setzt und auf die Fernzüge zusteuert.

◇

Casper nimmt einen Schluck aus der Wasserflasche, bevor er sich die letzte Zigarette anzündet.

Diese eine noch und dann nie wieder, denkt er. Diesmal wird er es schaffen. Aus München zurückkommen und Nichtraucher sein. Andächtig inhaliert er. Der heiße Rauch trocknet seinen Mund aus, er schüttet sich lauwarmes Wasser aus der fast leeren Flasche hinterher. Es schmeckt nach Zigarette. Zwischen den letzten Zügen trinkt er den Rest und schlendert zum Mülleimer auf dem Bahngleis.

Nachdem er seine ausgedrückte Zigarette weggeschmissen hat, sieht er ihr bedauernd dabei zu, wie sie zwischen Bananenschalen, Flaschendeckeln und Papiertüten rutscht. Soll das die eine letzte gewesen sein?

Casper seufzt wieder.

Die allerletzte Zigarette muss man zelebrieren und mit einem feierlichen Gefühl im Bahnhofsaschenbecher versenken, bis der Filter ganz mit Sand bedeckt ist. Darauf hat er sich gefreut. Das muss sein, damit er abschließen kann.

Schon steht er vor einem Tabakladen und steuert auf den Eingang zu. Kurz vor der Ladenschwelle rempelt ihn ein hustender, nach Rauch riechender Typ an, der aus dem Geschäft kommt.

Ekelhaft. Casper zögert. So will er nicht werden.

Er muss weg, egal wohin. Hauptsache nicht Zigaretten kaufen. Er zwingt sich umzudrehen und weiterzugehen, genau in die entgegengesetzte Richtung.

Dann sieht er es. Stolpernd bleibt er stehen, starrt auf die riesige Werbetafel, die sich fast bis zur Decke der Bahnhofshalle erstreckt.

»Wann fühlen Sie sich wirklich lebendig?«, steht da in riesigen Lettern vor einem Bergpanorama mit Sonnenaufgang. Casper schluckt.

»Wann fühlen Sie sich wirklich lebendig?«

Die Frage ist ganz allein an ihn gerichtet. Hier in diesem Bahnhof, zwischen all den anderen, die pünktlich in ihre Züge steigen, abfahren, ankommen und weitermachen.

»Wann fühlen Sie sich wirklich lebendig?«, liest er noch mal und formt dann mit den Lippen den einen Satz, der all seine Zweifel auf den Punkt bringt.

»Lebendig fühle ich mich nicht.«

Casper kann seinen Blick nicht von den Wolken lösen, die wie Milchschaum um den höchsten Gipfel wabern.

Was ist das überhaupt für eine Frage?

Wer fühlt sich denn lebendig, morgens in den Öffentlichen, auf dem Weg zur Arbeit? Wahrscheinlich die Wenigsten.

Sich lebendig fühlen kann nur das Gegenteil davon sein.

Das Gegenteil von Vorhersehbarkeit.

Und Casper? Wann fühlt er sich *wirklich* lebendig?

Eigentlich immer dann, wenn er sein Leben verlieren könnte.

Eben wie früher, auf einer Bergtour. Damals war Lebendigsein wertvoll. Das Kochen auf dem Feuer, das Einkuscheln in den warmen Schlafsack, das Laufen, Klettern, Festhalten.

Der Geruch von Harz, Tannen, Kräutern und irgendwann dann Schnee. Sternenklare Nächte, die beißende Kälte im Zelt, umgeben von Eis und Wind. Tagelang ging es nur ums Überleben und die unvergleichliche Müdigkeit danach. Ums Aufpassen, Nicht-Abrutschen. Um die richtige Einteilung der Ration, das Trotzdem-satt-Werden. Ums Improvisieren, wenn einem das letzte Sturmfeuerzeug kaputtgeht.

Während er jeden Zentimeter des Bergpanoramas sehnsüchtig aufsaugt, fällt ihm plötzlich der untere Rand des Plakats ins Auge. »Fotografiere die Freiheit, halte sie fest!«, steht da kleiner, neben dem Bild einer sicher viel zu teuren Profi-Outdoor-Kamera.

Erschreckt von seinem eigenen lauten Auflachen wird ihm bewusst, dass er wie versteinert auf eine Werbetafel inmitten der Bahnhofshalle starrt und wirres Zeug vor sich hin murmelt. Und, dass die Zeit dabei nicht stehen geblieben ist. Hektisch fängt er an, seine Hosentaschen nach dem Handy abzuklopfen. »Entschuldigen Sie, wie viel Uhr ist es?«, fragt er einen Westenträger neben sich, der nur mit den Schultern zuckt. Er stürmt zurück in die Haupthalle, bis er vor der großen Uhr bei den Fernzügen steht.

Sein Zug ist bereits vor drei Minuten abgefahren.

Einen Moment braucht Casper, um zu begreifen, was gerade passiert ist. Dann zuckt er mit den Schultern, geht geradewegs in den Tabakladen, kauft sich zwei Packungen Rattray's Pfeifentabak, Öko-Zigarettenpapier und abbaubare Filter. Fotografiere die Freiheit? Na warte.

Er kramt sein Smartphone aus der Aktentasche, macht ein unscharfes Foto von sich selbst vor der Abfahrtstafel und nickt. Schön. Mit dem Pfeifentabak dreht er sich eine Zigarette und analysiert das Foto, während er tief inhaliert. Es ist leicht verschwommen, aber doch ausdrucksstark. Er stellt sich vor, dass es irgendwann mal in einer Galerie hängt. Blasser Typ mit Hut, der seinen Zug verpasst hat. Ein toller Titel. Das Foto macht diesen Moment zwar nicht besser, aber nach der Zigarette sieht er plötzlich klar. Er hat tatsächlich gerade die Freiheit fotografiert. Einen Zug zu verpassen, heißt nämlich immer, dass man einen anderen nehmen kann. Einen, der woanders hinfährt. Er beginnt zu grinsen. Der Zug nach München ist weg. Und Casper ist ganz zufrieden mit der Welt.

Er setzt sich auf die Bank gegenüber des Fahrkartenschalters und denkt darüber nach, was er jetzt wirklich tun *möchte*. Soll er erst mal nach Hause fahren?

Casper stellt sich vor, wie er in die U-Bahn steigt, aus dem Fenster schaut. Wie die Tunnelwände am Fenster vorbeiziehen, bis er aussteigt, durch die Dänenstraße läuft, anhält.

Dann die Einzimmerwohnung aufsperrt, seine Jacke in den Flur hängt, den Rucksack neben dem Eingang zur Küche abstellt, sich am Wäscheständer vorbeischiebt. Wie er nach ein bisschen Hausarbeit erleichtert ins Bett fällt. Er stellt sich vor, wie am nächsten Tag der Wecker klingelt, seine Hand schlaftrunken danach tastet und ihn aus Versehen gegen den Teller schiebt, der noch von gestern herumsteht.

Casper kann fast fühlen, wie er unter die eiskalte Dusche steigt, um richtig aufzuwachen. Um sich zu bestrafen, weil er gestern im Bett wieder bis spät in die Nacht aufs Laptop geschaut hat. Er stellt sich vor, wie er sich auf sein Fahrrad schwingt, ohne Handzeichen durch die Berliner Innenstadt kurvt, die Aktentasche im klappernden Fahrradkorb. Wie oft hat er genau diesen Morgen erlebt, wie viele Fast-Unfälle hat er um halb zehn gebaut, weil er nicht eher aus den Federn kam? Wie viele Male hat er sein Fahrrad an die Mauer des Physikbaus geknallt, keine Zeit mehr gehabt, um abzusperren? Er sieht sich selbst die Treppen hochrennen, den rasselnden Atem drosseln, um noch schnell unbemerkt am Büro des Lehrstuhlinhabers vorbeizuschleichen. Dann das hämische Gesicht von Hendrik, das sich am Ende des Flurs aus der Türe schiebt. Wie sich seine Mundwinkel kräuseln, wenn er »Guten Morgen, Casper« flötet, sodass es jeder hört. Dabei kann er eigentlich kommen und gehen, wann er will, hat keiner festen Arbeitszeit zugestimmt. Trotzdem ist das schlechte Gewissen da, der Stress echt. Während der Computer hochfährt, noch schnell einen Kaffee holen, die Sekretärin Frau Meyer begrüßen, die ihn verstohlen mustert. Deren Blick ein bisschen zu lange auf sein Hemd gerichtet bleibt, das wieder aus der Hose hängt. Casper schüttelt den Kopf.

Nein, er wird erst mal nicht nach Hause fahren.

Anfangs war Berlin anders. Roch nach Abenteuer, Freiheit

und Zuckerwatte, nach buntem Rausch, endlosen Möglichkeiten.

Und dann? War jeder Tag gleich. Casper ist versumpft und Berlin zu grau geworden. Aber jetzt einfach zurück nach München, obwohl er seinen Zug verpasst hat? Auf keinen Fall. Für Casper ist München einfach nichts. Gab ja einen Grund, dass er damals abgehauen ist. Das ständige Bemühen um den guten Ruf. Dieses ewige Herumtanzen um die Meinung der anderen. Dabei wären die hässlichen Ecken und chronischen Makel, die krampfhaft verborgen werden, eigentlich charmant. So wie die Rattenplage im Bayerischen Hof. Casper muss lächeln, wenn er daran denkt. Er mag die Vorstellung, dass die Ratten unter den Betten der reichen Leute wohnen.

In den Wänden herumkriechen und sich von Kaviarresten und Champagnermousse ernähren. Es hat einfach was.

So sitzt er auf der Bank gegenüber vom Fahrkartenschalter und träumt mit offenen Augen von Städten und von Ratten.

Wie viel Zeit dabei vergeht, ist ihm egal. Er weiß jetzt zumindest, was er nicht will. Nicht München, nicht Berlin.

Es muss etwas Echtes sein, wie damals in den Bergen.

Keine Fassaden mehr. Das Leben hat für ihn entschieden, dass er sich heute ein neues Ziel aussuchen darf. Gut so.

Entschlossen steht er auf und steuert den Fahrkartenschalter an.

»Welche Züge fahren in der nächsten halben Stunde ab?«, fragt Casper den Herren mit der Halbglatze, der erschrocken von seinem Formular aufsieht und das karierte Taschentuch an die Stirn hebt. Dann räuspert er sich und tippt etwas in den Computer ein. »Entweder der Schnellzug nach Venedig oder ein Nachtzug nach Budapest«, näselt er monoton. »Ich würde Venedig empfehlen.«

Für welches Ticket sich Casper entscheidet, ist in dem Moment klar, als die Halbglatze beide Möglichkeiten ausgesprochen hat. Zufrieden schaut er sein Ticket an. Budapest Keleti pályaudvar, klingt spannend, denkt er.

Diesmal geht alles gut. Er kauft sich noch eine Flasche Wasser und ein paar Nüsse, dann macht er sich auf den Weg zum Gleis. Er raucht nicht, vertrödelt keine Zeit vor Werbetafeln und sitzt kurz darauf im richtigen Fernzug.

Als Berlin an ihm vorbeizieht, fängt er wieder an zu grinsen. Einmal entfährt ihm sogar dieses peinliche, glucksende Freudengeräusch, das er manchmal macht.

Zufrieden lehnt er sich zurück. Er hat das Glück am Schopf gepackt. Hat sich selbst überrascht, dem Pflichtbewusstsein ein Bein gestellt. Es ist so unheimlich befreiend, wenn die Dinge unerwartet kommen. Besser als Nacktbaden oder Ballonfahren. Fast hat er vergessen, wie es sich anfühlt. Plötzlich fällt ihm wieder dieser Spruch ein, der in der Küche in München hing, auf dem Kalenderblatt für irgendeinen Sommermonat. *Verlasse dich nicht auf den Zufall, aber baue ihm goldene Brücken.* Angeblich ein ungarisches Sprichwort. Casper gluckst noch mal. Hat er dem Zufall eine goldene Brücke gebaut? Na ja, egal. Diesen Moment wird er auf jeden Fall genießen, ihn aufsaugen.

Neugierig sieht er sich um. Drei Personen sitzen mit ihm im Wagen. Ein Mann mittleren Alters, der sich Sonnenblumenkerne in den Mund schiebt, eine ältere Dame gegenüber, die aus dem Fenster starrt, und eine junge Frau vor ihm, die telefoniert. Was machen diese Menschen im selben Zug wie er? Soll er jemanden fragen? Sein Wunder-Zug ist mit großer Wahrscheinlichkeit ein Zweck-Zug für jeden anderen Passagier. Casper tastet nach dem Notizbuch in seiner Jackentasche. Wenn er mit jemandem redet, muss er sich neue Notizen machen. Außerdem könnten ihn die Gespräche deprimieren.

Er lehnt sich wieder zurück. Lieber aus dem Fenster sehen. Sich treiben lassen. Irgendwohin schwimmen.

Der Zug brummt, Casper konzentriert sich auf das Dröhnen und die Vibration seines Sitzes. Er fährt in einer Metall-Raupe nach Budapest, und sonst ist nichts von Wichtigkeit. Ja, auf dieser Reise ins Ungewisse wird er das Denken einfach sein lassen. Er wird einfach nur da sein und Schluss.

Ab und zu versteht er Fetzen des Telefongesprächs der Frau vor ihm. Immer wenn er anfangen will nachzugrübeln, was der Mensch am anderen Ende des Hörers sagt, schüttelt er den Gedanken ab, wie eine lästige Stechmücke. Er versucht das Gespräch zu ignorieren, aber die Stimme ist so laut, dass er sich die Ohren zuhalten müsste, um sie auszublenden.

Nichtdenken ist ein bisschen wie stumm sein. Man darf die Welt sehen und hören, aber kann sich nicht einmischen.

Casper wird sich einfach auf die Landschaft konzentrieren.

Die Gegend um ihn herum wird immer ländlicher, der Horizont weiter und die Farben echter. Sein Herz macht einen Hüpfer. In dem Moment muss er sich eingestehen, dass das Fühlen anfängt, wo das Denken endet. Ausgerechnet das ist die Erkenntnis, die er aus dem Nichtdenken zieht. Nach einiger Zeit fallen ihm die Augen zu.

◇

Casper wird von der Durchsage geweckt. Noch mit geschlossenen Augen freut er sich über den Beweis, dass seine spontane Reise kein Traum war. Bald wird er ankommen, in einer fremden Stadt, ohne Plan, ohne Verpflichtungen.

Verdammt, was für ein gutes Gefühl! Irgendwie muss es ihm gelingen, dass es auch so bleibt. Er öffnet die Augen, gähnt und streckt sich, sieht gelbe Felder und den blauen Himmel an den Fenstern vorbeiziehen.

Casper holt sein Notizbuch aus der Aktentasche und blättert zur Mitte, datiert eine noch leere Seite, die in kurzer Zeit bis oben hin voll mit eng stehenden Lettern übersät ist.

Den Stift setzt er erst nach der dritten Seite ab.

Zufrieden blättert er zurück und liest noch mal alles durch.

Die Sache ist eigentlich ganz einfach, denkt Casper und setzt den Stift wieder an.

Wenn sich alle Teilchen wie gewöhnlich verhalten, dann reicht es eigentlich auch schon, wenn nur ein Teilchen aus der Reihe tanzt. Und wenn sich um ihn herum alles wie immer verhält, dann muss eben *er selbst* aus der Reihe tanzen.

Laut seinen Berechnungen dürften dann unberechenbare Dinge geschehen. Das universelle Gesetz der Entropie, explizit der zweite Hauptsatz der Thermodynamik, besagt eigentlich schon, dass jedes isolierte System einem unumkehrbaren Zerfall unterliegt. Was unweigerlich zur Selbstzerstörung führt.

So wie das ständige Anwachsen der Entropie das Grundgesetz des Universums ist, ist das Grundgesetz von Caspers Leben – und allem Leben überhaupt, – gegen die Entropie anzukämpfen. Aber damit ist jetzt Schluss. Ab jetzt wird er seinen Kopf austricksen. Wenn er einfach nicht mehr so handelt wie ein vernünftiger Mensch, dann wird alles – und zwar wirklich alles – chaotisch und fantastisch werden.

Unvorhersehbar eben, bis es irgendwann vorbei ist.

◇

Als der Zug in Budapest einfährt, muss Casper sich anstrengen, nicht darüber nachzudenken, was er jetzt vorhat. Er will seinem Kopf gar nicht erst die Chance geben, sich einzumischen, was als Nächstes passieren wird. Als er aus dem

Zug aussteigt, nimmt er ein paar tiefe Atemzüge. Der Duft von Frittiertem vermischt sich mit dem Lärm von Backpack-Touristen, Kindern, Eltern und Pärchen. Dieser Bahnhof fühlt sich anders an als jeder deutsche Bahnhof. So, als würde er in einer anderen Zeit existieren, vielleicht vor zwanzig Jahren. Die Uniformen der Bahnmitarbeiter, die Passanten, das Gebäude – alles sieht veraltet aus, aber auf eine charmante Art und Weise. Als ob irgendwer einen Sepia-Farbfilter über den Bahnhof gelegt hätte.

Casper durchquert die Haupthalle und versucht, die neuen Eindrücke in sich aufzusaugen. Das Sonnenlicht fällt zwischen den Torbögen auf der linken Seite der Haupthalle, darüber eine umgekehrte Parabel im Fenstergitter, der Himmel im Koordinatensystem. Glasstreifen ziehen sich an der Deckenwölbung entlang, goldenes Licht fällt auf die Fernzüge. Neben dem satten Blau der Züge leuchten quietschgelbe Fahrkartenautomaten, der ganze Bahnhof sieht wie überdimensionales Spielzeug aus. Begeistert liest er die Schilder, die über Torbögen und Türen hängen. Zwischen prunkvollen Säulen steht in verschnörkelter Schrift CSOMAGMEGÓRZÓ und ÉLELMISZER. Er versucht, die Worte mit den Lippen zu formen, tonlos, als er plötzlich angerempelt wird. Die Frau trägt einen roten Einteiler, schwere Goldohrringe, einen Damenbart.

Sie schimpft in lang gezogenen ä-Lauten, Silben, die sich ineinander verschlingen und ruckartig ausgestoßen werden.

Verträumt lächelt Casper die zeternde, unförmig wirkende Dampflok im roten Strampelanzug an. Die ganze Erscheinung – eine Darbietung. Und dann dieser Klang, dieses Zischen und Ziehen der Silben, die sie ausstößt.

Ungarisch ist wie Feuerspucken.

»Sorry«, sagt er und hebt entschuldigend die Hände.

Auf dem weiteren Weg durch die Haupthalle muss er noch

einige Male scharf ausweichen, denn die anderen Passanten tun es nicht. Im Gegenteil, er hat das Gefühl, dass sie versuchen, ihn noch zu erwischen.

Am Ausgang angekommen, dirigiert ihn sein Magen den Düften entgegen, an Brathähnchen und Würsten vorbei.

Schon steht er vor einem Stand, drückt dem Verkäufer zwei Euro in die Hand und deutet auf den Kessel, in dem zischende Teigfladen ausgebraten werden.

Nachdem der Verkäufer die Silbermünze kritisch beäugt hat, nickt er und lässt sie in seine Hosentasche gleiten.

Dann widmet er sich einem neuen Fladen, sagt etwas, das wie eine Beleidigung klingt, wiederholt es lauter.

Ach, das war eine Frage. Casper deutet auf das Bild, das am besten aussieht. Sekunden später beißt er in ein herzhaftes Lángos, was er sonst nur vom Weihnachtsmarkt kennt. Er kaut und schmeckt Salz, Fett, Knoblauch und Sauerrahm. So schmeckt Glückseligkeit. Tausend Mal besser als auf allen Weihnachtsmärkten der Welt zusammen.

Als sein Magen zufriedengestellt ist, meldet sich die Vernunft zu Wort. »Du solltest dringend Geld wechseln, bevor die Nacht einbricht«, mahnt sie ihn. »Danach musst du im Internet nachsehen, in welchem Viertel du die günstigste Unterkunft findest.«

Das mit dem Geld ist wohl richtig. Mit den Euros kommt er an Essen, aber ein Fahrkartenautomat wird wohl kaum eine Ausnahme für ihn machen. Casper reiht sich in die Schlange der erstbesten Wechselstube ein, tauscht sein Bargeld in 63 611 Forint und 60 Fillér und kauft sich danach den ersten ungarischen Kávé, der zwar wie Filterkaffee aussieht, aber kein bisschen wässrig ist. Der Kaffee riecht schwer und süß. Casper nimmt einen Schluck. Das Zeug ist so stark, dass eine Zigarette gut passen würde.

Er schlendert aus der Bahnhofshalle, sucht sich einen Platz im Schatten, lehnt Rucksack und Aktenkoffer gegen die Wand, stellt seinen Pappbecher vorsichtig darauf ab und beginnt, sich eine Zigarette zu drehen. Er will sein Drehzeug gerade wegpacken, als er einen festen Schlag auf seinem rechten Oberarm spürt.

»Hey!«, sagt Casper wütend, während er sich suchend umsieht.

Der Typ steht direkt hinter ihm, nuschelt Unverständliches. Er hat schmutzige Füße, seine Anziehsachen sind zerfleddert, er riecht nach Kloake. Sein Gesicht ist sonnenverbrannt und aus irgendeinem Grund verschmiert von Ruß. Oder einfach Straßendreck? Der Mann macht ein gequältes Gesicht, deutet auf den Tabak.

»Ahh«, sagt Casper und gibt ihm seine fertige Zigarette.

Der andere nickt, zeigt auf Caspers Hände und hebt seine eigenen, als würde er beten.

»Noch eine?«

Er führt die Hand zum Mund, dann fällt der Groschen.

»Du hast Hunger?«, fragt Casper. »Hab leider nichts mehr zum Essen. Nur Geld.«

»Euro, Euro«, sagt der Fremde mit leuchtenden Augen und bekommt von Casper tausend Forint in die offene Hand.

Der zufriedene Penner will gerade von dannen ziehen, als Casper ihm noch: »Where is the cheapest place to stay in Budapest?« nachschreit.

»In the Streets«, krächzt er in gebrochenem Englisch, bevor er in der Menschenmenge untertaucht und mit ihr verschmilzt.

»So wirst auch du in ein paar Tagen aussehen, wenn du deinen Kopf weiterhin ausschaltest«, höhnt sein Verstand.

Casper öffnet seine Aktentasche, zieht sein Smartphone

heraus, überfliegt die Übersicht der unbeantworteten Mails, verpassten Anrufe, ungelesenen Nachrichten und drückt auf den seitlichen Knopf, um das Handy auszuschalten. Dann hält er kurz inne. Er wählt »Abbrechen«, dann »Kurzmitteilung verfassen«, ohne die ungelesenen Nachrichten zu sichten. »Endlich ausgebrochen – aber anders«, tippt er. Scrollt die Empfängerliste herunter, bis er ihn gefunden hat.

Seine Fingerspitze landet auf »Papa«. Er wartet, bis die Mitteilung gesendet wurde und schaltet dann das Handy aus.

Is' gut, denkt er. Dann lass ich den Kopf ein bisschen an und mach stattdessen das Handy aus.

Damit er das Nörgeln der Vernunft nicht weiter ertragen muss, pfeift er die Tetris-Titelmelodie, während er sich eine neue Zigarette dreht, und konzentriert sich beim Rauchen auf die Geschmackskomposition aus süßem, fast kaltem Kaffee, bitterem Kaffeesatz und trockenem Rauch. Mit jedem Knirschen zwischen den Zähnen kommt ein bisschen von dem Enthusiasmus zurück, der ihn nach Budapest gebracht hat.

Die Sonne hüllt das Bahnhofsgebäude in ihr abendliches Leuchten ein, Casper beobachtet, wie sie nach und nach tiefer wandert. Kurz bevor die Sonne untergegangen ist, kauft er ein Ticket für die Metro. Casper findet, dass es langsam Zeit ist, etwas zu erleben. Er entschließt sich, in eine Bar zu gehen und muss nicht lange suchen, bis er eine zwielichtige Ecke gefunden hat.

◇

Die Bar sieht von außen ziemlich düster aus, von innen aber gar nicht mal so sehr. *Bukowski's Dream* heißt der Laden.

Die Wände sind grau, nackt und vollgekritzelt. Von Weitem wirkt es einfach nur dreckig, aber von Nahem gibt es ein oder zwei interessante Zeichnungen zwischen den Schmierereien.

Hocker, Tische, Lampen und Kissen sind bunt zusammengewürfelt, offensichtlich aus möglichst vielen verschiedenen Stilen und Farbtönen. Vor der Holzvertäfelung hinter der Bar stehen eine Reihe schöner Flaschen, in jeder möglichen Form und Größe. Casper setzt sich auf einen freien Barhocker aus Rauleder und Messing, zwei Hocker entfernt von einem großen Mann mit Pferdeschwanz und Bart. Er wirft ihm einen Blick von der Seite zu. Ein grimmiger Bär vor einem Whiskyglas, der den Hocker begräbt. Casper bestellt sich auch einen Whisky auf Englisch, der Barmann sagt etwas auf Ungarisch.

»Ah.« Casper nickt, öffnet seinen Geldbeutel und schiebt ihn über die Bar, sodass der Barmann sich die passenden Scheine aussuchen kann.

»Das solltest du nicht tun«, brummt der Bär neben ihm in gebrochenem Englisch.

»Warum?«, fragt Casper und zuckt mit den Schultern.

»Weil sonst jeder von dir stehlen kann.«

»Davon möchte ich nicht ausgehen.«

»Wo kommst du denn her?«, lacht der Bär und haut mit seiner Pranke auf die Theke, sodass alles wackelt.

»Aus Berlin.«

»Ahhh«, macht der Bär und trinkt einen Schluck.

»Deutsch, deutsch. Ich weiß noch aus Schule.«

»Ihr lernt Deutsch in der Schule?«, fragt Casper verwundert.

»Jetzt auch Englisch. Früher nur Deutsch.« Er nimmt einen Schluck.

»Gibt's da kein Dieb in Berlin, hä?«, krächzt er in seinem deutschen Kauderwelsch, das Casper noch viel besser gefällt als das Englisch zuvor. »Jetzt ganz ehrlich. Geldbeutel aufmachen und so gucken. Das solltest du nicht tun, für Zukunft. Nie wieder, nicht hier.«

Bekräftigend schüttelt er den Kopf, Casper nickt.

Irgendwie nett, dass er es erwähnt.

»Kommst du aus Budapest?«, fragt Casper.

Nun nickt der Bär.

»Warum bist du hier gekommen?«, stellt er seine Gegenfrage.

»Die Bar sah ganz gut aus.«

Der Bär zieht eine Augenbraue hoch.

»Ich meine, warum du für Urlaub in Budapest gekommen bist.«

»Urlaub?«, fragt Casper. »Ich hab so ziemlich alles Wichtige dabei, was ich besitze. Weiß nicht, ob das ein Urlaub ist.«

»Das lieber auch keinem erzählen.«

Er zwinkert verschwörerisch, und Casper muss grinsen.

»Also du kommst hier nur durch, willst woanders hin, hä?«

»Vielleicht.«

Beide nehmen einen Schluck Whisky.

»Berlin ist nichts mehr für mich.«

Der Bär sieht ihn fragend an.

»Warum?«

»Berlin ist wie ein Theaterstück, das man immer wieder, aber stets mit verschiedenen Schauspielern gesehen hat.«

»Hä?«, macht der Bär. »Wie meinst du?«

»Berlin ist vorhersehbar. Alles ist so scheinbar-verrückt. Und gleichzeitig zu sehr gewollt.«

Der Bär legt den Kopf schief.

»Mach ein Beispiel.«

»Okay.« Er muss kein bisschen überlegen.

»Also, vor zwei Wochen war ich auf einer Einweihungsparty. Da steht eine aufgeblasene Badeinsel, so ein Teil für den Strand, mitten im Wohnzimmer. Alle Gäste tragen ganz komische Klamotten, Radlerhosen und Tanktops in Übergröße, Neon-Farben. So absichtlich *weird*, weißt du. Der Gastgeber hat Glitzer im Gesicht und schmeißt Penis-Konfetti auf einen kotzenden

Typen, während auf zwei Fernsehern Pornos laufen, deren Darsteller heute so alt wie meine Großeltern sein dürften.«

»Ist doch gut!«, lacht der Bär, und der Tresen fängt wieder an zu wackeln.

»Aber nicht, wenn du weißt, dass die Veranstalter ein paar Jahre später Anzüge tragen, sich ab und zu neue Möbel kaufen, in der Freizeit etwas Gartenarbeit machen und dann unerwartet sterben. Wer so eine Party schmeißt, der versteht die wichtigste Komponente des Unkonventionellen nicht. Der peilt es einfach nicht.«

»Die Komponente vom was?«, fragt der Bär sichtlich belustigt.

Er hat freundliche Augen.

»Es ist nicht wirklich neu, verstehst du? Solche Partys gibt's doch immer wieder, und ihre Veranstalter sind tief im Herzen richtige Spießer, die sich ein paar Jahre austoben wollen, um sich selbst davon abzulenken, dass sie auf den Tod warten. Berlin ist voll von denen.«

»Haben Spaß, paar Jahre lang. Ist gut. Ist verruckt.«

Er hebt sein Glas, prostet Casper zu.

»Das ist es eben nicht. Es ist Müll und macht Müll.«

Casper seufzt.

»Na ja. Es läuft halt immer so. Irgendwann sind die Partys in Berlin auf jeden Fall genauso vorhersehbar wie der Rest der Stadt. Nichts ist schlimmer als die Einsamkeit zwischen Gin Tonics, Bauernmärkten und Goa-Raves, glaub mir.«

»Ich kenn nur Gin Tonic.«

Casper lacht. Irgendwie mag er den Bär.

»Also fühlst dich einsam. Einsam in großer Stadt.«

Casper nickt, der Bär seufzt.

»Weiß ich, das Gefühl. Viele Menschen sind wie …« Er denkt angestrengt nach. »… niemand«, beendet er seinen Satz.

»Viele Menschen sind wie niemand«, wiederholt er noch mal.

»Ja, ja!« Casper hopst freudig auf dem Barhocker herum. Endlich kapiert das mal einer. Schon ergießt sich der Schwall, den er seit Ewigkeiten unterdrücken muss. Schimpftiraden über Berlin will einfach keiner hören.

»Genauso ist es. Das hast du poetisch ausgedrückt, damit triffst du voll ins Schwarze. Und in Berlin ist die Masse an Niemanden so gewaltig, das gibt's gar nicht. Angeblich geht alles in Berlin, alles. Aber irgendwie treff ich nur Leute, die immer dasselbe machen. Keiner, der mich überrascht. Nicht mal der Obdachlose in der U-Bahn weicht von seinem täglichen Monolog ab. *Hallo, mein Name ist Mike. Leider bin ich gezwungen, hier nach Kleingeld zu fragen.*«

Bei den letzten zwei Sätzen verstellt Casper seine Stimme, nuschelt monoton vor sich hin.

»Ich geb ihm manchmal was. Aber die anderen sehen einfach nur weg. Dann fahren sie weiter zur Warschauer Straße, verprassen ihr Geld im Club. Danach Döner im Morgengrauen, pennen, arbeiten und am nächsten Tag wieder so tun, als ob man frei wäre. Aber im Endeffekt entscheiden sich alle doch für dieselbe beschissene Handlung und dasselbe beschissene Dasein. Ich kapier die nicht, die Menschen. Wieso sind die so?«

Es ist ihm egal, ob der Bär jedes Wort versteht. Es ist ihm egal, ob er auf die Frage antworten kann. Sie auszusprechen, tut verdammt gut.

»Vielleicht, die denken nicht so viel wie du«, sagt der Bär und tippt sich zweimal hintereinander mit dem Zeigefinger an die Stirn. Dann hebt er das leere Whiskyglas.

Casper ist sprachlos. Blinzelt zwei, drei Mal.

»Krass«, sagt er. Der Bär hat es kapiert. Genug, um das Problem anzusprechen, das da wirklich ist. Casper schluckt. Was für eine Analyse.

Nach kurzem Schweigen fragt der Bär: »Magst du Absinth?«

»Ich trink ihn auf jeden Fall.«

Der Bär lacht und bestellt auf Ungarisch.

»János«, sagt er und reicht Casper die behaarte Pranke, bevor dieser sich ebenfalls vorstellt.

»Cazspr?«, fragt János und übt noch zwei Mal, bevor er es schafft, den Namen einigermaßen ordentlich auszusprechen. Nur mit der Endung tut er sich schwer. Aber Casper mag es.

»Also Caschpa. Wo wohnt eigentlich dein Hotel? Gibt Haufen Müllbuden. Musst vorsichtig sein.«

»Hab keins«, grinst Casper, und János schüttelt ungläubig den Kopf.

»Du bist wirklich ein verrückter Typ. *Total crazy. A crazy guy.*«

Casper nickt.

»Neuerdings schon.«

Ja, das passt. Das ist sein neues Ich. Der verrückte Typ, ein *crazy guy*, mit all seinen Habseligkeiten im Gepäck auf der Suche nach Leben.

»Was arbeitet so einer wie du?«, will János wissen.

Vor dieser Frage hat er sich gefürchtet. Aber jetzt muss es raus.

»So einer wie ich sitzt jeden Tag zwischen vier leeren Wänden, neben einem Whiteboard und einer Azalee im Topf und hackt Daten in einen Computer. Dann sieht er sich Vektoren und Matrizen an und versucht es wieder mit anderen Daten, anderen Vektoren und Matrizen. Und irgendwann bekommt er dafür einen Doktortitel.«

János sieht verwirrt aus.

»Also ein Doktor? Ein Arzt?«

Casper schüttelt den Kopf.

»Nein, ein Doktor der Physik.«

»Ach so. Also, was sind diese? Vektore und Matratze?«, dann lacht er. »Weiß nichts. Bin Lastwagenfahrer.«

»Ahh.« Casper nickt. Das passt zu den großen Händen.

»Also. Vektoren und Matrizen. Hmm. Im Endeffekt ist es buntes Zeug, das ein Computer ausspuckt, wenn du ihm eine Funktion gibst. Man beschreibt damit kleine Teilbereiche der Welt. Aber meistens nicht ganz so, wie sie wirklich sind.«

Casper versucht, das Brennen herunterzuschlucken, das aus seiner Magengegend nach oben kriecht.

»Super, buntes Zeug!« János sieht ehrlich begeistert aus.

Casper nickt, schluckt noch mal, aber das Gefühl will nicht verschwinden. Dann schüttelt er den Kopf.

»Ist irgendwie immer dasselbe. Nicht super.«

Sein ganzer Mund schmeckt nach bitterer Säure.

Vergiss die Physik, vergiss den Alltag, vergiss *die Formel*. Vergiss es einfach, betet er sich selbst vor.

»Was denkst du da?«, fragt János und tippt sich an die Stirn, aber Casper schüttelt nur den Kopf, kämpft immer noch gegen das Gefühl.

»Ich will nie wieder dorthin zurück«, sagt Casper trocken.

János kneift die Augen zusammen.

»Also, Caschpa. Dann Berlin ist nicht das Problem. Du läufst vor was anderes, oder?«

Ob er vor was anderem wegläuft? Mit ziemlicher Sicherheit wieder ein Treffer ins Schwarze. János, der Lastwagenfahrer, ist ein verdammt guter Zuhörer. Und er hat verdammt noch mal recht.

Gut, Berlin ist vorhersehbar. Aber sein eigenes Leben ist ein fader Brei, der immer nach demselben Rezept gekocht wird: Aufstehen, U-Bahn, Whiteboard, PC, U-Bahn, Bier, austauschbare Unterhaltung, Schlafen. Natürlich gibt es ab und zu mal eine Rosine, aber die schmeckt eben auch nicht, wenn man sie kommen sieht oder sogar eingeplant hat.

Damit ist jetzt Schluss.

Endlich stellt der Barmann die zwei Gläser mit der lodernden grünen Flüssigkeit auf den Tresen. Sobald die Flammen erloschen sind, kippt Casper das Zeug in einem Zug runter, schüttelt sich, um das Brennen im Rachen loszuwerden.

»Auf der Zugfahrt nach Budapest hab ich beschlossen, dass ab jetzt alles anders wird«, sagt Casper, als er das miese Gefühl endlich im Absinth ertränkt hat.

»Dass ich nicht mehr so sein werde wie bisher.«

János trinkt den Absinth langsam, bestellt wieder etwas beim Barmann und wendet sich dann Casper zu.

»Und wie willst du machen? Kommst doch nicht aus dir selber raus.« Mit jedem Schluck klingt János' Deutsch ungarischer, aber Casper versteht ihn trotzdem. Er rutscht etwas näher zum Bären, beugt sich vor, senkt die Stimme verschwörerisch. Als ob ihn jemand anderes belauschen könnte.

»Ich hab eine Formel. Hab es nachgerechnet, also müsste es funktionieren. Ich mach einfach immer das Gegenteil von dem, was ich sonst machen würde. Weißt du?«

Dann muss er aufstoßen, bekommt Schluckauf.

Mit seiner riesigen Hand tätschelt János ihm den Rücken, wuchtet Casper nach vorne, ein Wunder, dass sein Genick nicht abknickt wie ein Strohhalm.

»Ruhig, Junge.« János fischt eine Zigarette aus seiner Brusttasche, die er Casper anbietet.

»Das hilft.«

Casper nickt und beobachtet, wie János versucht, ein Streichholz anzuzünden, das ihm immer wieder zwischen den Fingern zerbricht. Irgendwann gelingt es. Er gibt Casper Feuer, danach zündet er sich eine eigene Zigarette an.

»Also erzähl. Was das für Formula?«

»Die ist echt alt. Die Idee ist mir sogar schon als Kind eingefallen.« Casper schluckt. Er weiß noch genau, wie das mit der Formel anfing, könnte den Tag in seinem Kopf abspielen, wie einen Film. Er hat gelernt, ihn rechtzeitig abzuschalten. Jetzt will er ihn nicht sehen. Und auch nicht drüber reden.

»Alles in allem soll sie vorhersagen, wie Menschen sich verhalten. Sie basiert auf einer Menge an statistischen Daten. Aber die formale Darstellung ist schwierig.«

János runzelt die Stirn, hört konzentriert zu.

»Was formal? Malen?«

Auch Casper muss sich jetzt konzentrieren.

»Also fast, ja. Du bringst etwas aus der echten Welt aufs Papier. Schon eine Art Skizze, aber als Formel. Und das ist sehr komplex.«

»Warum?«, fragt János, der Unersättliche. Aber wer hat gesagt, dass es keine neugierigen Lastwagenfahrer gibt?

»Pass auf. Es gibt verschiedene Teilformeln, die relevant sind …«

»Hä? Warum teilst du Formel noch?«

»Ich teile sie nicht. Eine Formel besteht eben immer aus mehreren Teilen. Ein Teil davon, was zwischen Menschen passiert, ist eben der Mensch. Der Mensch an sich, weißt du? Und um den Menschen formal darzustellen oder auch einfach nur zu malen, muss man erst mal bestimmen, was ihn ausmacht. Man muss ihn gut beobachten und dann erkennen, was jeder Mensch mit den anderen gemeinsam hat.«

»Ich versteh nix. Außer ein Sache. Du kannst damit rechnen, was Menschen machen, oder?«

»So ungefähr, ja.«

»Dann weißt du immer, was passiert für Zukunft?«

»Oft. Wenn nichts Unvorhersehbares dazwischenkommt, was leider wirklich sehr selten ist.«

»Cool.« János sieht beeindruckt aus. Er schweigt, zieht an seiner Zigarette und runzelt angestrengt die Stirn.

Er leckt sich mit der Zunge über die Lippen, ganz vorsichtig, als könnte er so besser nachdenken.

»Kannst du damit rechnen, ob mein Frau kommt zurück für Zukunft?«

»Ich könnte, ja. Wenn ich genug über sie wüsste. Genug über dich wüsste. Dann könnte ich sagen, mit welcher Wahrscheinlichkeit sie zurückkommt. Aber es ist besser, es nicht zu wissen. Glaub mir.«

»Kann mir nicht denken so.«

»Ist aber so.«

»Warum?«

Casper überlegt.

»Weil es sich dann nicht mehr so gut anfühlt, wenn es passiert.«

»Aber mir würde jetzt besser gehen!« Sein Jaulen hallt durch den ganzen Raum.

»Glaub mir, das denkst du nur.«

János' Bärengesicht verdüstert sich.

Der Barmann stellt zwei weitere brennende Absinthe auf den Tresen. Casper wartet, pustet, trinkt. Wie soll er erklären, dass die Formel ein Fluch ist, den keiner aushält? Auf der Suche nach den richtigen Worten tastet er alte Erinnerungen ab. Wie in einem archivarischen Register ziehen die Bilder an ihm vorbei. Dann rastet es ein.

Er bleibt an Amelie hängen. Ein Tag im mannshohen Weizenfeld, gemeinsam gut versteckt in der Mitte auf einer Picknickdecke. Er spürt noch alles. Die Hitze, ihre schweißverklebten

Haare, die aber herrlich süß duften, als er drüberstreicht. Sie küssen sich, so oft, dass keiner von ihnen einen Schluck Wasser braucht. Ein paar Mal steht sie auf und läuft in ein Versteck, wahrscheinlich um Caspers ganze Spucke auszupinkeln. Sie ertappt ihn, jedes Mal wieder, wenn sie zurückkommt, mit dem Notizbuch in den Händen.

»Nimmst du das Ding eigentlich überallhin mit?«, fragt sie amüsiert. Sie kennen sich noch nicht besonders lang.

»Schon, eigentlich.«

»Und was schreibst du da rein?«

Casper zuckt die Schultern und lässt das Notizbuch schnell wieder verschwinden.

»Ist das dein Tagebuch?«

»So was in der Art«, lacht Casper.

»Schreibst du da was über mich rein?«, will sie wissen, aber da hat Casper sich schon auf sie geworfen.

»Caschpa.«

Verdattert sieht er auf, vom blonden Haar im Weizenfeld zu János' Bärengesicht. Verflucht, war das der Absinth?

»An was denkst du?«, fragt János.

»Deine Augen ganz klein. Kleine Punkte in Mitte drin. Und wieso machst du jetzt Auge so groß …«

János' Stimme wird leiser.

Wusch. Ein Haufen schwarzer DIN-A5-Notizbücher, der aus dem Nichts auf ihn hinunterstürzt. Schützend hebt er die Hände über den Kopf, doch ein Buch nach dem anderen prasselt von oben herab, klatscht auf seine Schultern. All diese kleinen schwarzen Kladden hat er über die Jahre vollgekritzelt, nun sind sie in Budapest, hier in der Bukowski-Bar. Regnen auf ihn runter, verschwinden Stück für Stück aus den Lücken seines Bücherregals und dem ledernen Reisekoffer seines Vaters, um hier aufzutauchen, um ihn zu begraben, zu ersticken. Während es weiter Notizbücher regnet, schnappt er sich eines davon, blättert, liest. Die Buchstaben bewegen sich, werden zu einem Strudel, verdichten sich zu einem Sog und der Film beginnt.

Szene eins. Die Pausenglocke läutet den Konflikt ein.

Der andere Junge ist der Sohn der Haushälterin seiner Mutter, zu der Casper nicht Putzfrau sagen darf. Er steht vor dem Tor des Schulhofs, fletscht die Zähne, hat zwei Freunde dabei. Eine taktische Abschreckung, die fast einwandfrei funktioniert. Caspers Klassenkameraden fliehen in die Autos ihrer Eltern, Casper denkt nicht daran zu rennen, hat keine Angst. Er bleibt ruhig, nimmt seine Brille ab. Während er sie sicher im Rucksack verstaut, schwört er, sich mit allen Kräften zu wehren, das Klein-und-Drahtig-Sein mit Mut aufzuwiegen.

Die Einleitung ist abgeschlossen, der Film geht jetzt erst richtig los. Es beginnt mit den üblichen Beleidigungen.

Casper ist eingekreist, irgendwann kommt der erste Tritt, aber er weicht aus. Es geht noch mal gut, beim dritten Ausweichen fängt er sich einen Schlag ein, dann noch einen.

»Selbst deine Mutter ist ein SPAST!«

Die Spucke des Jungen, der das letzte Wort brüllt, trifft ihn im Gesicht.

»Ein spastischer Zitteraal!«

Zitteraal. SPAST. Zitteraal. SPAST.

Die Worte fallen wie in Zeitlupe, fallen in einen Brunnen, hallen dort nach. Legen einen Schalter um.

Sein Hirn ist aus, runtergefahren.

Ehe er sich's versieht, ist Casper gesprungen. Mit aller Kraft krallt er sich am Hals des anderen Jungen fest und beißt zu, beißt in das, was er erwischt. Der Junge schreit. Casper schmeckt Blut, Fleisch, Eisen und etwas Saures. Er lässt nicht locker, bis der Junge ihn abgeschüttelt hat. Casper landet in einer Pfütze, spuckt das herausgebissene Backenstück auf den Asphalt. Der Junge mit dem blutenden Loch im Gesicht heult.

»Der spinnt, der kleine Pisser hat Reißzähne …«

Die anderen wollen ihre Haut behalten, rennen. Casper bleibt noch eine Weile auf dem Boden und wartet, bis alle weg sind. Sein Gesicht ist heiß, der Atem rasselt, das Herz trommelt gegen seine Brust. Er presst die Handfläche auf das Pochen, als ob dort der Knopf ist, mit dem man das Gehirn wieder anschaltet. Es fährt nicht hoch, weil es noch verarbeitet, was gerade passiert ist. Und immer wieder muss Casper auf das Stück Fleisch neben sich sehen. Dann rappelt er sich auf, klopft den Staub von seiner Kleidung, nimmt die Schultasche auf den Rücken. Zu Hause weist ihn seine Mutter auf die aufgeschürften Hände, das Loch in der Hose und die Wunde am Knie hin, während sie versucht, ihm ein Schinkenbrot zu schmieren.

»Ich hab keinen Hunger«, sagt er, während er beobachtet, wie sie versucht, den Wacholderschinken im richtigen Moment auf das Brot fallen zu lassen. Unbeholfen führt sie immer wieder dieselbe Bewegung aus, jedes Mal entgleitet ihr das Stück zu früh oder zu spät. Der Schinken hat dieselbe Farbe wie die ausgespuckte Backe des Jungen.

»Mama, soll ich dir helfen?«, fragt Casper, aber sie macht einen Laut, der zu bedeuten hat, dass sie es alleine schafft. Nach einiger Zeit landet der Schinken auf der Butter. Casper erzählt mit Unschuldsmiene, dass er auf den Stufen im Schulhof gestolpert sei.

»Ach Kind. Hört das denn nie auf?«

Er weiß, dass sie Ruhe gibt, weil sie beschäftigt ist zu überlegen, was man gegen sein fehlendes Schmerzempfinden tun kann. Casper bedankt sich, nimmt das Schinkenbrot, geht in sein Zimmer, direkt zum Schreibtisch, wo er den Teller abstellt. Zieht die oberste Schublade auf, kramt zwischen Stiften, Notizbüchern und Geburtstagskarten nach dem Kompass, bis er ihn findet.

Dann kippt er nach hinten auf sein Bett. Liegt nur so da und starrt auf den selbst gebastelten Pappmaché-Pilz, der über ihm an der Decke klebt. Das alte Metallding kalt und schwer in seiner Hand. Er analysiert die Situation und ihre Axiome.

Da sind vier ganz verschiedene Menschen. Ein kleiner und drei große Jungen, ein Gymnasiast und drei Hauptschüler.

Die Machtverteilung scheint am Anfang schon festgelegt zu sein, trotzdem gibt es ein überraschendes, unerklärliches Ende. Was hätten Max Born oder Werner Heisenberg daraus abgeleitet? Die hätten sich für die Gesetze von Interaktionen interessiert. Handlungsgesetze, Reaktionsgesetze. Wie in der Quantenmechanik. Nur dass jetzt der Mensch das Elementarteilchen ist.

Welche Kraft treibt ihn an?

»Die Macht«, sagt Casper laut.

Casper schnappt sich ein neues Notizbuch aus der Schublade des Nachttischs, reißt die Verpackung auf und beginnt mit der Überschrift des neuen Projekts: *Die Formel.*

»Casper, verdammt, scheiße!«

Der Schlag ins Gesicht holt ihn wieder zurück.

Er sieht die Scheinwerfer eines Autos, das vorbeifährt. Hängt über János' behaartem Arm, draußen auf dem Gehweg vor der Bar.

»Zum Teufel, sag doch, dass du nicht vertragen kannst Absinth!«, schimpft János, während er Casper vorsichtig zurück auf die Füße hebt. Casper taumelt, stützt sich an János' Arm ab und beginnt dann zu grinsen.

»Ganz und garnicht vertrage ich Absinth nicht!«

János ist sichtlich irritiert über Caspers heiteren Tonfall.

»Mir ist gerade was klar geworden«, erklärt Casper, während er sein Gleichgewicht wiederfindet.

»Gerade bei Schlafen mit Augen offen, oder was, hä?«

»Ja.« Casper nickt eifrig. »Gerade eben.«

»Und was bitte sehr?«

»Alles hat mit der Formel angefangen. Alles.«

»Was?«

»Alles, vor dem ich weglaufe! Der ganze Einheitsbrei, das leere Leben, die Vorhersehbarkeit von einfach jedem beschissenen Detail in meinem langweiligen Dasein.«

»Hat ganz schön Angst gemacht«, sagt János und wischt sich den Schweiß von der Stirn. »Und bin ganz wach auch.«

»Sorry. Wollte dich nicht nüchtern machen.«

Casper fängt wieder an zu grinsen.

»Kommst wieder mit?«

Casper nickt.

»Aber kein Absinth mehr.«

»In Ordnung.«

János mustert Casper von unten bis oben. Nach kurzem Zögern erklärt er feierlich:

»Kannst später bei mir auf Couch schlafen.«

Zurück in der Bar erzählt János von der Trennung, eine ziemlich traurige Geschichte eben. Casper nickt, versucht wirklich zuzuhören, aber denkt eigentlich an nichts, außer an die Erkenntnis, die er dem Absinth verdankt:

Die Formel hat sein Leben im Griff.

Anfangs bestand sie nur aus drei Variablen. Nämlich Macht, Machtbedürfnis und soziale Schicht. Es kam ein Wert heraus, der bestimmte, wie einflussreich ein Individuum bei maximalem Potenzial sein konnte. Aber seine Formel funktionierte, so wie alle Formeln, erst mal nur im theoretischen Raum. Deshalb betrieb er Forschungsexkurse mit seiner ersten Freundin, den Nachbarsjungen, seiner zweiten Freundin – eigentlich mit ausnahmslos jedem Menschen.

Er feilte an der Handlungstheorie. Bediente sich der Spieltheorie. Dann konnte er die Formel im echten Leben anwenden. Auch wenn er nicht eingriff, konnte er den Verlauf vieler Dinge immer besser einschätzen. Irgendwann brauchte er dazu nicht mal mehr seine Formel. Es war durch und durch befriedigend zu wissen, wie die Dinge ausgehen würden. Zumindest zu Beginn.

Als seine Formel über eine Seite lang war, trennte sich Amelie von ihm.

»Ich bin doch keine Labor-Ratte.«

»Jetzt sei nicht so. War eben wichtig für die Statistik …«

Seitdem hat er keine Freundin mehr gehabt. Aber warum auch?

Solange er denken kann, ist die Formel das Wichtigste gewesen. Seit wie vielen Jahren sitzt er jetzt schon daran? Wie viele Notizbücher hat er gefüllt, wie wenig von der Welt erfasst? Dabei hätte er doch immer mehr verstehen müssen. Stattdessen ist sein Leben vorhersehbar geworden.

Was ist, wenn er die ganze Zeit verschwendet hat? Wenn er keinen Meilenstein in der Sozialphysik erreichen, sondern einfach nur depressiv wird? Sein Vater hätte dann auf jeden Fall total danebengelegen. Und all die Jahre wären verloren. Casper seufzt. Wenigstens hat er jetzt kapiert, was sein Problem ist. Die Formel wiegt mehr als der Rest seines Lebens. Aber damit ist jetzt Schluss.

Schluss mit der Vernunft, Schluss mit der Auswertung des Alltags, Schluss mit dem Funktionieren.

Er wartet, bis János seine Geschichte beendet hat, um ihm

dann den Entschluss mitzuteilen, den er in diesem Moment gefasst hat.

»Ich glaub, ich schlaf heute draußen. *In the streets.* Frei, wie einer, der sein Leben lebt. Ganz minimalistisch. Starte sozusagen von null. Ohne frühere Erfahrungswerte.«

János legt den Kopf schief und zieht eine Augenbraue hoch. Dann fängt er an zu schmunzeln. Schließlich lacht er.

»Wie du meinst.«

Geht doch.

◇

Nachdem sich Casper von János verabschiedet hat, läuft er noch ein bisschen durch Budapest, bis er am Ufer der Donau angekommen ist. Dort, wo er steht, zählt er drei riesige, strahlend helle Brücken, die das fließende Gewässer überqueren. Auf der anderen Seite erheben sich schwarze Hügel mit beleuchteten Burgtürmen. Eigentlich möchte er nach drüben, bemerkt aber einen seltsamen Knick der Brücke auf halbem Weg. Er folgt der Erweiterung und betritt kurz darauf eine Insel inmitten der Donau. Er sieht sich um, ein Weg führt zum Ufer. Von dort kann er auf die Seite sehen, wo er eben noch gestanden hat. Vielleicht ist er ja in Wirklichkeit immer noch drüben. Zumindest sein Körper. Sein Geist ist hier in Sicherheit, auf der Donau-Insel, die sonst keiner sehen kann. Casper gähnt, braucht bald einen Schlafplatz in der Nähe. Er findet einen Baum, der schützend aussieht, und holt ein paar Anziehsachen aus dem Rucksack, die er sich zum Bett zwischen den Wurzeln zurechtmacht.

Er schließt die Augen, dann knackt es hinter ihm.

Ein Schatten schleicht um den Baum, Casper zieht seinen Rucksack näher zu sich ran. Ohne von der Gestalt wegzusehen, setzt er sich auf sein Hab und Gut. Dann tritt ein gebückter, verzottelter Typ ins Laternenlicht, der sich glücklicherweise von ihm wegbewegt. In der einen Hand hat er eine Flasche, in der anderen schleift er eine Plastiktüte neben sich her. Casper atmet auf. Nur ein Müllsammler.

So exklusiv ist seine Schlafinsel wohl doch nicht. Als der Mann außer Sichtweite ist, legt er sich wieder hin, schließt die Augen und versucht zu schlafen, aber fröstelt. Der Wind raschelt durch die Zweige. Er zieht noch einen Pulli aus der Tasche, streift ihn über, friert immer noch. Er setzt sich auf, sieht aufs Wasser und denkt an den Geschichtsunterricht. An all die Juden, die am Flussufer erschossen und in die Donau geworfen wurden.

Als das Bellen mehrerer Hunde aus zwei verschiedenen Richtungen beginnt, wird ihm flau im Magen. Er muss sich eingestehen, dass diese spartanische Art des Reisens doch nicht unbedingt sein Ding ist. Nach ungefähr einer halben Stunde tastet er nach dem Zettel mit der Adresse, den János ihm mitgegeben hat, rappelt sich auf und verlässt die unheimliche Insel.

»*Helló*, das Schlafen *in the streets* ist wohl doch nichts für mich«, sagt Casper, als der Bär die Tür öffnet.

»War ja nicht lang«, grinst János und deutet auf die Couch hinter sich, die er ausgeklappt und sogar schon bezogen hat.

Das Kissen ist hart, die Wolldecke kratzig, die Couch uneben, aber Casper ist dankbar. Er legt sich hin und ist in kürzester Zeit eingeschlafen. Am nächsten Tag fühlt sich seine Wirbelsäule wie eine Ziehharmonika an.

◇

»Ich geweißt, dass du kommst«, verkündet János, während er ein paar dunkelrote Würste in der Pfanne schwenkt.

»Alles ganz wie Zuhause, kannst bleiben. So lang du willst.«

Casper nickt und dankt, öffnet das Fenster neben dem Küchentisch, setzt sich aufs Fensterbrett und zündet sich eine Zigarette an. Allein der Geruch der gebratenen Knoblauch-Wurst lässt ihn immer wieder aufstoßen. Nach ein paar Zügen ist es besser, und er kann sich wieder auf das konzentrieren, was ihm sowieso im Hinterkopf herumschwirrt.

»Vielleicht lass ich das mit der totalen Kopflosigkeit doch erst mal bleiben …«, sagt Casper mehr zu sich selbst als zu János.

»Was?«, brummt er aus der Küche.

»Ich sage, ich versuche wieder, ein bisschen vernünftiger zu handeln«, schreit Casper in Richtung des Dunstes. »Das mit der Vernunft ist ja nicht mein einziges Problem. Schon klar, vernünftig Handeln ist langweilig und macht alles ein Stück vorhersehbarer. Aber die Formel selbst, die ist meinem echten Leben dazwischengekommen.«

»Nichts mehr rechnen?«

»Genau. Ich will weniger rechnen und mehr leben. Mach jetzt doch Urlaub. Und zwar von der Formel.«

János stellt die Pfanne auf den Esstisch und beginnt, mit einer Gabel daraus zu essen.

Er hat eine zweite daneben gelegt.

»Iss«, sagt er und nickt mit dem Kopf auf die verbrannten Würste.

»Bin Vegetarier«, sagt Casper.

»Oh.« János sieht ihn schockiert an. Dann zuckt er mit den Schultern.

»Musst du selbst kochen für Zukunft.«

Nach dem Frühstück muss János zur Arbeit. Die Touren in dieser Woche seien immerhin keine Langstrecken, erklärt er.

Casper sitzt am Küchentisch und sieht sich um. Obwohl er ganz alleine ist, fällt ihm die Decke auf den Kopf.

János' Wohnung besteht aus nur einem Zimmer. Außer einem Kühlschrank, einem Fernseher und einer Couch besitzt er ein Bett und eine Tube Zahnpasta. Die Gardine im Wohnzimmer stinkt nach Bratfett, der Duschvorhang schimmelt. Hier kann Casper auf Dauer nicht bleiben, das geht einfach nicht. Theoretisch hätte er genug Geld auf dem Konto, um sich für ein paar Wochen in ein kleines, aber feines Hotel einzumieten. Aber das wäre dann wieder ein Schritt in Richtung Vorhersehbarkeit. Er muss eine ausgewogene Lösung finden: In den Straßen schlafen ist zu riskant, im Hotel zu spießig.

Eine Idee muss her, vielleicht findet er etwas Alternatives, beim Spazieren draußen. Oder im Internet? Sein Blick wandert rüber zu seinen Sachen, die er in der Ecke neben dem Eingang von János' Wohnung abgestellt hat. Jetzt, wo er seinen Kopf wieder aktiv benutzt, muss er immer wieder an sein Smartphone denken, das in der Aktentasche liegt. Keiner weiß, wo er steckt, nicht mal seine Mutter.

Vielleicht sollte er eine Postkarte schicken, nur so, damit sie ihn nicht vermisst meldet. Obwohl sie es eigentlich gewohnt ist, drei bis vier Tage nicht zu wissen, wo er steckt. Er duscht, zieht sich an, putzt seine Zähne und macht sich auf den Weg nach draußen, um etwas zu essen, eine Bleibe zu suchen und eine Postkarte zu versenden. Außer dem Geldbeutel nimmt er nichts mit.

In ungefähr sieben Stunden wird János zurückkommen, dann kann er den Rest holen. Jetzt muss er es nur noch schaffen, einen Ort zu finden, wo er später alles hinbringen kann. Irgendwie ziemlich befriedigend, noch mal ganz bei null anzufangen.

ILONA

Ilona ist wieder mit den Vögeln aufgestanden. Sie hat keinen Kaffee mehr, deshalb hängt sie die Wäsche auf, das macht auch wach. Während sie ihre spärliche Garderobe zum Trocknen festklemmt, geht die Sonne auf und taucht den Garten ins satte Morgengold. Die blumig-süße Sommerschwere vermischt sich mit dem billigen Waschmittel aus dem Discounter.

Ilona dreht sich um und betrachtet den verfallenen Schuppen auf dem Hügel, der plötzlich wie ein Motiv aussieht.

Das würde ein schönes Gemälde abgeben. Vielleicht bei reichen Leuten über dem Kamin hängen. Morsches Holz auf saftigem Grün. Ilona pflückt sich einen prallen gelben Pfirsich mit rosa Bäckchen und lässt ihn in den Wäschekorb rollen. Gut, dass Szabór nichts davon weiß. Der alte Geizkragen würde auch darüber Buch führen und ihr das Obst mit den restlichen Schulden in Rechnung stellen.

Sie schleicht näher an das Haus ihres Vermieters heran, bis zum Zaun. Der Müllmann hat sechs leere Plastiksäcke um einen Pfosten gebunden. Das Zeug ist teuer. Sie schnappt sich drei davon und stopft sie zu dem Pfirsich in ihren Wäschekorb. Schließlich wohnt sie hier auch. Sie stellt ihr Diebesgut an die Hauswand, zündet sich eine Zigarette an. Die Schachtel ist fast leer, und sie hat keine dreihundert Forint mehr im Geldbeutel. Das reicht nicht für eine neue Schachtel. Und Hunger hat sie auch. Bald muss sie losziehen, um die besten Angebote auf dem Rákóczi tér Market abzustauben. Für dreihundert Forint bekommt sie wieder nur Hasenfutter.

Schon seit zwei Wochen gibt es fast täglich Lecsó, ein Schmorgericht aus Zwiebeln, Paprika und Tomaten. Sie hat keine Lust mehr darauf, aber es ist billig, warm und sättigt. Mit dem Wäschekorb in den Armen macht sie sich auf den Weg nach drinnen. Als sie am Briefkasten ihres Vermieters vorbeigeht, fällt ihr Blick auf ein paar Illustrierte, die daraus hervorragen. Genauer gesagt vor allem auf eine. Die Családi Lap. Es ist ewig her, dass sie eine Frauenzeitschrift durchgeblättert hat. Und die alte Schachtel, mit der Szabór verheiratet ist, soll lieber mal die Stufen zu ihrem Haus fegen, anstatt zu lesen. Oder eine Diät machen. Mit spitzen Fingern zieht sie die Családi Lap aus dem Briefkasten und wirft sie in den Korb zur restlichen Beute. Ein bisschen Ablenkung darf sie sich ja wohl noch gönnen. Und der englische Prinz auf dem Cover zwinkert ihr bekräftigend zu.

CASPER

Draußen auf der Straße riecht es nach Regen, der Boden ist noch nass, die Luft ist angenehm kühl und feucht. Eine Welle der Dankbarkeit überkommt Casper, als er daran denkt, was er während des Regens gemacht hätte, wenn er heute Nacht unter dem Baum am Donau-Ufer auf der seltsamen Insel geblieben wäre.

Möglichst langsam wandert Casper die Straßen des Viertels ab, das noch genauso leblos wie nachts ist. Er liest die Straßenschilder, versucht sich vorzustellen, wie sie sich anhören. Erst als sein Bauch grummelt, beschleunigt er den Schritt, hält Ausschau nach einer Bäckerei oder einem Café.

In der Nähe der Straßenbahnstation entdeckt er ein paar kleinere Geschäfte, die nach Imbissbuden aussehen. Er entscheidet sich für einen Laden, der »Szép Bisztró« heißt und scannt die Vitrine. Schließlich deutet er auf ein gefülltes Gebäck und legt einen Schein auf den Tresen.

Hoffentlich reicht das. Der Mitarbeiter sagt etwas und sieht ihn abwartend an. Casper fragt auf Englisch nach, aber bekommt ohne eine Antwort das Gebäck in die Hand gedrückt. Ziemlich frustrierend, wenn man nur raten kann, was der Rest der Welt sagen will. Casper nimmt sich vor, ein Wörterbuch zu kaufen, geht nach draußen und verschlingt das eiskalte Gebäck. Wieder etwas Frittiertes. Daran muss er sich wohl gewöhnen. Nachdem er sich die Hände mit einem Taschentuch gesäubert hat, schlendert er zu einer Parkbank, dreht sich eine Zigarette und kämpft gegen den Drang, sein Notizbuch aus der Tasche zu ziehen. So fühlt es sich also an, alle Zeit der Welt zu haben. Was macht man eigentlich den ganzen Tag, wenn man keine Aufgabe hat? Wenn man weder arbeitet noch forscht? Was bringt der Entschluss, weniger zu rechnen und mehr zu leben, wenn man gar kein Leben hat?

Casper seufzt und tritt seine Zigarette aus. Er entschließt sich, mit dem Grübeln aufzuhören und stattdessen eine Postkarte aufzutreiben. Mit der Straßenbahn fährt er ins Zentrum und läuft die Einkaufsstraßen ab, schleicht vor den Papeterien herum, dreht an ein paar Ständern, bis er eine Postkarte gefunden hat, die weder von einem bunten Schriftzug, nackten Frauen oder einer Fotocollage geziert wird. Die Ansichtskarte zeigt einen Donaudampfer vor dem Parlament in verblassten Farben. Er bezahlt die Karte und fragt, wo das nächste Postamt ist. Der Mitarbeiter erklärt es gestikulierend, in englischen Fetzen und ungarischen Schimpfwörtern. Ob diese Sprache immer noch so aggressiv klingt, wenn man sie versteht?

Kurz vor dem Postamt versucht Casper, die richtigen Worte zu finden. Mit einem Stift in der Hand lehnt er an der Mauer, traut sich nicht, einfach draufloszuschreiben. Die ganze Wahrheit ist zu lang, die kompakte Wahrheit ist zu frech. »Hallo, ich habe die erstbeste Gelegenheit genutzt, um meinen Zug zu verpassen. Dann bin ich nach Budapest abgehauen. Versuche gerade herauszufinden, was das Leben neben den selbstauferlegten Pflichten sonst noch so zu bieten hat.« Das geht auf keinen Fall.

Man schreibt ja aber auch keine Postkarte, weil man die Wahrheit sagen will.

Er kaut noch ein bisschen auf der Stiftkappe herum und entscheidet sich dann für die diplomatische Variante.

»Liebe Grüße aus Budapest. Es geht mir gut. Weiß noch nicht genau, wann ich zurück bin. Dein Casper.«

Er entdeckt einen Buchladen auf der anderen Straßenseite und entscheidet sich für einen kurzen Ausflug dorthin, bevor er die Postkarte absendet. Zwischen Kochbüchern und Reiseführern findet er schließlich ein deutsches Wörterbuch. Gut, er kann zwar nur ungarische Begriffe nachschlagen, aber immerhin ist das ein Anfang. Nachdem Casper seine Neuerwerbung bezahlt hat, sucht er sich als Erstes »Briefmarke« und »Danke« heraus, was ungefähr fünfzehn Minuten dauert.

In der Postfiliale sagt er »Bélyeg kérem« und strahlt.

Aus seinem Notizbuch liest er das Wort für Deutschland ab, das ein bisschen schwer ist für den Anfang.

»Hová?«, fragt der Mitarbeiter, und Casper schlägt nach. »Wohin«, steht da.

»Németország«, liest Casper noch mal. Der Mitarbeiter greift nach dem Notizbuch. »Nehhmetorsäg«, lacht er und sucht eine passende Marke für Casper heraus, während dieser immer noch das Wort mustert und versucht, sich einzuprägen, dass »szág« ohne z ausgesprochen fast wie die deutsche »Säge« anfängt. Also »neh« wie »Nein«, »metor« wie Motor ohne o. Hochkomplex, aber immerhin eine Eselsbrücke. »Köszönöm!«, sagt er, und der Mitarbeiter lacht wieder.

Draußen setzt sich Casper in ein Café, bestellt sich einen »Kávé kérem« und bekommt einen Milchkaffee.

»You wanted cream«, knurrt der Kellner, als Casper auf Englisch erklärt, er hätte ihn lieber schwarz gehabt.

Heute Abend muss er mit János üben, wie man die Zischlaute über die Zunge schiebt, damit die Ungarn seine kläglichen Versuche nicht für dieses seltsame Englisch abstempeln, das hier alle sprechen. Casper dreht sich eine Zigarette aus der fast leeren Tabakpackung. Wie schnell das Zeug immer weg ist. Er zündet sich seine Zigarette an und blättert noch ein wenig im Wörterbuch, setzt sich Kreuze an besonders lange Wörter, die er mit János üben will. Als der Kaffee leer ist, stellt er fest, dass nicht mal drei Stunden vergangen sind. Er hat noch fünf, bevor er zurück in die Wohnung kann. Casper sieht sich um. Er ist umgeben von eindrucksvollen Gebäuden. Manche prunkvoll, andere heruntergekommen, aber alle irgendwie besonders. Einige Häuser sind offensichtlich restauriert und herausgeputzt, aber direkt daneben finden sich fast immer Ruinen. Bunt bemalte Mauern, die von Efeu bewachsen sind. Casper hat Lust noch ein bisschen in den Straßen umherzuwandern. Vielleicht findet er ein unkonventionelles Hostel in einer alten Fabrik oder ein Bettenlager in einer früheren Kunsthalle, wie in Prag.

Er zählt den Kaffeepreis in seinem Geldbeutel ab, legt den passenden Geldbetrag neben seine Tasse, wie János es ihm gestern Abend erklärt hat, und erhebt sich. Als Erstes fällt ihm ein Gullydeckel auf. Wahrscheinlich der schönste, den er je gesehen hat. Blitzsauber ist er, goldene Ornamente verzieren als Blume drapiert das runde Metallding. Er dreht den Kopf, um alle vier Worte zu lesen.

»BUDAPESTI«, »ELEKTROMOS«, »MÜVEK«, »TULAJDONA«. Aha.

Er notiert sich alles, um János später zu fragen, ob er es hier mit ungarischen Ortsheiligen zu tun hat. Er sieht noch eine Reihe gleicher Gullydeckel, denen er folgt. Er merkt es nicht, aber steuert, ohne es wirklich zu wollen, auf den erstbesten Tabakladen zu.

ILONA

Der Marktbesuch ist bisher nicht besonders erfolgreich verlaufen. Ilona schiebt sich durch die Massen, die vor Gemüse- und Obstständen drängeln und ihre Papiertüten füllen. Um die Uhrzeit sind es für gewöhnlich nur Küchenchefs und die Ärmsten der Armen, die sich beeilen müssen. Irgendwo bleibt sie stehen und wartet, bis sie an der Reihe ist. Es riecht nach Essig und eingelegtem Kohl, nach gefüllten Paprika, nach Gulasch und Knoblauch.

Sie versucht, sich daran zu erinnern, was sie für wie viel Geld kaufen wollte, starrt auf die bunte Fülle und sieht doch nichts. Sie kann sich nicht mal einen Bund frische Petersilie leisten. So darf es nicht weitergehen, so kann sie nicht weitermachen. Sie braucht Arbeit.

Von ihren letzten Münzen wird sie sich noch mal Schmorgemüse zubereiten und dann eine Lösung finden. Bevor sie verhungert, versucht sie es doch lieber auf die erwachsene Art. Sie wird ab jetzt fokussiert sein, wie ein vernünftiger

Mensch. Der Entschluss steht. Konzentriert sucht sie sich rote und grüne Paprika mit Druckstellen, ein paar ältere Zwiebeln und die weichsten Tomaten heraus. Dann handelt sie den Preis auf das, was sie in der Hosentasche hat und sieht zu, dass sie sich aus dem Markt drängelt.

Auf dem Weg nach Hause beschließt sie, sich schon um die Nachmittagszeit auf die Suche zu begeben. Im Zentrum könnte sie herumfragen, ob jemand eine Aushilfe braucht.

Ganz gewiss nicht beim Pâtissier, aber vielleicht in einer der schickeren Geschäfte. Bei Corbelli, dem italienischen Juwelier und Schmuckmacher, schaut sie nur zu gerne hinein. Nicht nur wegen der Rubine und Saphire, sondern auch, weil ihr Corbelli selbst zusagt. Er ist ein Hybrid zwischen Künstler, Handwerker und Designer und weiß mit den teuersten Materialien umzugehen. Wenn diese Mischung nicht jedes Frauenherz erweicht! Dafür würde Ilona ihre Hand ins Feuer legen oder mit aller Kraft auf Gold beißen.

Nachdem sie zu Hause das Gemüse gekocht und ihren Magen beruhigt hat, sucht sie das einzige Exemplar ihres Lebenslaufs heraus. Sie schwingt sich auf den knatternden Scooter und stellt fest, dass er nicht mehr anspringt. Dann muss sie eben laufen. Auf den Wind in den Haaren hat sie sich schon gefreut, das hätte bei der Hitze gutgetan.

Ilona versucht, sich zusammenzureißen, geht stets auf der schattigen Straßenseite.

Draußen duftet es nach Mokka, Torte und Freizeit.

Die anderen genießen das gute Wetter, sitzen in der Sonne und lassen sich ihre Eisbecher schmecken. Ilona malt sich aus, wie es wäre, einfach mitzumachen und mehrere Scheine hinzulegen, für ein gutes Essen, eine Flasche Wein und den Kaffee danach.

Sie schlendert an den Schaufenstern vorbei und überlegt sich, was sie alles kaufen würde, wenn ihr Geldbeutel voll wäre. Die Verriegelung an Corbellis Laden sieht sie schon von Weitem. »Heute geschlossen«, liest sie auf einem Schild. Wo könnte sie sonst noch hin?

Ilona klappert die guten Geschäfte ab. Bei den ausländischen Marken versucht sie es gar nicht erst, da braucht man selbst zum Putzen einen Abschluss. Sie fragt in einem Laden für Innen-Design, wo eine Vase mehr kostet als ein Kleinwagen. Dann versucht sie es in dem Vintage-Bekleidungsgeschäft, wo sie mal hübsche Röcke mit Perleneinsatz gesehen hat. Aber niemand braucht eine Verkäuferin.

Soll sie anfangen, auf der Straße nach Geld zu fragen? Oder die Handtaschen unaufmerksamer Gäste in den Außenbereichen vornehmer Restaurants klauen? Sie setzt sich auf den Steinrand eines trockengelegten Brunnens, der neben einem Schuhladen steht. Neben ihr gurrt eine Taube, die genauso erschöpft aussieht, wie Ilona sich fühlt. Armes Ding, kein Wasser weit und breit. Schnell holt sie die fast leere Wasserflasche aus ihrem Rucksack und bespritzt die Taube vorsichtig mit etwas Wasser, die beginnt, ein paar Tropfen aus ihrem Gefieder aufzupicken.

»Mehr kann ich nicht für dich tun«, seufzt Ilona und kratzt sich am Kopf. Sie steht auf, und ihr Blick fällt auf den kleinen gelben Zettel im Schaufenster des Schuhgeschäfts.

»Aushilfe gesucht« Gut, Schuhverkäuferin ist nicht ihr Traumberuf. Aber auf den ersten Blick sieht die Auslage in Ordnung aus. Etwas näher betrachtet nicht mehr so sehr. Die Modelle sind recht ausgefallen, manche davon bunt, andere mit Nieten verziert. Wenigstens originell. Als sie ganz nah kommt, sieht sie, dass es Paare gibt, die sogar ziemlich teuer sind. Schon steht sie im Eingangsbereich und knipst ihren inneren Detektor an. Zu wem muss man hier nett sein?

Da ist eine schicke Schuhverkäuferin mit Hornbrille, auf die sie zusteuert. Sie steht hinter dem Tresen und tippt gelangweilt auf ihrem Handy herum.

»Hallo, ich habe Ihren Aushang gesehen«, säuselt Ilona und versucht, vornehm zu klingen. »Mir hat ihre Ausschreibung gleich gefallen!«

»Wie?«, fragt die Hornbrille, sieht irritiert von ihrem Smartphone hoch. Sie mustert Ilona, scannt sie von den Haaren bis zu den Schuhen.

»Haben Sie Referenzen dabei?«, fragt die Frau, auf deren Namensschild Vivien Biró steht.

»Klar!« Ilona zieht ihren Lebenslauf aus der Tasche und hofft, dass Vivien den Kaffeefleck auf der Rückseite nicht bemerkt. Viel zu lang inspiziert sie die halbe Seite und kräuselt dabei die Lippen.

»Die Ausbildung als Empfangsdame haben Sie abgebrochen.«

Ilona nickt.

»Was machen Sie dann seit 2017?«, fragt Vivien und zieht eine Augenbraue hoch. Jetzt muss Ilona kreativ werden.

»Wissen Sie«, setzt sie an und schluckt, weil Schlucken immer so wirkt, als würde man mit sich selbst ringen, »die Lähmung meines Vaters kam so plötzlich, und als dann meine Mutter starb …«

Schon eine kleine Reaktion. Sie sieht zumindest vom Papier auf.

»Dann war ich einfach so überfordert … es ging alles so schnell …«

Ilona schluckt noch mal, Vivien nickt.

»Schon gut! Ich kann es mir vorstellen.«

Das war ein Lächeln! Ilona hat fast gewonnen.

»Sie haben ja leider nur keine Erfahrung im Verkauf …«

»Aber ich habe Inventur-Erfahrung! Der Kioskbesitzer am Hauptplatz hat mich im letzten halben Jahr drei Mal dafür engagiert«, erklärt sie stolz. Ohne seine Aufträge säße sie heute auf der Straße, das erwähnt sie lieber nicht. Vivien runzelt die Stirn, seufzt und nickt.

»In Ordnung. Für die Aushilfstätigkeit dürfte das schon in Ordnung gehen.«

»Danke!«, freut sich Ilona. Diese Vivien ist super. Verteilt zweite Chancen, ohne vorher die Zeugnisse zu sichten.

»Wann fange ich an?«

»Sobald Sie anfangen können!«, lächelt Vivien.

»Ach, dann beginne ich sofort!«

Ilona soll zwar erst am Montag wiederkommen, um die Papiere zu unterschreiben, aber sie hat sich seit Langem nicht mehr so leicht gefühlt. Sie schwebt an den Aperitif-Bars vorbei, an den Cafés und Modeboutiquen. Bleibt vor einem Hutladen stehen, stellt sich unter die Krempe eines Charleston, zwinkert ihrem Spiegelbild im Schaufenster zu und legt dabei den Kopf schief, wie es eine Dame in den Dreißigern gemacht hätte. Ilona nimmt sich vor, am nächsten Tag richtig gute Arbeit zu leisten. Sie wird die beste Schuhverkäuferin in ganz Budapest sein. Vielleicht gelingt es ihr ja auch, sich als Stylistin weiterzubilden und irgendwann mit Leuten aus der Filmwelt zu arbeiten.

Der Piepton reißt sie aus ihren Tagträumen. Oh nein, eine SMS von Szábor. Sofort ist das schöne Gefühl weg, stattdessen bekommt sie Magenschmerzen. Mit zitternden Fingern öffnet sie die Nachricht.

»Wenn du bis Ende dieser Woche nicht mit den letzten drei

Mieten bei mir aufgetaucht bist, setze ich dich mit all deinen Sachen auf die Straße.« Schon wieder eine Drohung. Diesmal muss sie es ernst nehmen. Ihre Hände schwitzen, ihr Herz beginnt zu pochen. Verdammter Szábor. Dass sie nächste Woche mit einem neuen Job anfängt und dann Ende des Monats zahlen kann, wird er ihr nicht glauben. Die Geschichte hat sie zu oft gebracht.

Soll sie Vivien um einen Vorschuss bitten? Noch vor ihrem ersten Arbeitstag? Genervt fasst Ilona in ihre Tasche, um eine Zigarette aus der Packung zu fischen. Merkt dann, dass sie leer ist. Wie soll sie sich jetzt etwas einfallen lassen? Ohne Zigarette kann sie nicht denken. Und ohne Plan wird sie nächste Woche auf der Straße sitzen. Den Job natürlich auch verlieren, wenn sie erst mal wie eine Obdachlose riecht. Auf dem Weg nach Hause muss Ilona die halbe Stadt durchqueren. Ein Blick auf die Anzeigetafel der nächsten Trambahn deutet auf so starke Verspätungen hin, dass sie lieber ein Stück durchs Zentrum läuft. Die Stadt ist überfüllt von lärmenden Einheimischen und Touristen. Auf Zehenspitzen schiebt sie sich durch die Massen.

Als sie im Zentrum an einem Tabakladen vorbeigeht, fällt ihr die leere Schachtel Zigaretten in ihrer Tasche ein. Sie hat nicht genügend Geld dabei.

Kurz überlegt sie. Ob sie es trotzdem wagen soll? Es ist viel los. Manche Kassierer neigen im Stress zur Unaufmerksamkeit. Versuchen kann sie es ja. Oder?

Sie betritt den Laden und stellt sich in die Schlange der Wartenden, wühlt in der Tasche nach dem Geldbeutel, findet ihn, kurz bevor sie dran ist, und prüft mit einem schnellen Blick das Kleingeldfach. Viele Münzen, das ist gut.

Gerade als sie das Geld in die Hand des Kassierers legt, wird ihr klar, was sie tut. Egal, bloß weiterlächeln. »Passt so«, sagt sie in einem herzlichen Tonfall.

Die Schlange hinter ihr wird immer länger. Wenn sie nur ein überzeugendes Gesicht hinbekommt, dann könnte der Bluff klappen. Sie muss es jetzt einfach durchziehen und hoffen, dass sie nicht auffliegt.

»Danke.« Er nickt. Dann beginnt er trotzdem zu zählen.

Wie in Zeitlupe blättert er Schein für Schein um, schiebt Münze für Münze mit dem Finger über die Hand. Verdammt.

»Da fehlen noch fünfzig Forint«, sagt er, während er die Scheine in das Geldfach der Kasse einordnet.

Ilona beißt sich auf die Lippe, jetzt muss sie improvisieren, sich irgendwas aus den Fingern saugen. Hektisch zieht sie alle Reißverschlüsse auf, tastet nach weiteren Münzen, mit der anderen Hand sucht sie nach dem Loch im Saum der Handtasche, da rutscht immer mal wieder ein bisschen Kleingeld hinein.

»Also, das ist mir jetzt wirklich peinlich …«, stammelt sie, fasst ins Leere zwischen Saum und Leder, schüttelt eine Wertmarke aus dem Geldbeutel, bricht in Schweiß aus.

»Ich habe wohl nicht genügend dabei …«, krächzt Ilona.

Der Kassierer zieht eine Augenbraue hoch, straft sie mit einem abfälligen Blick, weil er ganz genau weiß, dass sie geblufft hat. Weil er ganz genau weiß, dass sie arm ist.

»Dann gehen Sie doch kurz zum Bankautomaten, der ist gleich gegenüber«, sagt er mit einem schnippischen Unterton.

Er legt ihr die Scheine wieder hin, ihr Gesicht wird heiß, ist wahrscheinlich tiefrot. Ilona schluckt und will gerade das Geld einsammeln und verschwinden, als sich eine Männerstimme hinter ihr einmischt.

»Ich würde gerne für die Dame zahlen«, sagt er auf Englisch. Als Ilona herumfährt, sieht sie, wie ein junger Mann mit Hut einen großen Schein auf den Tresen legt. In nicht mal zwei Sekunden mustert sie ihn von Kopf bis Fuß. Seine Kleidung ist förmlich, aber abgetragen: zerknitterte Hosen, ein verwaschenes Hemd und ein weiter Trenchcoat, der nicht wirklich zu dem Herrenhut passt.

Noch während sie seine Erscheinung beurteilt, bedankt sie sich überschwänglich, spinnt nebenbei ein Netz aus Erklärungen.

»Normalerweise passiert mir so was nie … Heute morgen muss ich wirklich verwirrt gewesen sein … Dabei habe ich extra noch mal nachgezählt vorher …«

»Kein Problem«, sagt er und kauft sich Tabak, bevor sie gemeinsam den Laden verlassen. Vor der Tür bietet Ilona ihm eine Zigarette an.

»Nein danke, ich mag sie lieber selbst gedreht«, sagt er und beginnt, sich eine Zigarette zu rollen. Ilona sagt nichts dazu. Sie kann sich beim besten Willen nicht vorstellen, dass man aus einem anderen Grund als finanziellen Nöten Zigaretten dreht, wenn man sich doch normale, elegante leisten könnte. Sie beobachtet die flinken Bewegungen. Zumindest sind seine Hände sauber.

»Ich hoffe, ich kann mich revanchieren.«

Wieder ein Bluff. Sie wartet, dass er beschwichtigend ablehnt.

»Bist du von hier?«, fragt er und legt den Kopf schief.

Ilona nickt. Touristen freuen sich immer über den Kontakt zu Einheimischen. Wenigstens den Gefallen kann sie ihm tun.

»Würdest du einen Kaffee mit mir trinken? Geht natürlich auf mich.«

Also muss sie sich doch richtig revanchieren. Eine Einladung zum Kaffee soll sie annehmen. Kann sie sich wirklich mit diesem wildfremden Typen sehen lassen? Normalerweise trifft sie sich nur mit gut gekleideten Männern.

Sie mustert noch mal den Trenchcoat, die großen matten

Knöpfe, den lose herunterhängenden Gürtel. Ach, was hat sie schon zu verlieren. Die Vorstellung von Milchschaum, einer schicken Cappuccino-Tasse und einem Keks daneben wiegen den schäbigen Look ihres Begleiters auf. Das bisschen Plaudern nebenbei wird sie schon hinbekommen. Und dann schnell abhauen – es sei denn, es gibt danach noch Steak auf seine Kosten. Oder Champagner.

»Ja, gern«, lächelt sie. Im Geiste geht sie alle besseren Cafés und Bars in der Nähe durch. Wenn sie sich schon einladen lässt, dann muss es sich auch lohnen.

CASPER

Casper hält der Fremden die Tür auf, lässt ihr den Vortritt. Sie nickt ihm dankend zu und betritt das Café, sieht sich nervös um. Nachdem er Hut und Trenchcoat abgenommen hat, kommt ein Kellner und fragt etwas auf Ungarisch, sie nickt. Es scheint ein schicker Laden zu sein, hier wird man zu Tisch geführt. Casper rückt zuerst ihren Stuhl zurecht, auch das kommt offensichtlich gut an. Er hat sie nicht angesprochen, um sie um den Finger zu wickeln.

Vielmehr hat er ein konkretes Anliegen, das er mit jemandem besprechen muss, der sich in der Stadt auskennt, aber etwas moderner ist als János. Zum einen ist sie die erstbeste Gelegenheit, zum anderen sieht sie interessant aus. Allerdings nicht sofort, eher auf den zweiten Blick.

Sie hat ein hübsches, spitzes Gesicht, einen dunklen Ansatz, der verrät, dass ihre Haare blond gefärbt sind, nussbraune Augen und für seinen Geschmack etwas zu dünn gezupfte Augenbrauen. Alle paar Minuten streicht sie sich Strähnen hinter die spitzen Ohren. Immer wieder huscht ein nervöses Lächeln über ihr Gesicht, kerzengerade sitzt sie auf dem Stuhl und blättert in der Karte, kaut auf ihrer Unterlippe, wenn sie sich unbeobachtet fühlt. Casper tut so, als würde er ebenfalls die Karte studieren, schaut nach unten, wenn sie den Kopf von der Karte hebt. Als der Kellner kommt, bestellt sie einen Cappuccino auf Ungarisch, er einen schwarzen Kaffee auf Englisch mit ungarischer Dankesformel.

Ihre Mundwinkel zucken, dann sagt sie aber »Bravó!«

»Ich würde Ihnen ein Stück Dobos-Torte zum Kaffee empfehlen«, sagt der Kellner in sicherem Englisch.

Casper nickt und bestellt zwei Stück. Dann klappt er die Karte zu, und die junge Frau tut es ihm gleich.

»Ich bin übrigens Casper.«

»Ilona«, stellt sie sich vor. »Was machst du in Budapest?«

»Ich weiß es noch nicht«, antwortet er wahrheitsgemäß, lächelt und zuckt mit den Schultern. Ist dankbar, dass sie nicht gefragt hat, woher er kommt.

»Und was machst du in Budapest?«

»Ich?«, fragt Ilona. Die Verwirrung über die Frage steht ihr im Gesicht. Einmal beißt sie sich auf die Unterlippe, lässt es aber dann sofort bleiben. Dann schenkt sie ihm wieder dieses seltsame, reservierte Lächeln.

»Ich wohne eben hier. Wurde hier geboren und bin seitdem nicht aus der Stadt rausgekommen.«

»Dafür sprichst du aber wirklich gut Englisch.«

»Danke. Ich habe englische Bücher gelesen. Keines der Bücher meiner Lieblingsautorin ist ins Ungarische übersetzt.«

»Ach? Wie heißt sie?«

»Jovanovic, Helen.«

Er holt das Notizbuch aus der Tasche des Trenchcoats,

schlägt es ganz auf der letzten Seite auf und legt einen Stift daneben.

»Würdest du mir den Namen aufschreiben?«

»Warum denn das?«, fragt sie irritiert.

»Dann kann ich mir mal ansehen, was sie so schreibt.«

»Das ist garantiert nichts für dich«, lacht Ilona.

Dann stellt der Kellner zwei Tassen Kaffee und zwei kleinere Gläser Wasser auf den Tisch und die Tortenstücke daneben. Als er wieder weg ist, fragt Casper nach.

»Warum?«

»Ist einfach nur ein Gefühl«, grinst sie und versenkt die Gabel in der Buttercremetorte

»Dann erzähl mir doch wenigstens von einem ihrer Bücher, das dir gut gefallen hat«, sagt Casper und nimmt selbst einen Bissen von der Torte. Der Geschmack von Schokolade, Buttercreme, Zucker und Karamell vermischt sich klebrig auf seiner Zunge. Nicht wirklich sein Fall. Er legt die Gabel weg und nimmt einen Schluck Kaffee.

»Also, es geht um eine junge Frau, die eigentlich nichts vom Leben geschenkt bekommen hat. Irgendwann trifft sie einen Mann, der sich unsterblich in sie verliebt. Sie ahnt nichts davon und hält es auch nicht für möglich, weil er aus einem sehr guten Elternhaus kommt. Außerdem ist er ständig in der Klatschpresse und gilt als verlobt, zufälligerweise mit der Tochter des Chefs der Hauptprotagonistin, die ein totales Biest ist und …«

»Lass mich raten, am Ende klärt sich alles auf und die beiden heiraten mit einer Fotostrecke in der Klatschpresse?«

»Nein. Er heiratet das Biest, und als er einsieht, dass er so nicht glücklich werden kann, ist die Hauptprotagonistin schon verhungert.« Caspers Augen weiten sich.

»Was? Wirklich?«

Ilona grinst und nimmt einen Schluck Kaffee.

»Nö. Aber ich wollte dir nicht die Genugtuung geben, dass du recht hattest.«

Jetzt muss auch Casper lachen.

»Das Schöne an diesen Büchern ist eben, dass man weiß, wie sie ausgehen. Dass sie einen nicht enttäuschen«, sagt Ilona und legt ein Stück Zucker auf den silbernen Kaffeelöffel, den sie dann langsam im Milchschaum versenkt.

Er nickt. Ein ziemlich ehrliches Statement. Fast mutig, so was laut auszusprechen, findet Casper.

»Mir hätte dein Ende zwar besser gefallen, aber das wäre wohl kaum publikumswirsam.«

Ilona grinst.

»Was liest du denn für Bücher?«

»Meistens Sachbücher. Viel zu langweilig, um sich darüber beim Kaffee zu unterhalten.«

Casper kann förmlich riechen, dass Ilona jetzt den üblichen Fragenkatalog abarbeiten will. Was machst du, wo machst du es und warum machst du es nicht mehr – aber das kann er jetzt einfach nicht ertragen. Also unterbricht er sie im richtigen Moment, gerade als sie die erste Frage stellen will.

»Hast du vielleicht einen Tipp für mich, wo ich in der nächsten Zeit hausen könnte? Ein außergewöhnliches Hostel oder so was in der Art? Ich bin erst seit gestern hier, wohne momentan bei einem Freund. Aber da mag ich nicht allzu lange bleiben.«

Ilona sieht vom letzten Stück Torte auf.

»Wie viel möchtest du denn ausgeben?«, fragt sie, bevor sie sich den Rest vom Teller auf die Gabel lädt und in den Mund schiebt. »Mhhm«, macht sie und schließt die Augen, während sie kaut. »Der letzte Bissen ist immer der beste.«

»So vierhundert Euro in der Woche … warte mal … ungefähr 580 000 Forint im Monat?«

Er hat gerade seinen Satz beendet, als sie nach Luft schnappt, sich dabei verschluckt, zu husten beginnt und schließlich den Kaffee in einem Zug hinunterkippt.

»Brauchst du Wasser?«, fragt Casper besorgt, aber Ilona schüttelt energisch den Kopf.

»580 000 Forint im Monat, für ein Hostel? Ja, wo zum Teufel kommst du denn her?«

Casper überlegt, ob er gekränkt sein soll, aber entschließt sich, stattdessen einfach nur zu antworten.

»Aus Deutschland.«

»Ah. Euro«, sagt sie und nickt.

Auch Casper nickt.

»Also du suchst was Außergewöhnliches?«

»Ja. Nichts Exquisites oder so. Möglichst nah am Leben soll es sein und nicht so touristisch.«

»Ach so?« Ilona sieht aus, als würde sie angestrengt nachdenken. Sie streicht sich eine Strähne hinters Ohr. Wenn sie die Augen so zusammenkneift, sieht sie aus wie eine kleine, gemeine Elfe, die irgendwas im Schilde führt. Casper muss selbst ein bisschen über den Gedanken lachen.

»Was?«, fragt sie, aber er schüttelt nur den Kopf. Sie beißt noch mal auf ihre Lippe und holt dann Luft, als würde sie sich jetzt etwas trauen.

»Du könntest bei mir wohnen. Für zweihundertfünfzigtausend Forint. Es wäre kein Hostel und nicht touristisch. Sehr nah am Leben also.«

Bevor er etwas erwidern kann, schiebt sie nach:

»Aber erwarte nicht zu viel. Es ist überhaupt nicht zentral, eher etwas außerhalb und ländlich, gar nicht groß und leider auch furchtbar verwahrlost.« Leichte Röte steigt ihr ins Gesicht, sie schämt sich. Casper bekommt sofort Mitleid.

»Brätst du dir ab und zu mal fettige Frühstückswürste?«,

fragt er, und ihr Gesicht nimmt wieder schlagartig den normalen Farbton an.

»Häh? Wie?«, fragt sie irritiert.

»Ich brate mir doch keine fettigen Frühstückswürste«, faucht sie und sieht ihn an, als wäre er ein perverser Spinner.

»Puh«, macht Casper und beginnt zu grinsen. »Unter diesen Umständen würde ich dein Angebot gerne annehmen.«

Sie beäugt ihn immer noch leicht misstrauisch, zuckt aber irgendwann einfach mit den Schultern und nickt.

»O. k.« Sie nimmt den Bleistift und schreibt ihre Adresse in sein Notizbuch, so groß, dass sie fast eine halbe Seite einnimmt. Er klappt das Notizbuch zu und steckt es in seine Manteltasche. Das war ja wirklich einfach. Casper strahlt Ilona freudig an.

»Isst du deine Torte gar nicht?«, fragt sie.

Er schüttelt den Kopf.

»Nicht mein Fall.«

»Oh, schade. Also …« Sie schluckt nervös, aber lächelt dann. »Kann ich dein Stück haben?«

ILONA

Auf dem Weg nach Hause muss Ilona erst mal verarbeiten, was sie gerade eingefädelt hat.

Das Leben in einer Wohngemeinschaft hat sie eigentlich immer schon abgeschreckt und angeekelt. Und zwar zu Recht. Wer zum Teufel findet es denn in Ordnung, sich das Bad mit einem Fremden zu teilen? Das macht doch keiner freiwillig, das macht man doch höchstens, weil man dazu gezwungen ist. So wie Ilona jetzt. Aber mit zweihundertfünfzigtausend Forint kann sie nicht nur ihre Monatsmiete zahlen, sondern hat sogar noch einen kleinen Verdienst, der für Lebensmittel und das Nötigste reicht.

Sie sperrt die Schuppentür auf und sieht sich um. Es bleiben ihr ungefähr zwei Stunden, um für oberflächliche Ordnung zu sorgen. Ihr neuer Mitbewohner soll ja nicht gleich wieder rückwärts aus der Tür springen. Sie mustert das zerwühlte Bettzeug, ihren Schrank und das Bügelbrett daneben. Es wäre nur fair, wenn er ihr Bett bekäme. Die Couch in der Küche ist sicher zu klein für ihn, aber für Ilona gerade groß genug. Sie seufzt und holt den Besen aus der Küche. Sie kehrt vom Ende ihres Schlafzimmers bis zur Küchentür und nimmt sich dann das Bad vor. Sie füllt einen Eimer mit Wasser und Essig, sucht mehrere Minuten nach einem Putzlappen, bis sie sich schließlich für ein altes T-Shirt entscheidet. Schnell wischt sie die Oberflächen, überlegt sich währenddessen, wie sie das mit der Klospülung erklären soll. Wahrscheinlich ist er sowieso schon weg, bevor sie darauf zu sprechen kommen kann. Was hat sie sich nur dabei gedacht? Gar nichts.

Wie immer hat sie nichts gedacht und es dann wieder bereut. Aber jetzt muss sie ihn zumindest hineinlassen und sich dann seine Absage anhören. Ilona malt sich aus, wie seine geschönte Ausrede wohl klingt. Zu wenig Lichteinfall, zu niedrige Decken? Einer, der so eine hohe Rechnung im Café bezahlen kann, ohne auch nur mit der Wimper zu zucken, wird es bei ihr nicht lange aushalten. Eigentlich ist es ihr sogar lieber, wenn er gleich nach ein paar Tagen abhaut, solange er ein bisschen Bargeld als Entschädigung dalässt.

Ein komischer Vogel ist er nämlich zweifellos. Einer, der sich nach Frühstückswürsten erkundigt und seine Dobos-Torte stehen lässt. Und außerdem: Wieso zieht er sich so schäbig an, wenn er sich doch offensichtlich was Ordentliches leisten könnte? Warum raucht er diesen Penner-Tabak, wenn er Geld für richtige Markenzigaretten hat? Während des Putzens steht Ilona so sehr unter Strom, dass sich ihre Gedanken aufladen, bis sie richtig wütend ist. Bettzeug wechseln? Nicht für den. Der wird das gar nicht merken, schließlich ist Ilona kein Schmutzfink, der ungewaschen ins Bett steigt. Sie legt für sich ein frisches Laken und eine Decke auf die Couch, schnappt sich einen Lappen und wischt die Herdplatte ab. Der Kater sitzt auf dem Küchentresen. »Geh runter, Zeus«, faucht sie.

Schnell wischt sie die Oberflächen des Tresens, bis der Lappen kurz vor seiner Pfote ist. Der Kater rettet sich mit einem Satz auf den Boden. Er wirft ihr einen vorwurfsvollen Blick zu, bevor er seine Krallen in ihren Oberschenkel schlägt, schnell und heftig, wie eine unerwartete Ohrfeige. Vorsichtig löst sie die Krallen aus dem dünnen Strumpfhosenstoff. »Ist ja gut«, beschwichtigt Ilona ihn, aber Zeus sieht sie weiterhin missbilligend an.

»Gleich bin ich fertig.« Schnell zupft sie das Tischtuch zurecht, als sie ein leises Klopfen an der Tür hört.

Sie sieht auf die Uhr. Na toll. Eine Viertelstunde zu früh, unhöflicher geht es ja wohl nicht. Das Klopfen an der Tür wird noch mal etwas lauter wiederholt.

»Moment!«, ruft sie und bemüht sich, den Dreck, den sie aus allen Ecken des Schuppens hervorgekehrt hat, möglichst schnell mit dem Besen auf die kleine Schaufel aus Metall zu bekommen. Dann atmet sie durch, bekreuzigt sich zwei Mal und geht zur Tür. Ohrfeigen könnte sie sich.

CASPER

Als sie die Tür aufmacht, ist ihr Gesichtsausdruck düster und abwesend. Er ist nicht zu spät – in Windeseile hat er seine Sachen gepackt. János war sogar etwas früher als geplant zu Hause, und Casper hat ihm kurz erklärt, was er jetzt vorhat.

»Ah, hübsche Frau?«, fragte János mit dümmlichem Grinsen. Casper hat natürlich nicht erwähnt, dass die Frühstückswürstchen der Grund sind, sondern genickt und ihm einfach die Anschrift seiner neuen Bleibe dagelassen. Allerdings hat er mit einem freundlicheren Empfang gerechnet. Aus irgendeinem Grund ist Ilonas Laune im Keller. Als Casper die schweißnasse Stirn bemerkt, fällt der Groschen.

»Bin ich etwa zu früh?«, fragt er, und sie verzieht das Gesicht.

»Komm rein«, sagt sie und öffnet die Tür.

»Danke.«

Er betritt die Hütte, die früher wohl wirklich mal der Gartenschuppen gewesen sein muss. Von außen sieht er wunderschön aus. Ein altes Holzhäuschen neben grünen Hügeln und Obstbäumen, zwischen denen noch ein paar Wäscheleinen gespannt sind. Von innen erinnert der Schuppen an das Setting eines Thrillers. Ein modriger Geruch hängt in der Luft, die Wände sind abgewetzt und verfärbt, der Boden eindeutig schmutzig, ein paar Spinnweben hängen an der Decke. Im Schuppen gibt es ein Bett, einen Schrank mit Spiegelfront, das Nachtkästchen und ein Fenster. Auf dem Fensterbrett sind verschiedene leere Flakons nebeneinander aufgereiht, daneben türmen sich Schachteln, die nach teurem Inhalt aussehen. Am Ende des Schuppens kann er einen Anbau erkennen, in dem wohl die Küche untergebracht ist. Casper geht noch ein paar Schritte weiter, bis er in der Mitte des Raumes steht.

»Stell deine Tasche ruhig ab«, sagt Ilona und deutet auf das Bett. »Du kannst hier schlafen, ich nehme dann die Couch in der Küche.«

»Ach, ist das eigentlich dein Bett?«, fragt Casper und bereut die Frage sofort. Natürlich ist das ihr Bett, was sonst. Hier gibt es kein zweites. Ilona nickt. Caspers Blick gleitet über den Bettüberwurf im Leoparden-Muster, bleibt an den Staubflusen unter dem Bett hängen.

»Und in der Küche gibt es ein Sofa?«

Ilona nickt noch mal, und Casper geht das Sofa inspizieren, das an der Wand gegenüber des Herdes steht. Es ist ein altes grünes Polstersofa, das zwar nicht allzu groß ist, aber zumindest gerade aussieht. Ein richtiges Bett wäre zwar heimeliger, aber schlafen kann man überall, wenn man müde ist. Er fasst sich an den Rücken, der sich noch nach Ziehharmonika anfühlt. Doch, das wird schon gehen.

»Ich würde einfach das Sofa nehmen. Dann kannst du in deinem Bett bleiben«, sagt Casper.

»Wie? Du willst lieber hier schlafen?«, fragt sie ungläubig, setzt dann aber gleich eine zufriedene Miene auf.

»Gut. Das ist mir auch recht. Dann schläfst du eben hier.« Casper sieht sich noch ein wenig genauer in der Küche um. Sie nimmt ziemlich viel Platz ein und scheint voll ausgestattet: Auf der einen Seite stehen ein schmaler Gas-Herd, die Spüle und eine recht große Kochzeile, auf der anderen Kühlschrank und Küchenschränke. Über den Esstisch in der Mitte ist ein Tischtuch in Häkeloptik geworfen. Casper erinnert sich sofort an das Wohnzimmer seiner Oma. Dann fällt ihm auf, dass Tisch und Stühle aus Plastik sind.

»Schön hast du es hier«, sagt er, aber fühlt sich sofort schlecht, nachdem er die Lüge ausgesprochen hat.

»Luxus ist was anderes.« Ilonas Wangen erröten, sie hat den zögerlichen Unterton bemerkt. Casper nickt.

»Aber Luxus wollte ich ja nicht.«

»Dann wird dir das Bad gefallen. Komm mal mit …«

ILONA

Casper ist ein wandelndes Rätsel. Die Toilettensituation lässt ihn kalt, mit der kleinen Couch in der Küche ist er auch zufrieden. Ilonas Zorn verraucht im Angesicht seiner vielleicht auch nur gut gespielten Genügsamkeit, allerdings meldet sich das schlechte Gastgeber-Gewissen.

»Möchtest du einen Kaffee?«, fragt sie, während er beginnt, die Couch mit dem frischen Laken zu beziehen. Gewissenhaft streicht er jede Ecke glatt. »Ja, gern.«

Ilona gibt zwei gehäufte Löffel Kaffee und etwas Wasser in ihren Espressokocher, entzündet den Gasherd, setzt den Kaffee auf und stellt zwei kleine Tassen und Unterteller bereit, auf deren Rand sie jeweils einen Schokoladenkeks legt. Gut, dass sie von ihrem Einkauf noch einiges zu Hause hat. Für Kaffee, Abendessen und ein kleines Frühstück ist gesorgt. Dann muss sie sich etwas einfallen lassen. Oder vielleicht geht er selbst einkaufen? Sie könnte so tun, als würde sie eine Diät machen.

»Soll ich dir meine Miete einfach schon mal bar geben?«, fragt Casper, als ob er ihre Gedanken erraten hätte.

Ilona spürt, wie ihr das Blut ins Gesicht schießt, am liebsten würde sie vor Peinlichkeit im Boden versinken.

»Wenn du es gerade da hast …«, flüstert sie fast, da hat er sein Portmonnaie schon geöffnet. Natürlich ist ihm klar, dass sie in einer finanziellen Notlage ist. Wie soll es auch anders sein, jetzt, wo er ihre Wohnsituation kennt. In Kombination mit dem Zigaretten-Vorfall, den er seither nicht mehr erwähnt hat, ist die Sache sowieso ganz offensichtlich. Trotzdem wäre es ihr lieber, wenn er es nicht durchschaut hätte. Als er ihr die Scheine in die Hand drückt, fällt Ilona ein Stein vom Herzen, so laut, dass er es eigentlich hören müsste. Fest krallen sich ihre Finger um das Geld in ihren Händen. Wie lange hat sie keine Zwanzigtausender-Scheine mehr gesehen? Jetzt hat sie vier davon. Nimmt die überhaupt jemand an der Kasse?

Ein Kribbeln zieht sich durch ihre Hände, bei den Fingerspitzen angefangen bis über die Handgelenke, nach oben über die Arme, bis es in ihrem Hirn angekommen ist.

Sie kann damit kaufen, was sie will! Sie kann losziehen, in einen Laden gehen, an der Kasse den Geldbeutel aufmachen und zahlen – ganz entspannt. Wie in Trance hat sie ihre Tasche gepackt, die Jacke angezogen.

»Was machst du?«, fragt Casper, der gerade aus dem Bad kommt und Ilona aus ihren Gedanken reißt. Sie hat gar nicht gemerkt, dass er kurz weg war.

»Ach …«, beginnt sie und muss dann plötzlich übers ganze Gesicht strahlen. »Ich gehe jetzt einkaufen«, sagt sie mit honigsüßer Stimme und greift nach der Einkaufstasche an der Tür.

»Nimm dir schon mal Kaffee und mach's dir gemütlich. Ich bin gleich wieder da.«

CASPER

Gemütlich. Was für ein Wort im Angesicht dieser Chaos-Bude. Sein Toilettenbesuch war auf jeden Fall fernab von gemütlich. Aber es gibt Schlimmeres. Er wollte ja etwas Authentisches. Mit etwas Arbeit wird das hier schon alles. Casper nimmt die Kanne, gießt etwas Kaffee in die kleine Espresso-Tasse und öffnet dann die Küchenschränke, auf der Suche nach Zucker. Im ersten liegt eine angebrochene Packung Kekse, im zweiten findet er nur ein paar Dosen Katzenfutter.

Er sieht sich um. Da sind keine Näpfe, vielleicht füttert sie die Igel im Garten. Er zuckt mit den Schultern und sucht dann weiter nach Zucker oder einer Zuckerdose. Im nächsten Schrank liegen ein paar Müllbeutel, in der Schublade darunter ist Besteck, darunter der Mülleimer. Erst im allerletzten Schrank, der schon beim Öffnen wackelt und nur an einer Schraube befestigt zu sein scheint, findet er ein paar Streuer und Tüten mit Gewürzen. Irgendwas muss doch dabei sein. Er beginnt, im Schrank zu kramen, tastet nach allem, das Zucker sein könnte, und versucht zu identifizieren, welche Körnung jedes Pulver hat. Das erste zu grob, eindeutig Salz, das zweite zu fein, wahrscheinlich Sodium. Als er das letzte Päckchen greifen will, kracht der Schrank pfeilgerade auf den Boden. Casper springt aus Reflex einen Schritt zurück, mit dem Zucker in der Hand. Seufzend sammelt er die Gewürze ein und legt sie nebeneinander auf die Küchenzeile. Dann widmet er sich dem Schrank, der immerhin noch ganz zu sein scheint. Ein bisschen vom Putz hat er allerdings aus der Wand gerissen, an der Stelle, wo er vorher noch hing. Dass er nicht ordentlich montiert war, sieht Casper gleich. Soll er selbst nach Werkzeug suchen und den Schrank aufhängen? Es ist ja auch sein Zuhause, schließlich hat er schon Miete gezahlt. Dann verwirft er den Gedanken doch: Es fühlt sich falsch an, in noch mehr Schränken herumzuwühlen, was vielleicht auch daran liegt, dass er hier einfach nicht zu Hause *ist*.

Er wird warten, bis Ilona zurück ist, und sie dann nach dem Werkzeugkasten fragen. Casper schnappt sich seinen Kaffee und setzt sich an den Küchentisch, als seine Zehen auf einmal in etwas Nasses tappen. Irritiert zieht er den Fuß zurück, immerhin war es nur Wasser. Hier stehen also die Näpfe. An der Wand unter dem Küchentisch, vom scheußlichsten aller Häkel-Tischtücher verdeckt.

Casper seufzt und rührt unzufrieden etwas Zucker in seinen Kaffee. »Meine Güte«, murmelt er und kippt den kalten Kaffee in einem Zug herunter. Plötzlich klopft es ein paar Mal an der Tür. Eine energische Männerstimme poltert vom Eingang herüber. Dass sie Besuch erwartet, hat Ilona nicht erwähnt.

»Moment«, ruft Casper und beeilt sich die Tür aufzumachen, vor der ein kleiner, wütender Ungar mit Plauze und drohender, zur Faust geballter Hand steht. Er sieht kurz verwundert drein und bellt dann einfach weiter, klebt Silbe an Silbe. Casper versteht kein Wort. »Kihvagite? Mihtakars?«, oder so was in der Art. Seinem Gesichtsausdruck und Tonfall nach scheint es ein dringendes Anliegen zu sein. Casper räuspert sich, hebt entschuldigend die Hände.

»Do you speak English?«

Der Mann schüttelt den Kopf.

»Na ganz toll«, entfährt es Casper, als sich das Gesicht des Fremden plötzlich aufhellt. »Nää, nicht Englisch, aber Deutsch, Deutsch.«

Der Mann nickt und bemüht sich angestrengt, freundlich dreinzublicken.

»Oh. Super!« Casper ist erleichtert. Wieso können hier alle besser Deutsch als er Ungarisch?

»Mein Deutsch von Schule, weiß noch.«

Casper tut ganz beeindruckt, bevor er fragt: »Wie kann ich Ihnen helfen? Ilona ist gerade … einkaufen.«

»Einkaufin?« Seine Stimme wird ganz hoch und schrill.

»Mit meine Gielt!« Das letzte Wort kreischt er regelrecht.

»Entschuldigen Sie bitte, mit Ihrem …?«

»Meine Gielt! Euro!«, schreit er und schüttelt seine Zornesfaust in der Luft.

»Ach? Sie schuldet Ihnen etwas?«

»Ja! Meine Haus«, sagt er und zeigt auf den Raum hinter Casper.

»Sie sind der Vermieter?«

Er nickt andächtig, schüttelt dann den Kopf.

»Drei Monat, keine Gield.« Traurig sieht er zu Boden. Faltet die Hände theatralisch vor der Brust.

»Ich oft denken, raus mit *Kurva*.«

O. k., das Wort kennt er auch. Was fällt dem ein? Casper hält die Luft an, spürt die Wut in sich hochsteigen. Bevor er dem Typen eine klebt, versucht er es lieber mit einem produktiveren Lösungsweg.

»Wie viel?«

»Viel Gield.«

»Wie viel genau?«

»Drei, zwei …« angestrengt überlegt er, hält dann die Finger zu einer null hoch. »Vier diese.«

»Dreihundertzwanzigtausend Forint?« Casper geht rein, um seinen Geldbeutel zu holen. So viel hat er nicht dabei, da müsste er definitiv Geld abheben. Das wären ungefähr neunhundert Euro. Er zieht ein paar Scheine aus dem Geldbeutel. Das dürften umgerechnet so hundertneunzig Euro sein. Ist ja auch schon mal ein Anfang.

»Hier«, sagt Casper und hält ihm die achtundsechzigtausend Forint hin.

»Ist alles, was ich gerade hab.«

Als der Vermieter das Geld sieht, leuchten seine Augen.

»Danke, viele Danke.« Er scheint kurz nachzudenken und schiebt dann: »Aber andere Gield kommen noch, ja?« hinterher, während er die Scheine in der Brusttasche verschwinden lässt.

Casper nickt ein paar Mal und ist froh, dass Ilona fürs Erste hierbleiben kann.

»Mein Name Szabór«, sagt der Vermieter, als er zur Verabschiedung Caspers Hand drückt.

»Ach Moment«, fällt Casper noch ein, bevor Szabór geht.

»Haben Sie vielleicht einen Werkzeugkasten, den ich mir für kurze Zeit leihen könnte?«

Der von der Wand gefallene Schrank hängt in kürzester Zeit wieder, wo er vorher hing. Nur wackelt er jetzt nicht mehr. Während Casper die Schrauben in das Scharnier dreht, versucht er die Situation zu analysieren. Ilona hat also Schulden. Gut, das konnte man eigentlich vorher schon ahnen. Das Angebot, Casper als Mitbewohner aufzunehmen, war natürlich nicht rein altruistisch motiviert. Auch der Zustand ihrer Behausung, ja die ganze Bruchbude erklärt sich dadurch.

Und jetzt wohnt er hier noch keine zwei Stunden, hat aber schon einen Teil ihrer Schulden beglichen und schraubt an einem Schrank herum. Da hat er sich was eingebrockt.

»Ja spinn ich eigentlich?«, fragt Casper den Schrank.

Er muss daran denken, dass er sogar kurz davor war, dem Vermieter eine Ohrfeige zu geben, als er Ilona eine Hure genannt hat. Dabei kennt Casper sie doch überhaupt nicht. Er wird aus seinen Gedanken gerissen, als die Tür auffliegt.

»Hey!«, quiekt Ilona gut gelaunt und hievt kurz darauf zwei prall gefüllte Einkaufstüten auf den Küchentisch.

»Ich hab ein paar Kleinigkeiten besorgt. Ein ordentliches Abendessen, ein bisschen was zum Naschen …« Dann hält sie inne.

»Was machst du da?«

»Ich repariere den Schrank, der gerade von der Wand gefallen ist«, antwortet Casper säuerlich.

»Woher hast du das Werkzeug?« Verwundert inspiziert sie die verrostete rote Metallkiste.

»Ein Herr Szabór war da.« Ohne sie eines Blickes zu würdigen, beendet Casper seine Arbeit. »Ach ja. Ich habe ihm achtundsechzigtausend Forint gegeben. Als erste Anzahlung für deine Mietschulden.« Mit beiden Händen testet er, ob der Schrank wirklich fest sitzt. Als er aufsieht, steht Ilonas Mund offen, ihr Gesicht ist blass. Dann schießt ihr die Röte ins Gesicht.

»Mist«, sagt sie und streicht sich eine Strähne hinters Ohr. »Also weißt du, dass …«

»Dass du Schulden bei ihm hast?« Casper legt den Schraubenzieher zurück in den Metallkasten. »Ja, das hat er erwähnt.«

»Wie habt ihr euch eigentlich unterhalten? Der kann doch sicher kein Wort Englisch …«

»Aber Deutsch.«

»Ach stimmt! Er kann Deutsch, von früher …«

»… aus der Schule, ja, ja. Ich weiß«, schneidet Casper ihr das Wort ab. Vielleicht ein bisschen genervter, als er eigentlich wollte. Ilonas Miene verdüstert sich.

»Sag mal, was hast du eigentlich für ein Problem?«, zischt sie und wendet sich ab, bevor sie energisch nach einer Tüte greift, das Papier zerreißt und die Einkäufe auf dem Boden ausbreitet.

»Nichts. Schon o. k.«

Sie kann ja auch nichts dafür, dass der Nachmittag anders verlaufen ist als erwartet. Das muss er ja auch nicht an ihr auslassen. Bringt ja niemandem was, denkt Casper und schluckt seinen Groll herunter.

»Ist es wegen dem Geld?«, faucht sie, während sie einen großen Käselaib im Kühlschrank verstaut. »Niemand hat dich darum gebeten.« Klirrend stapelt sie ein paar Weißweinflaschen im untersten Fach. »Keine Sorge, du bekommst dein Geld zurück …«, zischt sie und reißt ihren Geldbeutel aus der Jackentasche. Dann öffnet sie ihn und zieht genau die Hälfte der Miete heraus, die Casper ihr vorher gegeben hat. Hat sie das ganze Geld wirklich nur für zwei volle Einkaufstüten rausgehauen? Das ist schon fast wieder witzig. Casper versucht, sich das Lachen zu verkneifen.

»Nein, darum geht es nicht«, sagt er und winkt ab. »Lass stecken.«

Ihre Augen funkeln, ihre Hand umschließt die Scheine, als wäre es ihr Herz, das sie sich soeben aus der Brust gerissen hätte.

»Im Ernst«, sagt er und schüttelt noch mal den Kopf.

»Ziehen wir es einfach von der nächsten Miete ab, o. k.?«

Er kann sehen, wie sie sich beruhigt und das wütende Funkeln in ihren Augen nachlässt.

»In Ordnung«, sagt sie kleinlaut. Dann dreht sie sich wieder vor den Kühlschrank, nestelt an irgendwas herum. Weint sie jetzt? Casper ist völlig erschlagen von dieser Bandbreite an Emotionen, die sie in ein paar Minuten durchlebt. Was soll er jetzt tun? Er beobachtet, wie sie sich über die Augen wischt, dann ein paar Zitronen aus der Tüte fischt und im

Kühlschrank verstaut. Als Nächstes zieht sie eine teuer aussehende Schachtel mit Geschenkband aus der Tasche.

»Die sind für dich«, schnieft sie und hält ihm die Schachtel hin, ohne vom Kühlschrank wegzusehen. Casper greift nach dem Geschenk. Es muss der Aufmachung nach eine besonders feine Sorte Pralinen sein. »Danke«, sagt er tonlos. Jetzt kommt er sich dämlich vor.

»Ein Willkommens-Geschenk«, erklärt Ilona mit zunehmend festerer Stimme. Schließlich dreht sie sich zu ihm um und sieht ihn einfach nur an. »Aber sag mal …«, beginnt sie, legt den Kopf schief. Ihr Blick flackert. Casper begreift es. Die Laune schlägt wieder um. Fast kann er die Funken sehen, die ihr Stimmungswechsel erzeugt.

»Bist du eigentlich bescheuert? Wie kommst du auf die Idee, dass du ihm einfach etwas von der Miete gibst?«, kreischt sie schrill.

Er zuckt zusammen. Darauf war er nicht vorbereitet.

»Was hätte ich denn deiner Meinung nach sonst tun sollen?«

Casper legt die Pralinen hinter sich. »Hätte ich zulassen sollen, dass er dich hier rauswirft? Dann sind wir beide obdachlos und können zusehen, wie wir auf der Straße zurechtkommen. Super, oder?«

»Das soll er mal versuchen, der alte Giftzwerg!« Sie gibt ein hämisches Lachen von sich. »So geht das doch schon seit Wochen. Wenn er mich hier rausschmeißt, kriegt der sein Geld doch nie wieder. Das wagt er doch gar nicht.« Ilona tippt sich an die Stirn, als wäre sie hier die Einzige mit Köpfchen.

»Und was ist, wenn er irgendwann die Polizei holt?«

»Na, das wollen wir mal sehen.« Sie lacht erneut. »Noch ein guter Rat am Rande: Wenn du in Budapest die Polizei rufst, hast du am Ende immer mehr Ärger als davor. Das schreib dir hinter die Ohren.«

Casper schüttelt den Kopf. Was ist denn das für eine Masche? Plötzlich sieht er Ilona mit ganz anderen Augen, baut sich vorwurfsvoll neben der Kühlschranktür auf.

»Das ist ja eine dreiste, ausbeuterische Art. Langsam tut er mir leid, der Herr Szabór …«

»Szabór ist übrigens sein Vorname«, pampt Ilona und fügt dann etwas milder hinzu: »Wenn du ihn besser kennen würdest, würdest du mich verstehen. Er ist hier nicht das Opfer, das nur zur Info.« Sie legt eine zerrissene Einkaufstüte in die Spüle, nimmt den vollen Aschenbecher vom Kühlschrank und leert ihn darin aus. Dann setzt sie sich an den Tisch und zündet sich eine Zigarette an.

»Ich hab ja auch vor, ihm alles zurückzuzahlen.« Sie steht auf und ascht in die Tüte, die immer noch in der Spüle liegt.

»Und jetzt Schluss mit dem ewigen Geld. Es wird Zeit fürs Essen. Ich habe uns ein feines Filetstück gekauft, das wird das beste Gulasch deines Lebens, versprochen …«

»Ich bin Vegetarier.«

»Oh.«

Ihr Gesichtsausdruck verrät, was Casper auch schon festgestellt hat. Es ist noch kein Tag des gemeinsamen Zusammenlebens vergangen. Aber die Nerven liegen blank.

ILONA

Was ist das für ein Mann, der kein Fleisch isst? Kein Wunder, dass er so blass ist. Gemüse ist eine schöne Beilage, aber wirklich satt wird man doch nur von etwas Deftigem. Wenn er kein Fleisch möchte, dann gibt's heute eben irgendwas mit Käse.

Erst mal ist ihr Traum von geschmortem Gulasch geplatzt. Ab morgen kann er sich selbst verpflegen und regelmäßig Löwenzahn mit Knoblauchbutter essen. Als gute Mitbewohnerin fühlt sie sich aber zumindest heute noch verpflichtet, ihn ordentlich zu bekochen. Schließlich ist es sein erster Tag, und irgendwie steht sie in seiner Schuld. Dass er den Schrank wieder aufgehängt und sogar einen Teil der Miete beglichen hat, nur damit sie keinen Ärger mit Szabór bekommt – das ist schon ziemlich nett gewesen. Klar, auch unhöflich, die Dinge einfach so an sich zu reißen. Und überheblich, sich dann auch noch darüber zu beklagen. Es waren schließlich seine Entscheidungen. Jeder ist für sich selbst verantwortlich. Gebeten hat sie ihn nicht darum.

Ilona steckt ihr Handy an die Lautsprecher und sucht sich etwas aus, das sie in Stimmung bringt, was zum Mitsingen. Sie dreht die Lautstärke auf, zieht eine Zigarette aus der noch fast vollen, neu gekauften Packung und zündet sie sich an. Summend, mit der Zigarette im Mundwinkel sucht sie sich ein paar Kartoffeln aus dem Sack im untersten Schrank und beginnt dann, sie über der Spüle zu schälen. Kartoffeln sind gut, das mögen Pflanzenfresser. Als Casper aus dem Bad kommt, murmelt er irgendwas.

»Was?«, schreit Ilona und dreht die Musik etwas leiser.

»Ich sagte, du rauchst ganz schön viel …«

»Ist doch erst die zweite aus der Schachtel«, brummt Ilona und zieht noch mal daran. »Magst du ein Glas Wein?«

Schon steht sie am Kühlschrank und hat die erste Flasche Weißwein geöffnet. »Hol mal zwei Gläser bitte!«

Nachdem Ilona beide Gläser vollgegossen hat, schnappt sie sich eins davon und hebt es in die Höhe. Ein Schluck Wein schwappt auf den Boden, aber egal, das wird sie später aufwischen.

»Egészségedre! Prost, heißt das. Komm, sprich's nach …«

»Egészségedre.«

Sie lacht, nimmt einen Schluck aus ihrem Glas, dreht die Musik wieder etwas lauter, bearbeitet die Kartoffeln weiter.

»Sag mal, kommen die Kartoffelschalen zu den Zigarettenstummeln?« Casper wirft einen kritischen Blick über ihre Schulter.

»Ja?« Ilona verdreht die Augen. »Was ist denn jetzt schon wieder?«

Ein Blick in sein Gesicht reicht. Man sieht ihm ganz deutlich an, dass er jetzt irgendwas sagen will. Sie zieht eine Augenbraue hoch.

»Ich mein ja nur, würde man beides getrennt wegwerfen, dann könnte man die Kartoffelschalen vielleicht kompostieren und …«

»Kompostieren? Was?« Ilona lacht. »Was soll denn das bringen, jeden Müll getrennt wegzuwerfen? Am Ende wird doch wieder alles zusammengeschmissen.«

»Ach echt?« Mit großen Augen sieht er sie an. »In Deutschland ist das nicht so.«

Ilona schüttelt den Kopf. Was für ein Unfug. »Komm, setz dich einfach hin, trink dein Glas Wein und rauch eine.« Großzügig hält sie ihm ihre Schachtel hin, aber er verneint.

»Kann ich dir nicht irgendwie helfen? Irgendwas schälen, schneiden?«

»Vergiss es. Ab morgen kochst du dann«, lacht sie. Grummelnd holt er seinen Tabak aus der Tasche. Seltsamer Typ. Kein normaler Mann würde jetzt auch noch auf die Idee kommen, beim Kochen mitzuhelfen. Vielleicht ist er anders orientiert, dann muss sie ihm auf jeden Fall ihren früheren Kollegen Zoltan vorstellen. Oder er ist Koch und würde gerne selbst die Kontrolle an sich reißen.

»Sag mal, was genau ist eigentlich dein Job?«, fragt sie, während sie ein paar Paprika aus dem Kühlschrank holt. Casper antwortet nicht gleich. Vorsichtig rollt er den Tabak ins Papier. Dreht ihn ein, befeuchtet den Klebestreifen. Nachdem er eine perfekte, gleichmäßige Zigarette gefertigt hat, sagt er: »Ich habe eine Stelle an der Uni in Berlin. Bin Doktorand in Physik. Weiß nicht, wie lange noch.«

Ilonas Kinnlade klappt herunter. Dass ein zukünftiger Doktor so herumläuft! Mit diesen Penner-Zigaretten, dem riesigen Rucksack, dem seltsamen Hut. So erklärt sich aber zumindest die besserwisserische Art.

»Toll!«, sagt sie und strahlt übers ganze Gesicht. »Dann wird aus dir der neue Einstein!«

Ihm entfährt ein kehliges Lachen.

»Wahrscheinlich eher nicht.«

»Und du? Was machst du beruflich?«, fragt er. Ilona spürt, wie ihr das Blut ins Gesicht schießt.

»Ich arbeite in einem Schuhladen«, sagt sie schnell. »In einem sehr teuren Laden, wo ein Paar mehrere Tausend kostet, du weißt schon.« Konzentriert schneidet sie die Paprika weiter in dünne Streifen. »Davor habe ich Inventuren gemacht. Ich hatte einen total coolen Kollegen, Zoltan, den muss ich dir mal vorstellen. Vielleicht gefallt ihr zwei euch ja?«

Sie wirft einen Blick über die Schulter und zwinkert ihm verschwörerisch zu.

»Wie? Gefallen?«

Casper sieht verwirrt aus. Ist sie ihm zu nahe getreten? Schnell dreht sie sich wieder zum Schneidebrett.

»Was waren das für Inventuren? Ging es da auch um Schuhe?«, will Casper wissen.

»Nein«, grinst Ilona und schüttelt den Kopf. »Es ging eher um … Medien.«

Konzentriert zerhackt sie den Knoblauch, die leicht würzige Schärfe bringt ihren Magen zum Knurren.

»Und jetzt arbeitest du da nicht mehr?«

Ilona nickt. Schließlich hat sie nicht gelogen. Sie hat da immer mal wieder gearbeitet. Wie lange hat er ja nicht gefragt.

Es dauert noch eine Stunde, bis sie das Schmorgemüse und die Kartoffeln in Folie aus dem Ofen nimmt.

»Das riecht gut«, freut sich Casper und zerstört sein Kompliment dann gleich mit der Bemerkung, dass man die Schale bei dieser Zubereitung ruhig dranlassen könne.

»Jetzt sei einfach mal zufrieden und iss!«, befiehlt Ilona. Vielleicht hat er es nett gemeint, damit sie sich nächstes Mal nicht so viel Mühe macht. »Bin eben keine faule Frau«, grinst sie, und er sieht sie einfach weiter verständnislos an.

»Das wollte ich auch gar nicht sagen.« Er räuspert sich, greift nach der Gabel und beginnt, die Kartoffel zu zerlegen.

»Ich bete noch schnell«, sagt Ilona und bekreuzigt sich.

Gut, sie macht es nicht vor jedem Essen. Aber heute ist ihr danach, und außerdem soll er sehen, dass er in einem Haus ist, über das Gott wacht. Dass Gottes Segen über ihr hängt. Oder so. Sie schließt die Augen und bewegt die Lippen zum Vaterunser, dann bekreuzigt sie sich erneut und beginnt schließlich auch zu essen. Erst mal herrscht Schweigen. Aber das ist besser als sein Gemecker.

»Also Casper …«, sagt Ilona und holt ein Stück Käse aus dem Kühlschrank. Sie braucht noch mehr Zeit, um sich eine Frage zu überlegen. »Nimm vom Käse«, schiebt sie dazwischen, bis ihr etwas einfällt.

»Also Casper. Was machst du hier in Budapest?«

Casper schluckt seinen Bissen hinunter.

»Ich bin hier, weil ich eine Pause vom Alltag brauche.«

»Ach?« Und dann kommt er ausgerechnet nach Budapest?

»Warum fährst du nicht irgendwohin, wo's schön ist? In ein Strandhotel in der Karibik, der Südsee oder nach Bali?«

Wieder dieser verständnislose Blick. Er sieht zur gleichen Zeit vorwurfsvoll und distanziert aus.

»So eine Pause wollte ich nicht.«

Aber warum, zum Teufel, warum? Wenn er nicht zu arm ist, um es schön zu haben? Ilona verkneift sich das Fragen und kippt stattdessen ihren letzten Schluck Wein hinunter.

Er ist ein komischer Kauz, und mehr muss sie gar nicht wissen.

Sie fragt ihn noch ein bisschen über Berlin aus, er antwortet pflichtbewusst – aber absolut nichts von dem, was er erzählt, ist interessant. Ab der Hälfte des Essens nimmt sie ihr Handy zur Hand und sieht sich Bilder von den Tellern anderer Leute an.

Bei dem russischen Prinzen, dessen Name sie nicht aussprechen kann, gibt es Filet. Auf der schwedischen Festtafel steht Surf & Turf. Gedankenverloren scrollt sie nach unten. Zoltan hat ein Bild von einem Weinglas gepostet. Heute ist Samstagabend, draußen wird flaniert und geschäkert – und Ilona teilt sich eine Ofenkartoffel mit ihrem neuen, seltsamen Mitbewohner. Wenn er wenigstens nicht so schäbig angezogen wäre, könnten sie noch in die Stadt auf einen Cocktail gehen und vielleicht selbst ein paar schöne Fotos machen. Lieber fragt sie bei Zoltan nach, ob der Zeit hat. Jetzt, wo ihr Geldbeutel voll ist, stehen ihr die Türen der schicken Läden offen.

»An was denkst du gerade?«, fragt Casper lächelnd. »Deine Augen haben gerade so geleuchtet«, sagt er und sieht auf einmal richtig nett aus.

Wenn man ihn in ordentliche Anziehsachen stecken würde, wäre er vielleicht sogar irgendwie süß. Ein Anflug von schlechtem Gewissen packt sie, und ehe sie sich zurückhalten kann, hat sie es schon ausgesprochen.

»Hast du Lust auszugehen?«, fragt sie. Zoltan und Ilona werden seinen Look schon irgendwie aufwerten. Rockstars kümmern sich schließlich auch nicht darum, wie sie aussehen. Sie sind einfach meistens von schönen oder gut gekleideten Leuten umgeben. Und das muss auch für Casper reichen.

CASPER

Obwohl die Verlockung groß war, früh ins Bett zu gehen, ist Casper jetzt geduscht, umgezogen und laut Ilona auf dem Weg ins angesagteste Lokal der Stadt. »Eine Mischung zwischen Ruinenbar und gehobenem Restaurant, mit grünem Innenhof. Das wird super!«

Sie hüpft neben Casper auf und ab, die Plastiktüte in ihrer Hand wippt mit. Sie gehen durch einen Park, ein paar Jugendliche stehen in Gruppen um Bänke herum. Es riecht nach Gras und Verbranntem.

»Was ist in der Tüte?«

»Spenden. Gute Gaben.« Sie lacht. »Für die Straßenkatzen, die Hunde … die, an die eben niemand denkt.« Ihre Miene verdüstert sich, sie setzt an, will etwas sagen, aber lässt es dann bleiben.

Bis sie im jüdischen Viertel ankommen, hat Ilona mehrere Plastiknäpfe aufgestellt und sie mit Tiernahrung gefüllt.

»Dass du Tiere so gerne magst, hab ich bei deinem Einkauf heute gar nicht erwartet«, sagt Casper und bereut es noch im selben Moment.

»Hä? Warum?«

»Na wegen dem ganzen Fleisch.«

Sie wirft ihm einen vernichtenden Blick zu. Mittlerweile ist ihm schon aufgefallen, dass sie es nicht mag, wenn er seine Meinung sagt.

»Das ist doch was ganz anderes.«

»Ist es nicht.«

Sie tut so, als ob sie es nicht gehört hätte, und füllt den letzten Napf mit Trockenfutter. Dann knüllt sie die Plastiktüte zusammen und wirft sie in den Abflussschacht. Casper bleibt empört stehen und sieht ihr kopfschüttelnd hinterher.

»Das kann doch wirklich nicht wahr sein!« Da tut sie was Gutes und füttert alle möglichen Tiere, schmeißt ihren Müll aber an den Straßenrand. Bunkert außerdem kiloweise Rind- und Schweinefleisch im Kühlschrank. Wie kann man nur so ambivalent sein? Casper muss den Tatsachen ins Auge sehen. Wahrscheinlich ist sie nicht ganz dicht.

»Mein Gott, ich hoffe du bist nach ein paar Gläsern Wein lockerer …« Ilona zündet sich eine Zigarette an und hält ihm die Schachtel hin.

»Nein, danke, ich rauche nicht, wenn ich gehe. Nur im Sitzen oder Stehen.«

Genervt steckt sie die Packung weg.

»Das machst du deshalb, weil deine Zigaretten so unpraktisch sind.«

»Das mach ich deshalb, weil ich mir nicht eine Zigarette nach der anderen anzünden will. Schadet mir ja nicht, nur im Sitzen zu …«

»Aber rauchen tust du so oder so. Ist doch auch schon egal. Dann genieß ich wenigstens, dass ich Raucher bin …«

»Ja, wenn du als Kettenraucher besser genießen kannst …« Spöttisch zeigt er auf die Zigarette in ihrer Hand.

»Für mich sieht das einfach nur unkontrolliert aus.«

»Langsam bereu ich schon, dich mitgenommen zu haben«, faucht Ilona.

»Gut, dann dreh ich halt wieder um …«

»Jetzt sei einfach ruhig. Wir sind schon fast da. Außerdem hab ich meinem früheren Kollegen gesagt, dass du mitkommst. Was soll ich dem denn jetzt erzählen, bitte?«

»Vielleicht, dass du mich wieder nach Hause geschickt hast?«, lacht Casper, und Ilonas Augen funkeln zornig auf. Dann lacht sie einfach mit, schmeißt ihre Zigarette auf den Boden und tritt sie aus. Casper beißt sich auf die Lippe.

»Schau, da vorne ist es, das *Mazel Tov.*« Ilona zieht ihn am Arm an einer Schlange vorbei, die bis um die Ecke des Gebäudes führt. Im mittleren Drittel der Schlange findet sie schließlich ihren Kollegen, den sie winkend und laut schreiend begrüßt. Unbekümmert reiht sie sich neben ihn ein. Schleift Casper wie einen schlaffen, müden Luftballon neben sich her. Die vorwurfsvollen Blicke der anderen bekommt sie gar nicht mit.

»Zoltan, das ist Casper, Casper, das ist Zoltan«, erklärt Ilona gestikulierend und zündet sich die nächste Zigarette an. Wieder hält sie beiden die Schachtel hin, nur Zoltan nickt und bedankt sich. Bei jeder Bewegung riecht er nach Haargel und Rasierwasser, die Frisur sitzt perfekt. Das spitzbübische Grinsen passt zu seiner Stimme.

»Komm Casper, du sitzt zwar nicht, aber du kannst dich hier gegen die Mauer lehnen«, sagt Ilona ernst und ergänzt dann an Zoltan gewandt: »Casper raucht nämlich nicht beim Gehen, sondern nur im Sitzen und überhaupt nur bewusst.«

Dann bricht sie in schallendes Gelächter aus und klopft Zoltan auf die Schulter, der süffisant lächelt.

In fünfzehn Minuten geht es nur wenige Zentimeter vorwärts. Nachdem Ilona in zwei Sätzen erklärt hat, dass Casper ein anerkannter Doktor in Berlin ist und aus unerfindlichen Gründen Urlaub in Budapest macht, will Casper zuerst richtigstellen, dass er weder fertiger Doktor noch anerkannt ist, aber sie fährt ihm über den Mund und wechselt das Thema. Casper zuckt mit den Schultern und beginnt, sich die erste Zigarette zu drehen. Die anderen beiden wechseln ins Ungarische, immer wieder wird gekichert. Zoltan flüstert hinter vorgehaltener Hand, Ilona prustet los. So geht es noch zwanzig Minuten weiter. Mit großen Augen saugt sie jedes seiner Worte auf und gackert ab und zu. Casper ist nur noch ein vergessener Beobachter. An die Wand gelehnt, die Zigarette in der Hand. Immer wieder weht muffig riechendes Trockeneis um die Ecke, vermischt sich mit dem Tabakgeschmack und dröhnenden Bassbeats. Irgendwie ist es befreiend, kein Wort zu verstehen. Bleiben nur noch Gestik und Körperhaltung, die sich beobachten lassen. Und obwohl er sich dagegen wehrt, obwohl er versucht, es nicht zu tun, stürzt er sich darauf, wie ein Forscher auf Entzug. Er achtet auf Ilonas gierigen Blick, wie Zoltan sich eine seiner manikürten Hände in gespieltem Entsetzen an die Wange legt. Ob seine Augenbrauen nachgezogen sind? Seine Wimpern getuscht? Alles an ihm ist poliert. Casper kommt zum ersten Mal eine Interpretation von Ilonas Kommentar in den Sinn. »Vielleicht gefallt ihr zwei euch ja?«

Ilona hält Casper also für homosexuell.

Er muss laut auflachen, beide sehen ihn irritiert an, es saß an der falschen Stelle. Er hebt entschuldigend die Hände. Gut, dann ist es eben so. Warum eigentlich nicht? Woher soll er überhaupt wissen, ob sie nicht recht damit hat? Er hat es bisher nie mit dem gleichen Geschlecht versucht. Ausschließen kann man nichts ohne einen Versuch. Während Casper seinen eigenen Gedanken nachhängt, ist die Schlange schon so weit abgearbeitet, dass sie den Eingang des *Mazel Tov* sehen können. Ein großer Empfangstresen blockiert den Durchgang zu einer Halle, die nach hinten in den Garten geöffnet ist. Casper überschlägt im Kopf, dass da ungefähr hundert Tische stehen, alle voll. Das wären dann mindestens zweihundert Menschen, die sich über die Tische anbrüllen. Die Musik wird immer lauter. Auch Ilona und Zoltan tauschen sich mittlerweile schreiend aus. Als sie endlich drinnen sind, werden die drei zu einem Ecktisch im begrünten Innenhof gebracht, vorbei an den gestikulierenden Massen, direkt unter eine voll aufgedrehte Lautsprecherbox. Noch immer nehmen Ilona und Zoltan keine Notiz von ihm, bis der Kellner kommt, um die Bestellung aufzunehmen. Casper wird von den beiden anderen genötigt, ein Glas Wein anstelle der selbst gemachten Passionsfrucht-Limonade zu bestellen. Seufzend beugt er sich dem Gruppenzwang, nimmt ein Glas Weißwein und bestellt die Limonade dazu. Erst als Ilona auf die Toilette verschwindet, wendet sich Zoltan interessiert an Casper.

»Und was für ein Doktor bist du, Casper? Herz, Lunge oder Hirn?«, haucht er, legt die Hände in den Schoß und schürzt die Lippen.

»Kein Doktor«, korrigiert ihn Casper. »Ich mache meinen Doktor in Physik.«

»Ach?«, fragt Zoltan verwundert.

»Ilona hat eine blühende Fantasie«, sagt Casper. »Oder sie hat es einfach missverstanden«, schiebt er hinterher, um nicht ungerecht zu sein.

»Ach, Schätzchen. Sie hat eben versucht, dich noch ein bisschen attraktiver zu machen«, sagt Zoltan und rutscht etwas näher. Noch attraktiver? Casper klammert sich an seine Limonade.

»Äh, also …«, stammelt er und rutscht ein Stückchen nach hinten.

»Also ich bin nicht …« Ach. Scheiß drauf. »… attraktiv? Warum?«

Gut. Er muss ja keine pauschale Äußerung über seine Gesinnung machen. Es reicht schon, dass Zoltan definitiv nicht sein Typ ist. Casper kippt zuerst das halbe Glas Wein herunter und schüttet dann Limonade nach, die säuerlich-frisch ist und im Vergleich wesentlich besser als der süßliche Wein abschneidet. Zoltan zwinkert ihm amüsiert zu und zieht ein längliches Metalletui aus seiner Manteltasche. Vielleicht hat er verstanden, was Casper nicht aussprechen möchte.

»Was suchst du eigentlich hier in Budapest?«

Mit einer schwungvollen Bewegung klappt er das Etui auf. Eine Reihe gleichmäßig gerollter Joints schmiegen sich aneinander.

»Kannst du die so kaufen?«, staunt Casper, um der Frage zu entgehen. Zoltan schüttelt den Kopf, zieht einen Joint aus dem Etui und zündet ihn an. Er inhaliert zwei Mal. Eine herbsüße Wolke steigt nach oben. Casper schüttelt den Kopf, als Zoltan ihm den Joint reichen will.

»Du hast meine Frage nicht beantwortet.«

»Ach.« Casper nimmt noch einen Schluck von der säuerlichen Limonade. Dann wirft er Zoltan einen prüfenden Blick zu, der versucht, einen Ring zu paffen.

»Ich fliehe vor der Vergangenheit.«

Zoltan akzeptiert die Antwort. Er hält ihm die Tüte noch mal hin. Casper zögert. Dann zieht auch er.

»So habe ich auch Ilona kennengelernt.«

»Ach? Also nicht bei der Arbeit?«

»Doch, doch, bei der Arbeit. Im Lager, bei einer Inventur«, kichert Zoltan. »Hast du schon mal eine Woche lang in einem Heizungskeller gesessen und Zeitschriften sortiert?«

Casper schüttelt den Kopf.

»Am fünften Tag haben wir uns gedacht, dass wir uns die Zeitarbeit auch ein bisschen versüßen können … Wir fanden es sogar witzig, als wir gefeuert wurden«, grinst Zoltan.

Casper kann es sich bildlich vorstellen. Wie Ilona durch den Keller tanzt, Zeitschriftenstapel von Tischen fegt, schrill zum Radio singt, im Lager trinkt und kifft. Ein bisschen lachen muss er schon. Natürlich hat sie nichts davon erwähnt vorher. Er will gerade nachfragen, wie lang das her ist, als Ilona von der Toilette zurückkommt und im Befehlston verkündet: »Lasst uns abhauen, der Laden ist Müll. Die Toiletten sind so dreckig, hier will ich nicht bleiben.«

»Dann haben wir eine Stunde in der Schlange gewartet, um eine viertel Stunde hier zu sein?«, fragt Casper fassungslos.

Ilona, die gerade den letzten Schluck aus ihrem Weinglas getrunken hat, legt einen Tausender auf den Tisch und steht auf, ohne auf Caspers Einwand einzugehen. Casper blickt zu Zoltan, der sich ebenfalls zum Aufbruch bereit macht, und schüttelt missbilligend den Kopf.

»Vielleicht sollten wir einfach tanzen gehen!«, schreit Ilona gegen den Bass und zündet sich schon im Eingangsbereich die nächste Zigarette an. Während Zoltan begeistert beipflichtet, schaut Casper genervt. Er hätte nicht am Joint ziehen sollen. Seine Zunge klebt am Gaumen, die Spucke hat sich in dickflüssigen Kleber verwandelt. Er räuspert sich. Im Rachen hängt immer noch der süßlich-herbe Kräutergeschmack. Die Müdigkeit kriecht durch seine Glieder.

»Sorry, Leute, ich gehe schon mal nach Hause, das Bett ruft, der Kopf dröhnt, der Tag war lang.«

Nur Zoltan protestiert, Ilona zuckt einfach mit den Schultern.

»Geht klar«, sagt sie und drückt ihm den Schlüsselbund in die Hand. Er hätte erst gar nicht mitkommen sollen, das ist deutlich angekommen.

Casper starrt auf den Schlüssel. Kalt und schwer zieht das Ding seine Hand in Richtung Boden. Dann sieht er Ilona an. Zu lange.

»Was?«, fragt sie, schreit es schon fast.

Da ist ein Abgrund zwischen ihm und Ilona. Ein Eiswassergraben, kilometerbreit, unüberwindbar.

Er kann es fühlen, schmecken, riechen, eigentlich auch sehen, wenn er so darüber nachdenkt. Dieser Abend war sein Versuch, eine Brücke zu bauen. Aber wieso überhaupt? Soll sie doch einfach schwimmen lernen, wenn sie rüber will! Er zuckt mit den Schultern, dreht sich um, geht in den Sog, der sich von Ilona wegbewegt. Kann sein, dass sie noch irgendwas sagt. Kann sein, dass Zoltan noch irgendwas sagt. Egal.

Casper will einfach nur weiter.

Auf dem Weg zurück zum Haus läuft Casper durch die belebten Straßen des angesagten jüdischen Viertels, schiebt sich durch partyhungrige Touristengruppen, weicht Betrunkenen aus, stolpert in einen hageren, blassen Typen mit Lederjacke, entschuldigt sich und erhascht einen Blick auf die hoffentlich nur schlafende Gestalt, die hinter ihm in der Ecke liegt. Wie Vampire, die erst im Dunkeln aus ihren Särgen kriechen, bevölkern die Nachtwanderer die Straßen, verbreiten den unangenehmen Geruch von Exzess, Konsum und Armut im jüdischen Viertel. Casper hält die Luft an. Er atmet auf, als er in die Trambahn steigt. Ilonas Viertel ist außerhalb des Zentrums. Ein verschlafenes Nest, in dem nur noch die Katzen auf der Lauer sind. Der Schuppen liegt friedlich zwischen den Obstbäumen, und Casper ist dankbar, sich hier verkriechen zu können. Die Eingangstür knarzt, er nimmt sich vor, morgen etwas Speiseöl auf die Scharniere zu schmieren, da tauchen zwei leuchtende Augen in der Dunkelheit auf. Casper springt einen Schritt zurück, ertastet gerade noch so den Lichtschalter, bevor er nach hinten über die Türschwelle kippt. Vor ihm kauert der dritte Mitbewohner, dessen Bekanntschaft er bisher noch nicht gemacht hat.

»Na, wer bist du denn?«, fragt er den Kater, der als Zeichen des Friedens einmal blinzelt.

»Freut mich, dich kennenzulernen. Ich bin Casper.«

Das Tier folgt ihm in die Küche, wo Casper erst mal das Geschirr vom Abendessen spült. Auf Ilonas Teller liegt noch die halbe Mahlzeit.

»Bevor es im Müll landet und zwischen Plastikresten und Zigarettenstummeln vergammelt, kannst du es haben«, erklärt er dem Kater, den er behelfsmäßig »Fellnase« tauft. Er stellt ihm die Reste auf den Boden, wartet, bis der Teller sauber ist und der Kater zu schnurren anfängt.

»So, das spülen wir auch noch ab, dann gibt es keinen Ärger mit der Hausherrin«, grinst Casper. »Ein bisschen krass drauf ist sie schon, das musst du zugeben.«

Mit einem Satz landet der Kater auf dem Kopfkissen, das Casper vorher auf die frisch bezogene Couch gelegt hat.

Er schlägt seine Krallen ins Kissen, streckt sich und beginnt dann, es sich bequem zu machen. Während Casper den letzten Teller spült, setzt er das Gespräch fort.

»Wie ich sehe, habt ihr einiges gemeinsam. Auch du nimmst dir einfach, was du brauchst, ohne wirklich darüber nachzudenken.« Casper wirft ihm einen vorwurfsvollen Blick von der Spüle zu.

»Aber du bist 'ne Katze. Das ist in Ordnung. Ich bin mir

ziemlich sicher, dass du zum Beispiel kein Gewissen hast. Ich hoff, ich tu dir nicht unrecht, aber Moral ist was Menschliches. Und die Kunst, sich darüber hinwegzusetzen, ist ebenfalls ausgesprochen menschlich.«

Nachdem er die Teller zum Abtropfen abgestellt hat, geht er ins Bad und beginnt sich bettfertig zu machen. Er lässt den Hintereingang des Schuppens einfach offen, schließlich war er das auch bisher. »Was gibt es hier zu holen?«, hat Ilona Casper vorhin spöttisch gefragt, als er die Türe schließen wollte. »Jeder normale Einbrecher dreht schon zwei Meter vorm Eingang um.«

Wahrscheinlich hat sie recht. Casper wird gerade erst bewusst, welchen plötzlichen Reichtum seine Miete ihr beschert haben muss. Kein Wunder, dass sie heute den ganzen Tag an nichts anderes gedacht hat, als Geld auszugeben. Ein schmerzliches Gefühl macht sich in seiner Brust breit. Traurig tätschelt er den Kopf des Katers, als er sich vorsichtig neben ihn legt. Ihre Freude darüber, mit gefüllten Einkaufstüten nach Hause zu kommen, das ganze Fleisch im Kühlschrank, der dekadente Laden im jüdischen Viertel, all das Tierfutter als gute Gabe, verteilt an die, die noch ärmer dran sind als sie selbst. Während Casper darüber nachdenkt, wo er Ressourcen sparen kann, hat Ilona wahrscheinlich einfach nur Hunger. Hunger nach dem Leben im Überfluss, das Casper so leer findet. Er bleibt wach, bis er sie durch die Küchentür schleichen hört, stellt sich schlafend, auch noch als sie den schlummernden Kater von seinem Kopfkissen hebt und flüsternd in ihr eigenes Zimmer verschwindet. Zu seiner eigenen Verwunderung ist Casper betrübt, dass das Fellknäuel nicht mehr neben ihm liegt. Aber wenigstens bleibt der warme Abdruck auf dem Kissen.

ILONA

Nachdem Casper weg war, ging es steil abwärts. Ilona hat Wein, Wodka und Haschisch vermischt, das geht meistens nicht gut. Nach einer Stunde stand sie würgend vorm Club, die Wimperntusche bis zum Kinn verlaufen. Zoltan hat einen netten Typen kennengelernt, für Ilona endet der Abend mit Magensäure im Mund. Zu müde, um sich noch umzuziehen, torkelt sie ins Bett und wappnet sich mit einer Flasche Wasser. Alkoholisierte Nächte bergen die schlimmsten Träume. Sie beginnen meist harmlos. So auch heute.

Nachdem sie eingeschlafen ist, findet sich Ilona in einem vernebelten Raum wieder. Es könnte ein Café sein. Sie sieht sich um. Vor ihr sitzen Menschen an Tischen, die plaudern, Kuchen essen, mit Tassen und Zuckerdosen klappern.

Aber hinter ihr stimmt etwas nicht. Irgendwas ist da.

Sie will sich umdrehen und nachsehen. Es geht nicht.

Wissen die anderen, was da ist? Die Menschen vor ihren Augen beginnen zu tuscheln und immer wieder zu ihr hinüberzusehen. Hinter vorgehaltenen Händen ziehen sie hämische Fratzen, kichern. Der Nebel wird dichter, die anderen Menschen sehen Ilona an, lachen. Alle wissen, was sie nicht weiß.

Das Gelächter wird lauter, Ilona fährt hoch, stößt den Tisch von sich weg. Rennt los, will abhauen, irgendwohin, wo sie alleine ist. Draußen ist es dunkel, Ilona zögert kurz, wirft einen Blick zurück. Dann, in zügigem Laufschritt durch die Nacht. Das Stechen in den Lungen. Sie keucht. Die Kälte beißt, ihre Glieder sind taub, die Schritte federn nicht mehr. Straßenstaub brennt in ihren Augen, aber sie muss vorwärts, weg. Gerade, als sie denkt, dass sie es geschafft hat, sieht sie seine Fußspitze auf dem Asphalt.

Feierlich tritt er ins Licht einer Straßenlaterne. Zuerst der Herrenschuh, dann der Pferdehuf. Seine geschwungenen Hörner werfen Schatten. Er nickt ihr süffisant zu. Es reicht nur dieser eine Blick, um sie aus den Tiefen ihres Albtraums hochschrecken zu lassen.

Schweißgebadet klammert sie sich an Zeus. Gott sei Dank hat sie ihn hier neben sich. Katzen sind das beste Mittel gegen den Teufel.

Ilona wischt sich über die Stirn, stößt einen erleichterten Seufzer aus und will sich wieder ins Bett kuscheln – bis sie die Geräusche hört. Sie kommen aus der Küche. Entsetzt starrt sie die Tür an. Was ist, wenn ein Fremder in der Wohnung ist? Ein Psychopath, ein Irrer? Sofort fällt ihr Casper ein, der nichtsahnend auf dem Sofa liegt und schläft. Er wird zuerst draufgehen. Sie beißt die Zähne aufeinander. Die Geräusche werden lauter, es ist, als würde etwas Hartes auf den Boden klopfen. Sie muss aufstehen, irgendwas unternehmen. Geräuschlos schleicht sie zur Tür, wo sie zitternd stehen bleibt. Sie pirscht sich näher ans Türglas und wirft einen Blick in die Küche. Die Couch ist leer, das Licht im Bad an. Erleichtert atmet Ilona auf. Was auch immer Casper im Bad treibt, sie ist heilfroh, dass sie ihrem Körper Entwarnung geben kann. Ein paar Mal atmet sie tief ein und aus, bevor sie sich wieder ins Bett legt. Sie drückt Zeus an ihre Brust, er antwortet schnurrend und legt seine weichen Pfoten an ihren Hals. Kurz bevor sie wieder einschläft, grübelt sie noch, was Casper da im Bad veranstaltet. Vielleicht ist er so ein Freak, der sich selbst verletzt. Oder er hat Drogen genommen und randaliert. Einschätzen kann sie ihn überhaupt nicht.

Laut Zoltan ist er garantiert nicht homosexuell, obwohl sich Ilona dieser Sache bereits sicher war. Aber vielleicht liegt Zoltan auch einfach nur falsch, und Casper steht auf einen anderen Typen. Sie gähnt. Darüber kann sie später nachdenken.

Als sie am nächsten Morgen aufwacht, sind alle Vermutungen, die Casper betreffen, wie weggewischt. Übrig bleibt nur die Teufelsfratze. Sie steht auf und schüttelt sich, um das Bild loszuwerden. Vier tiefe Atemzüge, dann bis sieben zählen, noch mal vier tiefe Atemzüge. Alles ist gut, es droht keine Gefahr. Alles nur Ammenmärchen ihrer Mutter. Ilona rauft sich die Haare, wischt sich über die Augen und geht ins Bad, um sich das Gesicht zu waschen und die Zähne zu putzen. Sie erwartet Casper am Küchentisch, stellt aber mit einem Blick auf die Couch fest, dass er noch schläft. Ein zweiter Blick auf die Uhr verrät, dass es fast Mittag ist. Ilona bemüht sich, möglichst leise ins Bad zu schleichen. Als sie auf der Toilette sitzt, sieht sie sich um.

Was hat Casper hier gestern getrieben? Nach Randale sieht es nicht aus. Alles ist wie immer. Dann bemerkt sie den leeren Fleck neben dem Wäschekorb. Wo ist der Putzeimer hin, der normalerweise mit Wasser gefüllt zum Spülen bereitsteht? Hat Casper also doch irgendwas angestellt gestern, mitten in der Nacht. Und sie muss jetzt zusehen, wo sie den Eimer oder einen Ersatz für den Eimer auftreiben kann. Genervt erledigt sie ihr Geschäft und will sich gerade zum Händewaschen umdrehen, als ihr die Abdeckung auf dem Klokasten auffällt. Normalerweise ist da ein klaffendes Loch, das den Blick auf die Plastikinnereien des Spülkastens freigibt. Aber jetzt ist die fehlende Abdeckung wieder da, das Loch verschlossen. Vorsichtig legt sie einen Finger auf die Spültaste, ein Rinnsal fließt an den Seiten der Schüssel herunter. Ilona hält die Luft an. Er hat doch nicht etwa …? Aufgeregt drückt sie fester auf den Toilettenabzug, und ein Schwall Wasser ergießt sich auf das Toilettenpapier, drückt es in die Tiefe, reißt es mit ins Rohr. Ilonas Jubeln hallt von den Kacheln zurück. Am liebsten würde sie Casper jetzt mit großem Dankesgeschrei wecken. Wenn er aber wirklich bis spät in die Nacht den Abzug repariert hat, dann ist Schlaf wohl momentan das beste Dankeschön. Ilona wäscht sich Hände und Gesicht, widmet sich dann ihrer Morgentoilette. Möglichst leise setzt sie Kaffee auf und schleicht nach draußen. Ihre erste Zigarette raucht sie auf der Terrasse, während Zeus ihr schnurrend um die Beine streicht. Als Casper endlich wach ist, kann Ilona nicht anders, als ihm um den Hals zu fallen, noch bevor er ihr einen Guten Morgen wünscht.

»Danke, danke, danke!«, schreit sie und drückt ihn fest an sich. Verdattert reibt er sich die Augen, grinst dann aber nur schüchtern.

»Das ist ja so der Wahnsinn, dass du mitten in der Nacht die Toilette repariert hast! Und dass du so was überhaupt kannst. Das muss daran liegen, dass du ein Doktor bist«, plappert sie, aber Casper hebt abwehrend die Hände.

»Nein, also das war echt nicht schwer«, erklärt er bescheiden. »Ich hoffe, ich hab dich nicht gestört, oder so?«

»Also kurz dachte ich …«, Ilona beißt sich auf die Lippe. Beinahe hätte sie sich verplappert. Soll sie ihm verraten, was sie manchmal für Träume hat? Schnell schüttelt sie den Gedanken ab. Lieber nicht labil wirken, sonst packt er seinen Rucksack und haut ab.

»Na ja. Nö. Also gestört nicht direkt«, verbessert sich Ilona und lenkt dann schnell vom Thema ab.

»Hast du Lust auf Kaffee und Frühstück? Komm setz dich, ich deck den Tisch. Ich bin halb verhungert, ist ja schon so spät. Du auch, Langschläfer?«

Ilona lacht und holt Geschirr fürs Frühstück. Sie stellt Casper eine Tasse Kaffee hin und beginnt, eine Platte mit Käse und Wurst zu belegen.

»Sag mal, möchtest du, dass ich Käse und Wurst auf verschiedene Teller lege?«

Wer weiß schon, wie so ein Vegetarier tickt. Da fragt sie lieber nach.

»Ist schon in Ordnung«, antwortet Casper. »Solange ich nichts von der Wurst essen muss.« Auf sein bitteres Lächeln entgegnet Ilona: »Iss, was immer du möchtest. Als Kind hat man mir immer gesagt, dass ich Fleisch brauche, damit ich klug werde. Aber du bist ja offensichtlich klug genug, Herr Doktor«, strahlt sie, und Casper schüttelt wieder den Kopf.

»Also erstens ist ›klug‹ nicht so gemeint, glaub ich, und zweitens: Fleisch ist gar nicht so wichtig für die Entwicklung des Hirns. Eher gute Fette.«

»Hast du denn nie Fleisch gegessen?«

»Doch. Das habe ich.«

»Na siehst du. Dann weißt du gar nicht, ob es nicht doch das Fleisch war, das dich zum Doktor gemacht hat.«

»Ich bin doch überhaupt kein Doktor!«, beschwert sich Casper und ergänzt dann: »Noch nicht. Oder auch nie. Das wird sich zeigen.«

»Gut, gut.« Ilona hebt beschwichtigend die Hände. »Ich wollte nur sagen, dass Fleisch vielleicht doch gesund ist.«

Casper seufzt.

»Kann gut sein, das Fleisch irgendwann – früher mal – gesund war. Unter manchen Bedingungen vielleicht sogar gesund ist. Wer weiß, vielleicht gibt es ja irgendwo Bauern, die ihren Tieren Freilauf, einen großen warmen Stall, gute Hygiene, medikamentenfreies Futter und eine natürliche Fortpflanzung – also einigermaßen faire Lebensbedingungen –

ermöglichen. Wenn man dann damit klarkommt, dass das Töten dazugehört. Solches Fleisch ist sicherlich um einiges gesünder als ein Stück Weißbrot.« Er hebt ein Stück Fladenbrot aus dem Korb in die Höhe, den Ilona gerade vor ihm abgestellt hat.

»Darum geht es aber gar nicht«, führt Casper seinen Vortrag ungerührt fort, ohne die Kränkung Ilonas bezüglich ihrer Brot-Wahl zu bemerken. Nicht mal den beleidigten Blick kriegt er mit, den sie ihm zuwirft, damit er sich entschuldigt.

»Es geht um die Grausamkeit der Tierhaltung. Lebewesen wie Gegenstände zu akkumulieren, zusammenzupferchen und unter unerträglichen Qualen in sauerstoffarmen, fensterlosen Türmen zu Tausenden im eigenen Kot und Urin versauern zu lassen. Bis sie irgendwann lebendig in Zerschneidemaschinen oder Zerschredderer fahren, weil der Bolzenschuss nicht trifft oder sie das falsche Geschlecht haben.« Vorwurfsvoll starrt Casper auf die Wurstplatte.

»Also Moment. Es gibt doch immer wieder Kühe und Hühner, die man draußen sieht ...«

»Sieh dir doch nur mal die Massen an Wurst und Fleisch an, die in einem einzigen Supermarkt verkauft werden. Wie viele von den Supermärkten gibt es in einem Viertel, in einer Stadt, in einem ganzen Land? Neunzig Prozent der Wurst- und Fleischwaren, die weltweit konsumiert werden, stammen von diesen Tieren. Die glückliche Kuh ist eine Lüge.« Sein Blick verdüstert sich, Ilona muss schlucken.

»Und hast du solche Tiere mal gesehen?«, fragt Ilona mit großen Augen, während sie ein Glas Marmelade öffnet und es auf den fertig gedeckten Tisch stellt. Sie setzt sich gegenüber von Casper und belegt sich das erste Stück Brot mit Käse und Wurst.

»Das hab ich, und das haben viele andere auch. Ich würde

es dir gerne zeigen«, sagt Casper. »Aber lieber erst nach dem Frühstück.« Mit dem Kopf nickt er in Richtung der Wurst.

»Das, was du da isst, ist eh schon tot. Wäre ja blöd, wenn dir jetzt der Appetit vergeht und die armen Schweine im Müll landen. Das ist dann totaler Energieverlust.«

Ilona hat ihre Gabel bereits in der Wurst versenkt und hievt ein paar Scheiben auf ihren Teller.

»Fressen und gefressen werden«, sagt sie und lacht.

Casper zieht eine Augenbraue hoch und macht dieses Geräusch, ein »Joahachmpf«. Irgendetwas zwischen Seufzen und Motzen.

Während des Frühstücks bedankt sich Ilona noch mehrmals für die Reparatur. Casper lehnt die Lorbeeren ab, Ilona reicht sie ihm wieder. So geht es ein paar Mal hin und her, ein unangenehmes Ringelreihe, bis schließlich nur noch betretenes Schweigen herrscht. Ilona tastet alle Sphären ihres Hirns ab, um doch noch eine Frage zu finden, die sie ihm stellen kann. Natürlich könnte sie etwas Persönliches fragen. Aber Casper hat klargemacht, dass er nicht über sein Leben reden möchte. Nicht über Berlin, nicht über die Arbeit. Dann fällt die Familie auch weg. Außerdem könnte er versuchen, Gegenfragen zu stellen, und dann würden sie bei Ilonas Scherbenhaufen landen. Die Basis ihrer beider Lebensumstände wird also einvernehmlich ausgelassen.

Es bleibt nur noch Philosophie oder Belanglosigkeit.

Normalerweise hat sie kein Problem damit, Leere mit Trivialem zu füllen. Aber Casper nimmt alles so ernst. Als würde jeder ihrer Sätze auf der Goldwaage landen. Sie findet sich schließlich damit ab, sich auf ihr Marmeladenbrot zu konzentrieren. Einen Bissen zu nehmen, zu kauen. Es schmeckt nach angespannter Stille.

»Hast du die Marmelade selbst gemacht?«

Sie wünschte, sie könnte jetzt einfach »Ja« sagen.

Also tut sie es und nickt.

»Die ist ziemlich gut!«

»Danke.«

»Da sind so viele Stückchen drin, da schmeckt man wirklich, dass sie selbst gemacht ist«, lobt er die billigste Marmelade aus dem Supermarkt, die sie letzte Woche in ein gespültes Einmachglas umgefüllt hat, weil ihr das echte Glas aus dem Kühlschrank gefallen ist. Da waren keine richtigen Scherben oder Glassplitter. Warum hätte sie die einzige Süßigkeit, die sie sich leisten kann, wegwerfen sollen? Es fühlt sich nicht richtig an, sich für die Fruchtstückchen loben zu lassen, aber ein Gespräch, das auf Lügen basiert, ist besser als gar kein Gespräch.

»Das ist nicht nur Erdbeere, oder?«, fragt Casper interessiert weiter.

»Ach, das waren allerlei Beeren, die ich so gefunden habe.«

»Wow!«, sagt Casper beeindruckt. »Dann hast du das Obst also auch noch selbst gesammelt?«

Ilona spürt, dass ihr die Röte ins Gesicht steigt. Was ist bitte so toll daran, Obst zu sammeln und daraus Marmelade zu machen? Warum fasziniert ihn das jetzt so? Blöde Marmelade.

»Können wir das mal zusammen machen? Also kannst du mir zeigen, wie das geht? Ich bin fast dreißig und hab noch nie selber Marmelade gemacht«, erklärt er in aufrichtig entsetztem Tonfall.

»Na und? Kann man doch in jedem Laden kaufen, das Zeug! Vor allem, wenn man es sich leisten kann.«

Casper sieht betreten auf seinen Teller. Vielleicht war der letzte Satz ein bisschen zu vorwurfsvoll. Jetzt tut Casper ihr fast schon leid. Also schiebt sie schnell hinterher: »Aber Marmelade können wir schon mal zusammen machen.«

So ein blödes Rezept wird sich ja im Internet finden lassen.

»Super!«, lächelt Casper. »Und entschuldige bitte, wenn ich dir zu nahe getreten bin. Ich weiß, dass es dir vorkommen muss, als würde ein Luxuskind Urlaub auf dem Bauernhof machen.«

Wie meint er denn das jetzt?

Will er damit sagen, dass ihre Wohnung wie ein Stall aussieht? Ilona sieht sich irritiert in ihrem Schuppen um. Na gut, früher haben hier sicherlich mal Schafe gelebt.

»Touché«, sagt sie und hebt ihre Kaffeetasse, als würde sie ihm zuprosten.

»Übrigens, wo du gerade beim Thema Bauernhof bist. Ich bin jetzt fertig«, sagt sie und deutet auf die leere Wurstplatte.

Was dann kommt, übertrifft alles an Ekel, was vorstellbar ist. »Oh Gott, bitte mach das aus!«, stöhnt Ilona und hält sich die Augen zu. In den letzten zehn Minuten hat sie die Hölle auf Erden gesehen: Fließbänder voller flauschiger Küken, die jeden Tag aufs Neue lebendig in einen Häcksler gefahren werden. Hunderte von Schweinen mit deformierten Füßen, abgekauten Schwänzen, blutigen Augen und offenen Wunden, die sich gegenseitig beißen und dann verzweifelt quieken, als sie vergast werden, weil sie die Grippe haben.

»Und die sehen nicht so aus, wegen der Schweinegrippe. Die sehen so aus, weil sie ihr ganzes Leben lang auf Gitterstäben stehen mussten, Tier an Tier gepresst. Den Frust können sie nur an sich selbst auslassen. Und so was legst du dir dann aufs Brot!« Angewidert verzieht Casper sein Gesicht. »Das ist doch komplett verrückt.«

Ilona muss an das Wurstbrot vom Morgen denken. Das Bild

von Fleischwurstscheiben vermischt sich mit den gequälten, nur allzu menschlichen Schreien der erstickenden Schweine. Es schüttelt sie am ganzen Körper, ihr Magen verkrampft sich. Casper hatte recht, hätte sie vor dem Frühstück schon dieses Video gesehen, dann hätte sie die Wurst dem Kater überlassen.

Als Casper mit düsterer Miene ein Video von einer Kuh abspielt, die mit einem gebrochenen Bein aus dem Viehtransporter herausgezogen wird, brennt ihr die Sicherung durch. »Mach das weg, zum Teufel, her mit dem Scheißteil!«

Sie reißt ihm das Handy aus den Händen, macht kurzen Prozess und schaltet es einfach aus.

»Mehr kann ich nicht ertragen!«, schreit sie wutentbrannt.

»Aber wir haben noch keine Schlachtung gesehen«, erklärt Casper in nüchternem Tonfall. »Wir haben noch keine Waldrodungen, keinen Müllfluss, keinen Giftsee angeschaut. Das ist nicht mal ein Prozent von dem, was da noch kommt. Moderne Landwirtschaft ist so absurd.«

Casper plappert wie ein alter Kassettenrekorder, bei dem die Pause-Taste klemmt. Nach der Massentierhaltung käme die Tomatenernte. Unterbezahlte Flüchtlinge würden in gebückter Haltung bei unerträglicher Hitze über fünfzehn Stunden in einem Gewächshaus herumkriechen und Pestizide einatmen. Krass sei auch der Raubbau an Rohrzucker, Palmöl oder Baumwolle.

»Da gibt es so eine Doku über indische Kleinbauern, die sich nur von Ratten ernähren, weil sie sich ihr Saatgut nicht mehr leisten können! Weißt du, die erhängen sich dann reihenweise, weil sie so wenigstens ein Zeichen gegen die Großkonzerne setzen, die Patente … «

»Halt die Klappe! Bitte! Halt einfach den Mund.«

Ilona ist den Tränen nahe. Ihre Hände zittern, der Kopf tut weh, selbst ihre Haarwurzeln schmerzen. Die Vorstellung, was irgendwo auf der Welt, gerade jetzt in diesem Moment, passiert, schnürt ihr die Luft ab. Zerhackte Küken, schreiende Schweine und hinkende Kühe rasen an ihren Augen vorbei. Vermischen sich mit Bildern, die sie irgendwo gesehen, aber wieder und wieder verdrängt hat. Krokodilhäutung bei lebendigem Leib. Enten, im Ganzen übers Feuer gehängt, den Schock ins Gesicht gegrillt. Affenhirn, das aus dem Schädel gelöffelt wird, unbetäubt.

Gallenbären, ein Leben lang in Eisenkorsette gezwängt, mit durchlöcherter Bauchdecke. Marderhunde, die in einem Moment noch fiepend miteinander herumtollen, bis eine Hand sie packt, zack. Dieses Geräusch, wenn die andere den Pelz abzieht. Die traurigen Augen des dürren Löwen im Raubkatzenhaus des Budapester Zoos, der immer nur im Kreis geht. Ilona schnappt japsend nach Luft.

Das Leid, die Ungerechtigkeit und die ganze Gleichzeitigkeit bringen sie noch um den Verstand. Wenn sie als eines von diesen Tieren auf die Welt gekommen wäre? Was wäre das für ein Leben? Was muss es für ein Gefühl sein, wenn die ganze eigene Existenz vom Willen eines Menschen abhängt? Ilona kapiert es einfach nicht. Wie kann man anderen Lebewesen solche Dinge antun? Wer würde schon gern ein Leben in Gefangenschaft führen, zwischen Scheiben, Gittern und Mauern eingekerkert sein? Niemals einfach der Nase nach laufen dürfen und es nicht mal anders kennen. Ausbrechen und dafür bestraft werden. Dem Zweck des Menschen unterworfen sein. Und was ist, wenn es immer wehtut? Sie spürt die erste Träne an ihrer Wange herunterrollen. All die Qualen würde sie gerne als großen Haufen auf Gottes Fußabtreter legen.

»Wenn du einen Menschen quälst, dann kommst du in die Hölle, klar. Aber was passiert eigentlich mit denen, die Tiere quälen?«

Bitteres Lachen aus Caspers Richtung.

»Meinst du das jetzt ernst?« Er verdreht die Augen, lacht noch mal kehlig. »Komm mir jetzt bloß nicht mit Gott.«

»Mit wem denn sonst?«, fragt Ilona schnippisch.

Casper legt den Kopf schief, schweigt für ein paar Sekunden.

»Na gut. Dann lassen wir uns mal darauf ein. Dieser Gott, der da oben über uns wacht und so. Ist der nicht ziemlich pervers?«

Ilona spürt, wie ihr die Kinnlade herunterklappt. Aber Casper macht ungeniert weiter.

»Stell dir das mal vor! Er erschafft Erde, Wasser, Luft und Milliarden leidensfähiger Wesen. Erfindet den freien Willen und wartet, was passiert. Schaut Jahrtausende beim Quälen, ja Ausbeuten von Mensch und Tier zu, obwohl er dem ein Ende setzen könnte. Und all das nur, um uns zu *testen*. Gratis dazu gibt es ein unvollständiges Geschichtenbuch, das bei Weitem nicht alle Fragen beantwortet, und ein Gewissen, das bei jedem anders funktioniert. Ist ja nicht gerade transparent, oder? Und dann hockt der da oben mit seinem Fernglas und beobachtet, wie wir uns hier unten um das richtige Buch streiten und uns deswegen die Köpfe einschlagen? Und das Köpfe-Einschlagen ist verdammt wichtig für die finale Analyse. Anhand der wird nämlich dann entschieden, ob deine Seele bis in alle Ewigkeit brennt oder schwebt. Und dazwischen gibt es nichts. Juhe. Also das ist doch krank!«

Casper steht die Empörung im Gesicht. So wie er die Geschichte erzählt, klingt sie wirklich nach einer großen Unverschämtheit.

Ilona steht auf und geht zum Kühlschrank. Die angebrochene Flasche Wein von gestern Abend ist noch halb voll. Sie dreht sich um und wendet sich fragend an Casper, der konzentriert die Augen zusammenkneift.

»Was, wenn da niemand ist, der entscheidet, ob du brennst oder schwebst? Wenn es keinen gibt, der zusieht? Was ist, wenn es nur das Leben gibt – und sonst nichts?«

»Das würde keinen Sinn machen.«

Casper wirft ihr einen mitleidigen Blick zu, der Ilona nicht entgeht. Dann lächelt er sie vorsichtig an.

»Ich glaube an Gerechtigkeit«, sagt er und nickt, als Ilona noch mal auf die Flasche deutet.

»Ich glaube an Gerechtigkeit, aber nicht, dass es jemanden gibt, der dafür sorgt, dass es in diesem oder in dem Leben danach gerecht zugeht. Weil es eben nicht nur eine Version von Richtig und Falsch gibt.«

Ilona stellt die beiden Gläser ab und prostet Casper zu.

»Versteh ich nicht«, sagt sie und schüttelt den Kopf. »Gerade ging es noch um das Leid von Tieren, von Menschen, vom Zerstören der Natur. Damit wir Sachen herstellen, die wir nicht mal wirklich brauchen, sagst du. Das ist doch einfach falsch.«

Casper legt den Kopf schief. »Aus meiner Sicht schon, ja.«

»Na dann?«

»Aber ich bin nicht das Maß aller Dinge«, erklärt Casper. »Andere Menschen könnten anderer Meinung sein. Zum Beispiel, weil sie denken, dass Kinder Fleisch brauchen, um zu wachsen, wegen dem Hirn, wie du vorher gesagt hast …«

»Moment, Moment. Hast du jetzt einfach so die Seiten gewechselt? Bist du jetzt voll bescheuert?« Entsetzt starrt Ilona ihn an. »Nachdem wir uns 'ne Stunde dieses Zeug reinziehen, willst du mir jetzt erklären, dass man auch anderer Meinung sein kann? Also geht's noch?«

Der Typ ist verrückt. Er redet und redet, um dann wieder alles umzudrehen.

»Überhaupt nicht!«, beschwichtigt Casper sie schnell. »Ich

sage ja nicht, dass man anderer Meinung sein *soll*. Aber dass man aufgrund vieler zufälliger Komponenten anderer Meinung sein *kann*. Wir glauben doch alle nur an das, was uns glaubwürdig erscheint. In unseren Köpfen ist ein ganzer Algorithmus am Werk, aus tausend kleinen Annahmen, über die wir nicht mal nachdenken können, weil unsere Welt sonst zerbricht, wie ein Spiegel, der von der Wand fällt, wie ein …«

»Ist ja gut, verstehe schon.« Ilona seufzt. »Also bist du ein Atheist, Casper?« Sie zündet sich eine Zigarette an. Casper zuckt mit den Schultern. »Ich weiß nicht.«

»Glaubst du an Gott?«

»Nein.«

»Dann bist du ein Atheist.«

Ilona pafft ein paar Rauchkringel an die Decke.

»Findest du das schlimm?«, fragt er. »Mit einem Atheisten zusammenzuwohnen?«

Ilona schüttelt den Kopf.

»Nö. Ich find Atheismus nicht schlimm.« Schlimm ist es ja nicht zu zweifeln, solange man ein guter Mensch ist. Auch sie zweifelt hin und wieder. Aber das ist ja die Prüfung, darum geht es ja beim Glauben.

Casper schaut sie immer noch fragend an, fast schon fordernd. Als ob er jetzt auch ihre Zweifel hören will. Aber die Genugtuung wird sie ihm nicht geben.

»Mir tut es eigentlich nur leid für dich!«, sagt sie und liest es in seinem Gesicht. Volltreffer.

Er sieht überrascht aus. Dann verletzt.

»Warum?«

»Was ist das Leben schon ohne Gott? Nach Gold in einem Haufen Scheiße suchen?« Ilona würde jetzt am liebsten auf den Boden spucken, um ihre Aussage zu unterstreichen.

»Na ja, ganz so würde ich es jetzt nicht …«, versucht Casper, bevor sie ihn unterbricht.

»Aber so ist es doch! Ein Leben ohne Gott ist ein Leben ohne Sinn. Ohne Hoffnung!«, faucht Ilona.

»Und ein Leben mit Gott, das macht immer Sinn oder wie?« Schon wieder dieses mitleidige, besserwisserische Lächeln.

»Ja?!«

Casper schüttelt den Kopf. Alle Verletzlichkeit ist weg.

»Quatsch. Ohne Gott fehlt dir nicht der Sinn im Leben. Vielleicht fehlt dir die Hoffnung auf Gerechtigkeit – zumindest nach dem Tod. Du brauchst Gott doch nur, weil es für dich dann irgendwie zu ertragen ist, dass es auf der Welt nicht gerecht zugeht. Weil die Natur einfach nicht gerecht verteilt. Weil der Stärkere den Schwachen ausbeutet und der Schwache in der Zwischenzeit auf irgendeine Art von Strafe hofft – sei es Karma, Wiedergeburt oder Gottes Gericht. Das haben zumindest die verstanden, die sich die Geschichten von Himmel und Hölle ausgedacht haben. Der Mensch wird mit der Hoffnung auf ein besseres Leben abgespeist, wenn er sich nur anständig verhält. Und die Konsequenz davon ist, dass keiner mehr infrage stellt, was bereits besteht. Denn es ist Gott, der das Elend geschaffen hat. Es ist Gott, der zulässt, dass irgendein Konzern entscheidet, welchem Dorf das Wasser abgepumpt, wo giftiger Müll abgeladen wird und welche Kinder an Bleivergiftung sterben müssen. Der hat sich sicher was dabei gedacht. Also nichts ändern, sondern erst mal abwarten und beten. Da hast du deinen Sinn! Und weißt du, wie ich das nenne? Verantwortungslosigkeit!« Er ballt seine Hände zu Fäusten und fährt fort. »Die, die nämlich für eine gerechtere Welt kämpfen müssten, warten darauf, dass jemand anderes die Drecksarbeit für sie macht. Es ist schwer, sich einzugestehen, dass man nicht nur für das eigene Leben, sondern auch für den Rest mitverantwortlich ist! Und, dass man für eine bessere Version der Welt ein verdammt unbequemes Leben führen und vorher ganz schön lange nachdenken muss.«

Ilona kapiert, auf was er hinauswill. Sie nimmt die Flasche und schenkt nach. Mehr fällt ihr nicht ein.

»Eins ist ja wohl klar: Nur weil ich daran glaube, dass Gott nach dem Leben für Gerechtigkeit sorgt, heißt das nicht, dass ich im Leben ungerecht bin.«

»Aber ist es den Tieren gegenüber gerecht, sie zu essen, wenn man doch ganz genau weiß, dass sie leiden mussten? Jedes Mal, wenn du ein Stück Fleisch kaufst, obwohl du weißt, wie es hinter die Theke gekommen ist, dann unterstützt du die bestehende Struktur der Fleischindustrie. Du weißt, dass es nicht richtig ist, weil du selbst unter der Vorstellung leidest. Wenn du jetzt aber noch ernsthaft darauf wartest, dass Gott, oder auch nur irgendein Politiker für Gerechtigkeit sorgt, dann wird sich an der bestehenden Struktur auf jeden Fall erst mal nichts ändern. Aber wenn du deine Verantwortung erkennst, dann hast du die Chance, selbst für Gerechtigkeit einzustehen.«

Ilona nickt. »Absolut. Das wird auch Gott gefallen! Ich glaube, dass er eigentlich genau das von den Menschen erwartet. Vielleicht gibt es ja zwei Arten von Gerechtigkeit. Die auf Erden, für die wir uns einsetzen sollen, aber auch die von Gott, der entscheidet, ob wir uns für das Richtige eingesetzt haben.«

Ja. Das klingt gut. Ilona nimmt einen Schluck Wein, lehnt sich entspannt zurück. Alles ist mit Gott vereinbar. Als sie zu Casper hinübersieht, ist klar, dass die Erleichterung noch nicht auf ihn übergegriffen hat. Angespannt runzelt er die Stirn.

»Ich glaube zumindest an ein Gerechtigkeitsprinzip. Wenn

wir unsere Umwelt voller Gift pumpen, dann nehmen wir Gift auf. Wir schmeißen Plastik in Flüsse und finden Plastik ein paar Jahre später in jedem von uns. Das ist ein Kreislauf, das ist Gerechtigkeit. Meinetwegen ist das Gott.«

Ilona nickt nachdenklich, damit kann sie sich abfinden. Gott könnte auch ein Kreislauf sein. Ein Prinzip. Irgendwas, dass da ist, aber unsichtbar. Oder alles, was da ist, und nichts dazwischen. Ilona ist ganz in ihre Gedanken versunken, bis ihr auffällt, dass sie den Faden verloren hat. Dann sieht sie Casper einfach nur an. Erschöpft von der Diskussion, zufrieden über eine gemeinsame Mitte.

Irgendwann findet sie die Worte wieder. Schüttelt fassungslos den Kopf.

»Ich werde nie, nie, nie wieder ein Stück Fleisch essen.«

Casper lächelt zufrieden und nickt versonnen, als ob Ilona ihm ein ganz besonders schönes Gedicht aufgesagt hätte.

»Höchstens Psychopathen würden etwas anderes sagen, nachdem sie eine Standard-Schlachtung gesehen haben. Warte, ich zeig's dir.« Gedankenverloren streckt er die Hand aus, um nach Ilonas Handy zu greifen.

»Nein, das bleibt aus! Das reicht für heute.«

Schnell greift sie nach dem Smartphone und umklammert es mit beiden Händen.

»Aber meinst du nicht, dass es besser wäre, wenigstens ein kleines kurzes … Damit du die Verknüpfung zwischen dem, was da auf deinem Teller liegt, und dem gewaltsamen Tod eines kleinen Kälbchens, Lämmchens, wirklich … auch wegen der Modeindustrie, damit müsste man sich eigentlich mal ernsthaft –«

»Geht's noch? Schluss jetzt! Das war doch schon grausam genug! Warum soll ich mir jetzt noch brutaleres Zeug anschauen?«, schimpft Ilona. Plötzlich richtet sich ihre Wut auf

Casper. Was ist nur los mit dem Typen? Findet er es geil, ahnungslosen Menschen Videos von Schlachtungen zu zeigen, oder worum geht es ihm gerade?

»Ich hab's begriffen. Fleischessen ist nichts für Tierliebhaber. Ab morgen bin ich auch vegetarisch! Zufrieden?«, schreit Ilona. Dann kippt sie sich den letzten Schluck aus der Weinflasche ins Glas.

»Wie du meinst«, sagt Casper und beginnt, die Teller vom Frühstück mit der Hand abzuspülen.

»Lass, ich mach das schon«, faucht Ilona, aber Casper spült einfach weiter unbeeindruckt ab. »Du hast schon das Frühstück vorbereitet«, sagt er. Wütend starrt sie auf seinen Rücken. Was für ein fürchterlicher Gutmensch. Ilona schüttet sich den letzten Schluck Wein in den Rachen und stellt das Glas dann kommentarlos neben die Spüle. Soll er doch abspülen, wenn es ihm Spaß macht.

Als sie mit einem Handtuch und der Családi Lap unterm Arm in den Garten geht, versucht sie sich einzureden, dass es in Ordnung ist, wenn er jetzt auch noch die Hausarbeit für sie erledigt. Aber nach zehn Minuten in der Sonne bleibt nur noch schlechtes Gewissen und der bittere Nachgeschmack von Wein und Zigaretten.

CASPER

Nach der zweiten Tasse Kaffee ist Casper wieder ganz nüchtern. Der Wein nach dem Frühstück hat ihn nicht wirklich betrunken gemacht, aber es ist einfach kein gutes Gefühl, um diese Uhrzeit angesäuselt zu sein. Casper steckt seinen Kopf durch die Tür und überlegt, auch Ilona eine Tasse anzubieten, die schmollend auf einem Handtuch in der Sonne liegt und eine Zeitschrift durchblättert, von deren Cover ein rothaariger Prinz mit Sommersprossen verwegen in die Kamera blinzelt. Weil Casper nicht so laut schreien will, winkt er. Er ist sich sicher, dass sie ihn gesehen hat und absichtlich nicht reagiert. Dann eben kein Kaffee für Ilona. Stattdessen bekommt er Gesellschaft vom König der Küche, der anmutig an Casper vorbeitapst, zuerst auf den Küchentisch und dann auf die Anrichte springt.

»Na, Zeus?«, fragt Casper und beginnt, das Geschirr in die Spüle zu räumen. Schnurrend nähert sich der Kater dem Herd. Eine Platte ist noch an, der Kaffee köchelt auf niedriger Gasflamme. Zeus nimmt die Kanne mit zuckendem Schwanz ins Visier und hockt sich direkt neben die Herdplatte, ohne sie aus den Augen zu lassen.

»Vorsicht, mein Freund«, sagt Casper und setzt Zeus sanft auf den Boden, der ihm mit einem vorwurfsvollen Murren antwortet.

»Sorry, aber das ist ein bisschen zu gefährlich, finde ich.«

Zeus legt die Ohren nach hinten. Er wirft Casper einen raschen Blick zu und konzentriert sich gleich wieder auf die Kanne. Casper traut seinen Augen nicht, als er Zeus' am Boden unter dem Herd mit dem rechten Pfötchen am Schaltknopf erwischt. Es fehlen nur ein bis zwei Zentimeter, dann würde er ihn berühren.

»Was machst du da?«

Casper dreht den Herd ab und stellt die Kanne weg. Zeus straft ihn noch mit einem letzten abschätzigen Blick und verlässt den Raum. Casper könnte schwören, dass der Kater beleidigt ist. Er würde sich gern mit Ilona darüber austauschen, aber die schmollt ja auch.

Mit der dritten Tasse Kaffee setzt sich Casper an den Küchentisch und überlegt, was er jetzt tun könnte. Seine Gedanken wandern hin und her, zwischen dem Laptop in der Aktentasche, dem Handy, das er zwischen seine Pullover in den Rucksack gestopft hat, und dem Notizbuch, das sicher noch in einer der vielen Taschen in seinem Mantel steckt. Er wirft einen Blick zu seinem Gepäck, das immer noch neben dem Sofa in der Ecke lehnt. Zwingt sich, wieder wegzusehen. Dann fällt ihm die Uhr ins Auge. In zwei Stunden dürfte János von der Arbeit kommen. Casper guckt sich im Schuppen um, überlegt, was er noch reparieren könnte. Er denkt an die schmollende Ilona, schlägt sich den Gedanken aus dem Kopf. Wenn sie bereits wegen der Hausarbeit beleidigt ist, freut sie sich garantiert nicht über weitere Hilfeleistungen. Verdammt. Nachdenklich trinkt Casper den letzten Schluck Kaffee. Ob sich die Formel so umstellen lässt, dass man den Grund für Ilonas plötzlichen Stimmungswandel herauslesen kann? Wieder muss er an sein Notizbuch denken. In seinem Kopf hat er es bereits aufgeschlagen, eine neue Seite datiert. In der Vorstellung beginnt er alle Variablen der Standard-Teilformel für emotionale Entladungen neu zu arrangieren. Dann setzt er den niedrigsten Wert für die Rationalitätsvariable ein und legt den höchstmöglichen Schwankungswert fest, um ihre Gemütswandlungen einzubeziehen. Wenn x die Abweichung vom Wahrheitswert des Grundes ist, den sie vorschiebt … und der Grund, den sie vorschiebt, auf eine Handlung reduzierbar ist, die von einem anderen Individuum begangen wurde … dann müsste ein Wert herauskommen, der … Verflucht! Mit der Menge an Informationen, die er jetzt hat, wird es verdammt schwierig werden. Er müsste zum Beispiel Vermutungen über ihre Weltwahrnehmung und Ausprägung ihres Sicherheitsbedürfnisses anstellen. Wenn er so darüber nachdenkt, hat er wirklich kaum Details, die ihm Anhaltspunkte über ihre sozialen Voraussetzungen geben könnten. Ilona ist auf Basis aller verfügbarer Informationen absolut undurchschaubar. Er weiß, dass sie arm, launisch und maßlos ist. Dass sie an Gott glaubt, ab und zu mal flunkert, in einem Schuhladen arbeitet, Tiere mag und trotzdem welche isst. Aber er weiß nicht mal, welchen Schulabschluss sie hat. Ob ihre Eltern noch leben. Wie sie ihre letzten fünf Jahre verbracht hat. Wen sie geliebt hat. Ob sie enttäuscht oder betrogen wurde. Welche Erinnerungen immer wiederkehren, welche sie loswerden will, an was sie sich lieber erinnern würde. Und das Wichtigste: Hat sie einen Traum? Kann sie ihn in dieser Welt umsetzen? Oder sieht die Welt ganz anders aus, in der sie gerne leben würde?

Es ist ungewöhnlich, keine Antworten auf diese Fragen zu haben. Pure Spannung, unentdecktes Gebiet. Die meisten verraten so schnell so viel über sich. Zwischen den Zeilen, ganz direkt oder umständlich verpackt. Casper braucht normalerweise nicht mal nach den Details fragen, selbst in einem beiläufigen Gespräch servieren die Menschen ihre Ängste, Wünsche, Erfahrungen und Träume – wenn man nur gut genug zuhört. Musste er also wirklich erst bis nach Budapest reisen, um eine Person zu finden, die es nicht tut?

Irgendwie ist das Leben schon ein Witz. Gerade als er sich entschließt, ein bisschen Abstand von der Formel zu gewinnen, trifft er die Person, die ihn reizt, die den Forscher in ihm wieder herauskitzelt. Casper könnte aufstehen, sich neben sie auf die Wiese in die Sonne setzen und anfangen, sie zu fragen. Sich sein Notizbuch schnappen, die Details aufschreiben, ein paar Werte schätzen, Ableitungen anstellen und rechnen. Aber was ist der Preis dafür, Ilonas Unberechenbarkeit zu durchschauen? Sich wieder zu langweilen? Casper sieht noch mal zu seinem Gepäck in der Ecke. Das blöde Notizbuch ist einfach zu präsent, um es nicht zu benutzen. Er muss es beseitigen, wenn er der Verlockung widerstehen will, alles Mögliche zu berechnen. In diesem Moment sieht er klar. Vielleicht sollte er das Notizbuch verbrennen? Dieses eine als Exempel und die anderen später irgendwann, wenn er wieder in München ist? Zusammen mit János könnte das ziemlich spaßig sein, er ist eindeutig der Lagerfeuer-Typ.

Ja, doch! Das wird er heute machen. Entschlossen steht er auf. Casper zieht den Trenchcoat aus seinem Rucksack und legt ihn mit spitzen Fingern auf die Couch. In irgendeiner der Taschen schlummert das Notizbuch. Er sieht auf die Uhr. Wenn er sich unterwegs ganz viel Zeit lässt, braucht er sicher länger als eine Stunde zu János. Und die restlichen Minuten kann er Straßennamen üben oder ein besseres Wörterbuch kaufen. Vorsichtig spült er seine Kaffeetasse ab, tupft sie mit einem Geschirrtuch trocken, um das dünne Porzellan nicht zu beschädigen, und stellt sie zurück in den Geschirrschrank, sodass der Henkel der Tasse in dieselbe Richtung zeigt wie alle andern auch. Feierlich zieht er sich den Trenchcoat über, setzt den Hut auf, stopft Tabak und Geldbeutel in seine Taschen. Als er an Ilona vorbeigeht, sieht sie irritiert von ihrer Zeitschrift auf. Als er schon halb an ihr vorbei ist, fragt sie: »Ist dir nicht ein bisschen heiß?«

Casper schüttelt den Kopf.

»Na gut«, sagt sie und zuckt mit den Schultern. »Und wohin geht's in diesem Aufzug?« Neugierig legt sie den Kopf schief und streicht sich eine Haarsträhne hinters Ohr.

»Zu einem Freund.«

»Zu dem Lastwagenfahrer, auf dessen Couch du übernachten durftest?«

»Genau.«

»Na, dann viel Spaß!«

Abschätzig verdreht sie die Augen. War ja klar. Casper wirft ihr einen missbilligenden Blick zu. Oberflächlich. Das hat in seinem Dossier über Ilona noch gefehlt.

»Danke. Wünsch dir auch erst mal einen schönen Nachmittag.«

◇

János wohnt wie Ilona außerhalb der Stadt, aber eben auf der anderen Seite. Casper muss die gesamte Innenstadt durchqueren und je nach Verbindung zwei oder drei Mal umsteigen. Gut, dass er Zeit ohne Ende hat. Beim Umsteigen trödelt er absichtlich und kauft sich einen Baumkuchen. Während er ansteht, übt er das ungarische Wort »Kürtöskalács«. Der Verkäufer lacht, als er bestellt, Casper deutet auf Zimt und Zucker. Gierig reißt er das weiche Gebäck vom Holzstab, schiebt es sich in den Mund, kaut auf der fluffigen Masse herum. Er schafft nur den halben Baumkuchen, den Rest packt er in die Papiertüte in seine Manteltasche. Das Zeug ist einfach zu süß. Casper sucht nach einem Kiosk, in dem er Wasser kaufen kann und stößt dabei auf eine Postkarte, die einigermaßen nett aussieht. Mit der Wasserflasche, einer Papiertüte mit Briefmarken und der Postkarte in der Hand setzt er sich auf eine Parkbank in der Nähe der Einkaufsstraße. Dann holt er den schwarzen Fineliner aus einer der Manteltaschen heraus.

Einen kurzen Augenblick verbringt er damit, sich den genauen Wortlaut zu überlegen. Dann zuckt er mit den Schultern und schreibt:

Adresse:
Hauptbahnhof Berlin
Zwischengeschoss

DB Reisezentrum
Mittlere Kabine
Herr mit Halbglatze

Lieber Herr Servicemitarbeiter,

vielen Dank für das Ticket nach Budapest. Auf der Vorderseite der Karte sehen Sie den alten Markt.
Einen frühen Feierabend wünscht Ihnen,

der junge Herr mit Hut

Sicherheitshalber klebt er zwei Briefmarken auf die dafür vorgesehene Stelle. Casper stellt sich vor, wie der Schalterbeamte fein säuberlich vier Klebestreifen von einer Kleberolle abtrennt, sie nebeneinander an den Schreibtischrand heftet und damit schließlich die Postkarte an die linke graue Wand klebt. In Zukunft könnte Casper ihm ab und zu mal eine Karte schreiben, damit sein Kabuff etwas lebhafter wird. Damit ihn etwas daran erinnert, dass draußen mehr ist. Dass er einfach nur ausbrechen muss. Casper dreht sich noch eine Zigarette und raucht sie genüsslich, bevor er die Postkarte einwirft.

Als er endlich vor János' Wohnhaus steht, hat er immer noch Durst. Er klopft zweimal, bevor die Haustüre schwungvoll aufgerissen wird. János steht in Unterhemd und Freizeithosen in einer Dunstwolke, die nach gebratener Wurst riecht.

»Hey Jung, komm rein!«, befiehlt er und macht eine einladende Geste. Casper folgt ihm in die Wohnung.

»Bittesehr, setzen.« János deutet auf den Esstisch, geht in die Küche, kommt mit zwei Gabeln und einer Pfanne zurück, die er dann auf der Tischmitte abstellt. Casper wirft einen Blick hinein. Ein paar kleine rotbraune Würsten schwimmen in einem Fettsee.

»Hast Hunger?«

Casper schüttelt den Kopf.

»Ich bin immer noch Vegetarier.«

»Oh.« János steht wieder auf und holt in Plastik verpacktes Schnittbrot aus der Küche.

»Da, kannst du auch essen«, brummt János, und Casper bedankt sich.

»Hast du eigentlich jemand anderen erwartet?«, fragt Casper, während János seine erste Wurst aufspießt.

»Vielleicht.« Er seufzt und verschlingt die Wurst mit einem Bissen.

Es gehört nicht viel dazu, um zu begreifen, über wen er sich am meisten gefreut hätte. Schnell wechselt János das Thema.

»Wie ist neues Zuhause?«, fragt er schmatzend.

»Klein, aber mit Garten«, grinst Casper. »Meine Mitbewohnerin ist etwas seltsam.« Aber wem sagt er das?

»Seltsam?« Mit dem letzten Bissen gibt János ein zufriedenes Grunzen von sich und reißt die Brotpackung auf.

»Essen!«, befiehlt er und beginnt, die erste Scheibe ins Wurstfett zu tunken. Casper bemerkt die leichte Übelkeit.

»Hey, können wir das Fenster aufmachen, oder so?«, fragt er. »Ehrlich gesagt habe ich überhaupt keinen Hunger. Aber ich würde gerne rauchen!« János nickt, Casper macht das Fenster auf, schnappt sich sein Drehzeug und setzt sich auf das Fensterbrett.

»Warum seltsam?« János lässt nicht locker.

»Sie ist ein bisschen verrückt, glaub ich. Einmal lacht sie, die andere Minute weint sie, und ohne dass ich es kommen sehe, ist sie plötzlich wütend und schreit mich an.«

»Also ganz normal. Ist Frau«, lacht János. »Redet viel, weinen, lachen, dann schreit, alles einfach so. Ganz normal«, János zuckt mit den Schultern.

»Nein! Nicht ganz normal. Man weiß einfach nicht, woran man bei ihr ist. Und sie erzählt auch kaum etwas über sich.«

»Ah. Das nicht normal.«

»Was ist schon normal?«

»Frauen erzählen viel. Das ist normal.«

János' Blick wird glasig. Dann wendet er sich ab.

Casper beginnt zu rauchen, als János die halbe Packung Schnittbrot gegessen hat und die Pfanne keinen Tropfen Wurstfett mehr beinhaltet.

»Sag mal, wenn du rauchst …«

Ist das eine Frage? János sieht aus, als würde er wirklich angestrengt über die erste Hälfte seines Satzes nachdenken.

»Manchmal, wenn du rauchst.« Er schluckt. »Wirst du dann frei?«

»Wie, frei?«

János seufzt. Er stützt seinen Bärenkopf mit den Pranken. »Immer, wenn ich rauche, shhhh«, er zieht an einer mentalen Zigarette, »dann atme ich Észter aus.«

»Du meinst, es hilft dir, sie loszulassen?«

»Vielleicht. Zigarette ist Sorgenpfeife. So sagt man auf Ungarisch.«

»Echt?«

»Nähähä«, lacht er und haut mit der Pranke auf den Tisch. »So sag ich auf Ungarisch.«

Er amüsiert sich noch ein bisschen auf Caspers Kosten. Schön, dass er wenigstens etwas munterer ist.

»Ah. Magst du eine Zigarette?«, Casper zeigt ihm den Tabak. János schüttelt den Kopf.

»Ich mag Zigarette leider nur mit Whisky«, erwidert er betrübt.

»Sag mal … Hast du auch das Gefühl, dass es generell befreiend ist, etwas zu verbrennen?«

»Nö.«

»Ist aber so.«

János nickt nachdenklich.

»Feuer hilft gegen Geister.«

Casper legt seine Hand auf die äußere, linke Manteltasche. Fühlt die Kanten des Notizbuches. Es ist Zeit, sich zu verabschieden.

»Hast du Lust heute etwas zu verbrennen?«

János nickt.

»Aber davor trinken wir Whisky!«

János und Casper sitzen am Donauufer. Eine Gruppe Jugendlicher grillt ungefähr hundert Meter weiter. Die blechernen Technobeats und lautere Stimmen wehen zu ihnen herüber. Der Abend bricht an, die Whiskyflasche ist halb voll. Casper hat vielleicht zwei Schluck davon genommen. Aber trotzdem ist das schon das zweite Mal an diesem Tag, dass er sich angetrunken fühlt. Vielleicht weil er seit dem Frühstück nichts mehr gegessen hat. János kaut auf einem Stück Trockenfleisch herum, das er im Supermarkt an der Kasse zum Whisky gelegt hat. Caspers Magen knurrt. Er nimmt noch einen Schluck Whisky und dreht sich eine Zigarette, um den Hunger erst mal zu vertreiben. Morgen wird er ordentlich essen und auch nüchtern bleiben. Aber zuerst muss er jetzt das Notizbuch anzünden. János hat ein altes Tagebuch von Észter dabei.

»Hast du's gelesen?«, fragt Casper und nickt in Richtung der Kladde, in die Észter ihre Memoiren eingetragen hat.

János schüttelt den Kopf. »Ist Geheimschrift.«

»Hmm«, macht Casper und zuckt mit den Schultern. »Würde mich verrückt machen, etwas zu verbrennen, das ich noch nicht gelesen habe.«

János nickt. Dann sieht er Casper auf einmal vorwurfsvoll an und deutet mit dem Finger auf ihn. »Aber du, du bist auch verruckt.« Dann verschränkt er die Arme über seiner Brust und schnaubt. »Wie kannst du nur das Formel verbrennen?«

»Die Formel verbrennt ja nur symbolisch. Ich will einfach nicht mehr daran denken. Und deshalb muss dieses Notizbuch sterben.« Casper zieht es aus der Tasche und legt es neben Észters Kladde.

»Die Formel ist böse. Glaub mir …«

János schüttelt missbilligend den Kopf.

»Nein, glaub ich nicht. Böse ist vielleicht der Mensch, der das Formel erfunden hat …« Er funkelt Casper zornig an, dem für einen kurzen Moment der Mund offen steht.

»Geht's noch?«

»Böse!«, brummt János und wendet sich beleidigt ab. »Willst nicht für Zukunft nachschauen, ob Észter wiederkommt«, schnaubt er, während er aufsteht, um Feuerholz zu sammeln. Seufzend nimmt Casper noch einen Schluck Whisky und legt dann seinen Kopf in die Hände, um darüber nachzudenken. Soll er ihm den Gefallen tun? Was macht das eine Mal schon aus? Der Einzige, dem das Ganze schaden könnte, beklagt sich lauthals darüber. Während Casper die Konsequenzen seiner Handlung abwägt, hört er János auf Ungarisch zetern. Nach und nach schleppt er trockenes Geäst an, das er neben Casper auf den Boden fallen lässt, wobei er kurz ins Deutsche wechselt. »Mein Haus, dein Haus, deine Formel, nicht meine Formel«, nölt er, bis Casper endlich einknickt.

»Na gut, in Ordnung, meine Güte, dann machen wir es halt.«

Mit mehr Schwung als nötig reißt er das Notizbuch auf, hat

plötzlich zwei Hälften in der Hand. János lässt sich neben ihm nieder, macht neugierige Augen und wirkt auf einmal wie ein gut erzogener Hund. Der Bär ist im Whisky ertrunken. Casper inspiziert beide Teile des Notizbuches. »Krass. Schau mal, János«, er hält ihm die Hälften vor die Nase.

»Der Riss ist genau an der Stelle, die ich datiert habe, als ich im Zug nach Budapest saß.«

»Und?«, fragt János nicht sonderlich beeindruckt.

»Ist das nicht ziemlich abgefahren, dass ich das Buch genau an der Stelle zerteile, an der ich beschlossen habe, mein Leben zu ändern? Genau zwischen den letzten Bemerkungen zur Zwei-Teilchen-Verschränkung und der Berechnung, wie ich mein Leben weniger vorhersehbar gestalten kann. Also manchmal denke ich mir, allein dass der Zufall eintritt, kann kein Zufall sein!«

János sieht Casper verständnislos an.

»Okay«, sagt er und zuckt mit den Schultern. »Zufall, kein Zufall, ist doch egal. Es ist halt so«, brummt János, der sich vor lauter Nervosität scheinbar auf keinen anderen Gedanken als Észter fokussieren kann.

»Na gut«, seufzt Casper, »dann konzentrieren wir uns mal aufs Wesentliche.«

Er nimmt die erste Hälfte des Notizbuchs, zieht den Fineliner aus der Manteltasche und beginnt zu blättern. »Irgendwo hatte ich die perfekte Umstellung für deine Frage.«

János Augen beginnen aufgeregt zu funkeln.

»Du darfst dich übrigens geehrt fühlen. Das habe ich in meinem ganzen Leben noch nicht für jemand anderen gemacht.«

Feierlich setzt er den Stift auf einer leeren Seite der zweiten Hälfte des Notizbuches an.

»Aber erst mal muss ich ein paar Fragen stellen«, erklärt Casper in nüchternem Tonfall. »Das wird eine Weile dauern.«

Nach und nach arbeitet Casper seinen Fragenkatalog ab. Er muss sowohl Észter als auch János in Teilformeln erfassen, nach Dingen fragen, die ihn nichts angehen. János' Gesichtsfarbe wechselt von blassweiß bis rosarot, bis sich Scham und Angst vermischen, rote Flecken auf den bleichen Wangen stehen bleiben. Bärenschranke, denkt Casper, aber schlägt sich das Wort sofort wieder aus dem Kopf. Es gelingt ihm, das Gefühl zu vermitteln, er hätte schon unzählige Male ähnliche Geschichten gehört. Aber diese ist speziell und so antiquiert, dass sie aus der Zeit seiner Großeltern stammen könnte. Er lauscht der Erzählung, die er so zusammenfasst: János arbeitet durchgehend und spielt den Alleinversorger. Észter hat währenddessen alle Zeit der Welt, aber kann sie mit niemandem teilen. Beide wollen es nicht, aber wurden so erzogen. Dass sie sich für ihn entschied, war ein Kompliment.

»Észter hat kein Not von Geld gehabt, niemals, kommt aus Familie das goldschwer«, erklärt János mit gesenktem Blick. »Észter ohne Sorge.«

»Und ihre Familie hat euch finanziell nicht geholfen, wenn es wirklich knapp wurde?«

János schüttelt den Kopf.

»Warum auch? Vater hat gegeben für Heirat, nur weil ich sage, dass ich sorge für sie.«

»Und deshalb wolltest du nicht, dass sie arbeiten muss, oder?«

Er nickt. »Hab genug für beide vom uns gearbeitet. János, was soll machen? Hat immer gefragt. Ich keine Antwort. Dann ist gegangen.« Mit finsterem Gesichtsausdruck und einem Stock in der Linken stochert János im Feuerholz herum. Casper nickt. Er will János weitere Details ersparen. Aber eines braucht er noch.

»Waren Észters Eltern mit dir als Schwiegersohn zufrieden?«

János schüttelt den Kopf.

Es scheint keine Berechnung notwendig, um das Offensichtliche auszusprechen. Anstandshalber beginnt Casper, ein paar Werte zu raten, die Formel umzustellen, zu rechnen. Als er wieder zu János sieht, muss er schlucken.

»Es tut mir leid, aber es sieht so aus, als würde Észter eher nicht wiederkommen.«

János gibt eine Art Jaulen von sich und wirft den Stock auf den Haufen Brennholz, der darauf wartet, angezündet zu werden.

»Will dann Észter vergessen«, sagt János und zieht ein Feuerzeug aus der Manteltasche. Mithilfe von ein paar Tropfen Whisky steht der Holzhaufen kurz darauf in Flammen. János wirft die Kladde ins Feuer. Als die Flammen höher schlagen, gibt er noch mal einen jaulenden Laut von sich. Sie warten, bis das Tagebuch vollständig vom Feuer verzehrt wird. Dann holt Casper die erste Hälfte des Notizbuches hervor. Seine zitternde Hand schwebt über den Flammen. Für einen Moment hält er die Luft an, schließt die Augen und konzentriert sich darauf loszulassen. Einfach die Finger lösen, das Papier fallen lassen. Er öffnet die Augen und räuspert sich. Schnell zieht er die Hand zurück. Verdammt!

»Ich kann nicht«, krächzt Casper. Er ist überrascht, wie dünn seine Stimme klingt. Plötzlich brennt der Rachen, als stecke ihm ein scharfer Kloß im Hals, der alles wegätzt.

»Ich kann einfach nicht.«

Langsam lässt er das halbe Notizbuch zurück in seine Tasche gleiten. Sieht hoch, in János' lächelndes Gesicht. Der Bär nickt und legt ihm die Pranke auf die Schulter.

»Gut, dass du Formel nicht zerbrennst.«

Casper nickt. Das ist nicht einfach nur ein halbes Notizbuch, das er da ins Feuer werfen wollte. Das ist sein halbes

Leben. Kompakt zusammengefasste, Tausende Seiten, die er immer wieder zu Teilformeln komprimiert hatte. Die er umgestellt, zusammengestaucht und miteinander verbunden hatte.

»Jetzt hast nur du etwas verbrannt.«

Casper ist erstaunt, wie enttäuscht er klingt. Aber es ist wahr. Zu gern hätte er heute Nacht irgendwas in Flammen aufgehen lassen.

»Was ist mit der zweiten Hälfte?«, fragt János.

»Die zweite Hälfte ist jetzt.«

Feierlich lässt Casper auch die andere Hälfte des Notizbuchs in der Innentasche seines Trenchcoats verschwinden.

So ist das eben. Ein Leben lässt sich nicht so schnell verbrennen. Aber solange er die beiden Hälften hat, kann er es immer noch tun. Er braucht nur den Mut dazu. Vielleicht wird er es irgendwann schaffen. Oder er schafft es nie, niemals. Und sein Boykott stellt sich als rebellische Phase vor dem Abschluss heraus. Vielleicht wird die Formel doch noch ein Meilenstein in der Sozialphysik. Vielleicht wird sein Vater recht behalten. Nur mit Fleiß und Ausdauer gelangst du zum Ziel. Casper seufzt. Dann setzt er die Whiskyflasche an. »Auf das, was kommt!«

ILONA

Nach ein paar Stunden in der Sonne ist Ilona so langweilig, dass sie beschließt, zum Markt zu fahren und einzukaufen. Ihr zukünftiges Leben als Vegetarierin muss gut vorbereitet sein. Außerdem ist morgen ihr erster Arbeitstag, und daran muss sie ständig denken. Ein bisschen Ablenkung wird ihr guttun. Also packt sie ihre Tasche und macht sich auf den Weg. Hätte sie gewusst, wen sie dort treffen würde, wäre sie lieber im Garten geblieben und hätte sich gelangweilt.

Vor der Markthalle sieht sie ihn ganz kurz, den alten Pavo. Sie erkennt ihn von Weitem und weiß sofort, dass er es ist. Er hat einen langen weißen Bart bekommen und ist noch ausgemergelter als früher. Aber seine Augen sind wach, und er wirkt klar. An die Wand der Halle gelehnt, beobachtet er das Treiben vor dem Eingang. Die feinen Härchen in Ilonas Nacken stellen sich auf. Es ist, als ob sie ihn wieder riechen kann. Diese Mischung aus Moder, Patchouli und schweren Gewürzen, die in den Augen beißt. Sofort hat sie ein mulmiges Gefühl, wie damals als Kind. Ilona drängelt sich mit abgewandtem Blick durch die Massen, versucht, ihn einfach zu vergessen, die Bilder, die wieder hochkommen, zu verdrängen. Sofort hat sie vor Augen, wie sie sich an die Hand ihrer Mutter klammert, als sie die Stufen zu seinem Wohnwagen hochsteigen. Wie sie zitternd in der Ecke steht, während Ilonas Mutter die Karten gelegt bekommt. Plötzlich ist da wieder dieses Brennen auf der Haut, sie fasst sich an die Brust. So, als wäre das Amulett, das sie unter ihrer Bluse tragen musste, immer noch da. Jeden Abend hat ihre Mutter kontrolliert, ob sie es auch zum Schlafen anbehielt.

»Sonst holt dich der Teufel.« Verdammt.

Erst als die Mutter schlief, hat sie das vergilbte Ding unter ihrem Bett versteckt. Später hat sie sich gewünscht, der eingefasste milchige, dunkelgraue Stein wäre ein echter Edelstein gewesen. Aber der Juwelier hat sie schnell eines Besseren belehrt. Nicht mal das Amulett selbst war etwas wert. Als die Mutter weg war, musste sie den restlichen Schmuck verkaufen, um davon die Miete zu bezahlen. Sie denkt an den Stapel Rechnungen unter ihrem Bett. Die wieder mal geplatzte Überweisung für die Grundsteuer. Mittlerweile hat sie wahrscheinlich so viele Schulden, dass sie einen ganzen Goldhaufen braucht, um ihn abzuzahlen. Keine feingliedrigen, dünnen Ketten aus Weiß- und Rotgold, nein, ein ganzer Goldbarren muss her. Da hilft auch Caspers Miete nicht. Es ist genauso wie früher. Sofort liegt ihr die Bitterkeit ihrer ganzen Kindheit wieder auf der Zunge.

Der restliche Marktbesuch ist ein Reinfall. Ilona kauft ein paar teurere Obst- und Gemüsesorten, ertappt sich in Gedanken immer wieder bei Pavo, der draußen vor dem Eingang lehnt.

Vielleicht hat er ihr aufgelauert. Vielleicht hat er nur auf Ilona gewartet, um sie daran zu erinnern, dass sie verflucht ist, weil sie ihr Amulett nachts nie getragen hat. Auf dem Heimweg bekommt sie solche Angst, dass sie mehrere Vaterunser flüstert. Sie kann es kaum erwarten, ein paar Gläser Wein zu kippen, am besten eine ganze Flasche. Oder zwei.

Hoffentlich ist Casper schon wieder zu Hause, wenn sie ankommt. In diesem Moment ist sie richtig froh, dass er da ist. Dass er auf sie wartet, dass sie ihm von ihrem Tag erzählen kann. Casper wird wissen, was zu tun ist, überzeugende Argumente finden, um das Übernatürliche zu besiegen. Alleine würde sie jetzt wahrscheinlich völlig durchdrehen.

Als Ilona in die Küche geht, sitzt nur Zeus auf dem Tisch. Als Erstes zählt sie die Weinflaschen, die sie noch unter der Spüle hat.

»Um diesen Tag zu verarbeiten, reichen keine zwei Flaschen Wein … eher acht. Sei lieb Zeus. Geh und hol Mama noch was Hochprozentiges!«

Zeus macht keine Anstalten aufzustehen. Er beobachtet, wie sich Ilona ihr erstes Glas einschenkt, gegen die Wand lehnt und dann auf den Boden rutscht. »Das war echt n' mieser Tag.«

Zeus ist ein guter Zuhörer. Er legt die Ohren zurück, ab und zu lässt er die Schwanzspitze neben ihr hin und her zucken. Erst nach einem Dreiviertelliter hat Ilona ihre Begegnung erfolgreich verdrängt.

CASPER

Als Casper nach Hause kommt, ist es fast Mitternacht. Er hat das Gefühl, sein Magen stünde kurz davor, sich selbst zu verdauen.

»Und, hattest du einen schönen Abend?«, fragt Ilona schnippisch, als er sich in der Küche am trockenen Brot vom gemeinsamen Frühstück zu schaffen macht.

»Ja«, antwortet Casper mit vollem Mund, schluckt hastig herunter.

»Und du?«

Ilona nickt und hebt eine leere Weinflasche.

»Hätte dir ja gerne was übrig gelassen ... Aber es ist ganz schön spät geworden.«

»Danke, ich hatte genug.«

Beim Wegschmeißen der leeren Brottüte entdeckt er die zweite leere Flasche Wein neben dem Mülleimer.

»Na, du hast es dir aber gut gehen lassen«, sagt er scherzhaft, was von Ilona aber offensichtlich als Angriff verstanden wird.

»Kann ja nichts dafür, wenn du so lange weg bist?«

»Kein Problem. Ich wollte morgen eh zur Abwechslung mal nüchtern bleiben.«

Erst danach fällt ihm auf, das es hier vielleicht gerade gar nicht um den Wein geht.

»Schön«, sagt Ilona und streicht sich beide Haarsträhnen gleichzeitig hinter die Ohren. Ein unmissverständliches Zeichen dafür, dass sie wieder auf Krawall gebürstet ist. Casper versucht, nicht darauf einzugehen.

»Wollen wir morgen Marmelade kochen?«, fragt er.

»Vielleicht. Falls ich dazu komme«, erklärt Ilona mit angehobenem Kinn. Dann wünscht sie ihm eine Gute Nacht, packt Zeus, der es sich wieder auf Caspers Kopfkissen bequem gemacht hat und verschwindet in ihr Schlafzimmer.

Kopfschüttelnd bleibt Casper am Küchentisch zurück.

Das versteh mal einer! Was hat sie denn zu tun morgen? In der Sonne liegen und Klatschpresse lesen?

Gleich schämt er sich für seine Gehässigkeit. Er legt seinen Kopf in die Arme, der Trenchcoat riecht noch nach Rauch. Wenn er die Augen schließt, sieht er die Flammen tanzen, wie das Feuer Észters Tagebuch verschlingt.

Ilona hätte sicher auch etwas zum Verbrennen gehabt. Und eigentlich würde sie sich mit János verstehen, da ist er sich sicher. Wenn sie nur nicht so verdammt oberflächlich und launisch wäre. Dann würden sie ein nettes Gespann abgeben, die beiden Schluckspechte. Aus dem anderen Zimmer hört er Ilona kichern. Verwirrt hält er inne. Also ist sie gar nicht wirklich schlecht drauf? Nur ihm gegenüber so kratzbürstig? Dann kommt ihm ein neuer Gedanke. Ob sie vielleicht den ganzen Abend auf ihn gewartet hat? Und enttäuscht ist, weil er nicht da war? Ach, Wunschträumerei. Wahrscheinlich ist sie einfach noch sauer wegen heute Morgen. Vielleicht muss sie aber auch noch die Videos verdauen. Schließlich hat sie, wie sie selbst gesagt hat, die Hölle auf Erden gesehen. Es kann verdammt schmerzhaft sein, die Scheuklappen abzulegen. Casper erinnert sich noch gut an seine ersten Ausflüge in die Realität, an seine ersten Schlachtungen. Die heimlichen Aufnahmen aus chinesischen Arbeitslagern. So oder so, harter Stoff. Fast zwei Tage hat er in seinem Bett gelegen, in vollkommener Dunkelheit, ohne zu essen, ohne zu trinken. Keine Kraft sich zu bewegen, keine Lust jemanden anzurufen.

Wenn seine Mutter ihn nicht spontan besucht und gewaltsam aus der Wohnung geklingelt hätte, wäre er wahrscheinlich eingegangen. Aber das ist eben Caspers Stil, seine Verdauung.

Vielleicht funktioniert Ilonas Verdauung ja anders? Statt die Nahrungsaufnahme zu verweigern, reagiert sie mit Wut auf den Verursacher des Schmerzes, also Casper. Plötzlich kapiert er es. Sofort wird seine Kehle trocken. Ruckartig steht er vom Küchentisch auf, nimmt sich ein Glas Wasser und trinkt es in einem Zug aus. Stützt sich auf die Küchenanrichte, kämpft gegen den Schwindel, der aufkommt. Ilona verletzen? Das wollte er nicht. Aber dass es wehtut, das wollte er doch. Warum hat er ihr die Videos denn sonst gezeigt? Damit es schmerzt. Nur so verändert man sein Handeln. Es war keine Absicht, wiederholt er immer wieder im Stillen. ›Doch war es‹, sagt die Vernunft, schärft ihre Zähne. Es muss wehtun. Wenn es nicht wehtut, ist die Welt verloren. Dann wird sich nichts ändern. Am liebsten würde er sich jetzt ablenken, etwas Schönes machen. Musik hören oder eine Doku über grüne Energiegewinnung sehen. Hoffnung schöpfen. Aber dazu müsste er den Computer anschalten. Es läuft ihm kalt über den Rücken, wenn er daran denkt, wie er sein Laptop aufklappt, einen Hotspot einrichtet und nach und nach die ersten E-Mails eintrudeln. Wenn er wenigstens ein Buch hätte. Ein richtiges, nicht das Notizbuch. Seufzend füllt er einen Putzeimer mit Wasser und Essigreiniger. In einer halben Stunde hat er Bad- und Küchenboden geschrubbt. Während er rauchend am Türrahmen lehnt, Beton und Fliesen beim Trocknen zusieht, stellt er fest, dass das eigentlich auch keinen Unterschied macht. Manchmal lohnt sich Putzen einfach nicht.

Als Casper an diesem Abend in sein Bett fällt, hört er Ilonas Kichern durch die Wand. Er wüsste zu gerne, was sie so amüsiert. Vielleicht lacht sie über Casper? Dann kommt ihm der Gedanke, dass sie vielleicht gar nicht lacht, sondern weint. Er kämpft gegen den Drang, an ihre Tür zu klopfen und nachzufragen, ob es ihr gut geht. Am Ende versteht sie es wahrscheinlich wieder falsch, fühlt sich angegriffen und sagt etwas Gemeines. Keine Formel der Welt kann diese Frau durchleuchten. Aber das wirklich Faszinierende für Casper ist noch etwas anderes. Wenn er mit ihr zusammen ist, kann er auch sich selbst nicht mehr durchleuchten. Warum verspürt er jetzt den Drang, sich bei Ilona zu entschuldigen? Für was überhaupt? Er hat doch nichts falsch gemacht. Oder? Was weiß er schon. Es ist, als ob Ilonas Welt eine Dimension mehr hat. Eine zusätzliche Achse, die in Caspers kargem Koordinatensystem fehlt. Ob man die fehlende Achse nachträglich hinzufügen kann? Er wird es zumindest versuchen. Mit diesem Gedanken schläft er ein.

ILONA

Das Internet ist groß. Es gibt genug Fotos von lebenden Prinzen, die in Kombination mit ein paar guten Tropfen für Freude sorgen – ganz egal, was drum herum im Alltag passiert. An diesem Abend sucht Ilona sogar noch im Bett nach neuen Beiträgen, die ihr den Moment versüßen. Der arabische Prinz posiert vor seiner Jacht, am Hafen von Istanbul. Vor dem Einschlafen stellt sie sich vor, dass Abdullah Rachid sie kennenlernen will. Dass auf einmal eine Nachricht von ihm in ihrem Posteingang liegt. Dass er sie einlädt nach Istanbul, in die goldene Stadt, zu Mokka und Pistazienküchlein. Sie denkt an Honig, Kaffee, Karamell und Rosenblätter, bis sie alles fast wirklich riechen kann. Mit einem Lächeln auf den Lippen schläft sie ein. In der Nacht träumt sie nicht vom Prinzen. Auch nicht von orientalischen Süßigkeiten oder Istanbul. Sie träumt von Casper, der Himbeeren in einen großen Marmeladentopf schüttet.

CASPER

Am nächsten Morgen untersucht Casper den Boden im Garten. Er versenkt beide Hände in die feuchte Erde, zerreibt etwas davon zwischen seinen Fingern, betrachtet die feinen Wurzeln zwischen den Erdkrümeln. Der Boden sieht nicht nur fruchtbar aus, er riecht auch so. Es sind die perfekten Bedingungen, um Gemüse, Kräuter und Obststräucher anzupflanzen. Mit einer Handvoll Kieseln trennt er ein Viertel des Gartens ab. Ein bisschen Erfahrung hat er, von früher, aus dem Garten seiner Eltern. Das kommt Ilona jetzt zugute: Für Vegetarier ist ein Gemüsebeet wie eine Goldmine. Das ist die beste Entschuldigung überhaupt. Wenn sie gerne Beeren sammelt und daraus Marmelade macht, liebt sie es sicher auch zu ernten, zu konservieren und zu fermentieren. Allein die Vorstellung von der strahlenden Ilona neben dem fertigen Beet genügt, um schon am frühen Morgen bei Szábor nach Gartenwerkzeug zu fragen. Casper zahlt noch einen Teil von Ilonas Schulden, dafür darf er sich eine Spitzhacke, Pflanzkelle und Harke borgen.

»Bittesähr, viel Vergnigen«, wünscht Szábor mit gebleckten Zähnen und schreit dann noch irgendwas nach hinten ins Wohnzimmer, aus dem Bellen und ungarisches Fernsehen dröhnt.

Der Hund verstummt augenblicklich, die Frau macht überhaupt keinen Mucks. Man sieht sie auch nie. Vielleicht ist sie viel unterwegs. Oder gut erzogen, wie der Hund. Casper meint, dass er ihre Schuhspitze an der Türschwelle sehen kann. Auf dem Rückweg muss er sich schütteln, um das seltsame Gefühl loszuwerden, das er aus Szábors Haus mitnimmt.

ILONA

Der Wecker klingelt früher als sonst. Verschlafen greift Ilona nach ihrem Handy und sieht sich die Bilder aus Istanbul noch mal an. Was ihr gestern geholfen hat, kann sie heute nicht runterziehen. Zwei neue Fotos sind dazugekommen. Eines zeigt die verschlungenen, blauen Ornamente an der Decke der Hagia Sophia, das andere die Regale eines Goldgeschäftes. Ilona seufzt.

Nachdem sie sich aus dem Bett aufgerappelt hat, schleicht sie in die Küche. Casper ist schon wach, das Bettzeug ist ordentlich zurückgeschlagen. Die Kaffeekanne ist noch lauwarm. Ilona nimmt sich eine Tasse aus dem Geschirrschrank. Alle Henkel zeigen nach links, die Tassen sind in Perfektion nebeneinander aufgereiht, jeder Abstand gleich groß. Fast als ob ein Neurotiker sie eingeräumt hätte. Sie sieht sich um. Weit und breit keine Spur von Casper, die Badtür steht einen Spaltbreit offen. Ilona gießt sich einen Schluck Kaffee in die Tasse, öffnet dann gedankenverloren den Kühlschrank, kramt zwischen Einmachgläsern und dem Aufschnittpapier eine fast leere Packung Schinken hervor. Eine Scheibe ist noch übrig. Gerade als sie sich das Stück Schinken in den Mund stopft, knarzt die Küchentür. Caspers freundlicher Blick wandert von ihrer Hand zum Mund und verwandelt sich in bittere Enttäuschung. Mist. Sie wollte doch kein Fleisch mehr essen. Sofort hat sie die blutigen Schweinefüße wieder vor Augen. Entsetzt schlägt sich Ilona die Hand vors Gesicht.

»Oh Gott nein, das ist doch wirklich …«, stammelt sie schuldbewusst, aber ein Blick in Caspers Gesicht lässt sie verstummen. Der strahlende Casper ist in nur zwei Sekunden zu einer müden Vogelscheuche mutiert, die sich die Haare rauft und bedrückt zu Boden schaut. Plötzlich fällt ihr auf, dass er richtige Augenringe hat, schwarzblaue Schatten, die sich bis zu seinen Wangen in die Mitte des Gesichts ziehen. Waren die Schatten gestern auch schon da? Seine Augen sind auf jeden Fall nicht mehr so blau wie am ersten Tag, als sie ihn kennengelernt hat. Jetzt eher mattgrau mit Schleier, als ob es in die Iris geregnet hätte. Caspers Miene ist eisig.

»Deswegen hättest du dir vielleicht die Schlachtung anschauen sollen …«, sagt er so kalt, dass es Ilona fröstelt. Sie öffnet den Mund, um etwas zu sagen. Dann schließt sie ihn wieder. Sie hat es ja nicht böse gemeint. Caspers Reaktion ist einfach drüber. Etwas übertrieben. Nein, definitiv übertrieben.

»Ist doch eh schon tot, oder? Hast du doch selber gesagt!«, pampt Ilona. »Ich hab es einfach nur vergessen, o. k.?«

Wütend knallt sie die Kühlschranktür zu. Dass er ausgerechnet jetzt reinkommen muss! Ein paar Sekunden später wäre es ihr doch selber eingefallen. »Habe gestern ein bisschen Obst und Gemüse besorgt«, versucht sie es noch mal freundlicher, aber Casper ist schon wieder im Garten. Seufzend legt Ilona die Schinkenreste in Zeus' Napf und greift sich einen Apfel. Irgendwas muss sie ja wohl essen, schließlich ist heute ihr erster Arbeitstag.

CASPER

»Deswegen hättest du dir vielleicht die Schlachtungen ansehen sollen.« Noch während er spricht, realisiert er seinen Fehler. Sie streicht sich die Strähnen gleichzeitig hinter beide Ohren, blinzelt einmal, lässt die Luft langsam aus ihren geblähten Nüstern strömen. Ihr Blick verdüstert sich, dann beginnt sie zu fauchen, zu zetern, wird laut. Diesen Teil des Mosaiks kennt er schon. Wenn sie sich in die Ecke gedrängt fühlt, flippt sie aus, es reicht schon eine simple Feststellung. Völlig egal, was er dann sagt, es zählt nicht mehr.

Casper muss nur noch daran denken. Sieht immer wieder, wie sie sich das mattrosa Stück samt Schwarte genüsslich in den Rachen gleiten lässt, wie ein junger Geier im Nest. Kann ein Mensch wirklich so schnell vergessen, was ihn gestern noch zu Tränen gerührt hat? Was passiert in ihrem Kopf, wenn sie schläft?

Eins ist klar. Wenn es ihr wirklich egal wäre, dann wäre sie nicht so wütend auf ihn. Aber er möchte ihr auch nicht mehr ins Gesicht schauen und sehen, wie sie sich selbst anlügt. Also dreht er sich um und geht aus der Tür hinaus in den Garten, wo die Schaufel noch im Erdhaufen steckt. Er greift sie mit beiden Händen und sticht zu. Und noch mal. Blinzeln, atmen, zustechen, ausheben. So macht er weiter. Die Motivation ist jetzt nicht mehr, Ilona strahlen zu sehen. Viel eher geht es darum, leer zu werden. Beschäftigt zu sein, keine Zigarette zu drehen. Er würde doch nur aus Frust rauchen. Nachdem er mehrere Quadratmeter umgestochen hat, greift er nach der Harke, vergräbt sie zwischen den Klumpen, riecht die Erde, atmet, zieht die Harke ruckartig zu sich. Es ist mehr Umreißen als Auflockern. Es ist mehr Durchhalten statt Abbrechen. Das Beet wird trotzdem schön, so oder so.

ILONA

Am späteren Vormittag steht Ilona mit verquollenen Augen vor dem Schrank, kurz vor einer Panikattacke. Ihre Klamotten sind genauso fad wie das Schmorgemüse, das sie aus schlechtem Gewissen für Casper aufgesetzt hat. Die eine Hälfte ist altbacken, die andere löchrig. »Was soll ich nur machen?«, schluchzt Ilona an Zeus gewandt, der sich königlich auf ihrem Kopfkissen rekelt. Der Kater gähnt, und Ilona dreht sich vor dem Spiegel hin und her. Mit der gelben Bluse, den blauen Hosen und dem nervösen Flackern in den Augen sieht sie aus wie ein labiler Clown. Ilona mustert sich kritisch von allen Seiten, zieht die Bluse aus und schmeißt sie auf den Berg von ausgemusterten Kleidungsstücken, der neben ihr wächst. Sie würde den Haufen gerne raustragen und verbrennen, aber dann hätte sie überhaupt nichts mehr zum Anziehen. Sie schnieft, geht in die Knie und hebt den Kopf leicht nach hinten, damit die Wimperntusche nicht verläuft. Sie muss irgendwas anziehen und zwar schnell. Ihr Blick fällt auf das letzte gute Kleid auf der Wäscheleine. Es ist noch nicht ganz trocken, aber egal. Casper ist immer noch auf der anderen Seite im Garten. Weil sie sich nicht traut, ihm noch mal unter die Augen zu treten, hinterlässt sie ihm einen Zettel neben dem Schmortopf. Die ersten beiden Versuche enthalten noch Entschuldigungen, die dritte Version klingt eher wie ein Befehl. Der vierte Zettel ist neutral, er zeigt einen Pfeil, der auf den Topf gerichtet ist.

»Für dich. Bin in der Arbeit.«

Der zweite Satz klingt gut. Habe Arbeit, bin schuften. Ilona stellt sich vor, wie sie mit ihrer ersten Beförderung nach Hause kommt. Wie sie sich von ihrem ersten Gehalt eine neue Garderobe kauft. Aber das mulmige Gefühl wegen des Ärgers mit Casper lässt sich auch dadurch nicht vertreiben. Sie schnappt sich ihre Jacke und eilt im Laufschritt aus dem Haus. Immer wieder muss sie an den enttäuschten Blick denken, mit dem sie vorhin in der Küche bedacht wurde. Blöder Casper. Er bringt sie ganz durcheinander. Dabei muss sie heute fokussiert sein wie nie zuvor. Das ist ihre Chance, ihr Leben zu ändern. Ein Leben zu haben, das Sinn hat, das unabhängig und selbstbestimmt ist. Brust raus, Bauch rein. Einfach nicht darüber nachdenken, was zu Hause war. Stell dir vor, wer du sein willst, dann wirst du es auch!

Sich selbst etwas vorzumachen ist schwierig, aber umgeben von Fremden das einfachste auf der Welt. Auf der Straße kann ihr keiner ansehen, wie es in ihrem Schrank, Gewissen oder Geldbeutel aussieht. Als sie auf den Laden zugeht, ist Casper schon in die tote Zone in ihrem Hirn verbannt, erfolgreich eingenebelt und dabei, im Gedankenmorast zu versumpfen.

Vor dem Geschäft mustert sie sich noch mal in der Scheibe, setzt ein Lächeln auf. Vivien telefoniert, also geht Ilona auf das erstbeste Paar Riemchen-Sandalen zu und überlegt schon mal, wie man sie an die Frau bringen könnte, als eine Kundin den Laden betritt. Sie trägt eine riesige Sonnenbrille mit geschwungenen Bügeln. Vielleicht gehört sie zur High Society. Wenn es ihr gelingt, gleich das erste Paar zu verkaufen, wird Vivien begreifen, dass es eine gute Idee war, Ilona einzustellen. Schon steht sie neben der Kundin.

»Guten Tag, kann ich Ihnen weiterhelfen?«

Die Frau wirkt irritiert. Vielleicht ist sie eine Stammkundin.

»Ich bin neu«, strahlt Ilona. »Aber ich würde Ihnen trotzdem gerne etwas empfehlen.« Die Kundin schiebt ihre Sonnenbrille auf den Kopf. Erklärt, sie wolle sich nur umsehen. Ilona ist enttäuscht, aber gibt nicht auf, versucht, in der Nähe der Kundin zu bleiben. Sie sieht sich gerade Pumps an, als Ilona ihren zweiten Versuch wagt. Vorsichtig pirscht sie sich an die Kundin heran.

»Dieses Modell macht eine auffallend schöne Fußform«, sagt sie und fühlt sich dabei wie eine echte Modeberaterin.

»Ach?« Die Kundin wirkt nun doch interessiert.

Ilona erzählt, das Modell verkürze den Fuß optisch, greift fachmännisch nach dem Schuh und fährt mit der Hand die Sohle hinunter.

»Der Schwung des Schuhs ist sehr … kurvig.«

Die Kundin runzelt die Stirn.

Ilona will ihr gerade eine frei erfundene Geschichte über kurze und lange Kanten bei Plateau-Sohlen auftischen, als Vivien gestikulierend vom Telefon kommt.

»Kann ich Ihnen helfen?«, strahlt sie.

»Nein danke, ich sagte ja schon zu Ihrer Kollegin hier, ich sehe mich einfach nur um.«

Ilona hat sie verloren. Es hätte sicherlich funktioniert, wenn

Vivien ihr nicht im entscheidenden Moment dazwischengegrätscht wäre. Die scheint sich aber nicht im mindesten dafür verantwortlich zu fühlen.

»Ilona, kommst du bitte mal mit ins Lager?«, sagt sie mit einer gebieterischen Handbewegung und flötet der Kundin zu, sie könne sich selbstverständlich alle Zeit der Welt lassen. »Unsere Aushilfe war wohl etwas zu übereifrig.«

Ilonas Mund klappt auf. Das war ja peinlich. Mit gesenktem Blick und heißen Wangen setzt sie sich in Bewegung. Sie will nicht sehen, wie sich die beiden mit ihren strahlend weißen Zähnen angrinsen.

Im Lager angekommen, belehrt Vivien Ilona, was eine Aushilfe zu tun und zu lassen hat. Sie ist nämlich überhaupt nicht eingestellt worden, um Schuhe zu verkaufen.

»Deine Aufgaben sind: den Laden sauber halten, die Bestände auffüllen, nett lächeln. Verstanden?«, bellt sie.

Ilona sieht immer noch zu Boden. Eigentlich will sie sagen, dass sie die seltsamen Schuhe gar nicht verkaufen will. Aber dass sie verdammt noch mal Talent dazu hat und sicherlich auch das hässlichste Paar in diesem Laden verkaufen könnte. Sie beißt sich auf die Lippe.

Vivien sagt, dass sie Ilona noch eine Chance als Putzfrau-Lageristin gibt. Dass sie die aber nicht verspielen soll, weil sie mit ihrem Lebenslauf sonst nur in der Brühwurstfabrik genommen wird.

Ilona weiß, dass sie recht hat. Zuerst soll sie die Fenster putzen und dann in alle ausgestellten Stiefel fassen und nachsehen, in welche der Sohn einer Stammkundin seine Bonbonpapiere hineingestopft hat.

»Das Kind des Kunden ist eben auch König«, lacht Vivien hämisch und Ilona schluckt. Wie ein gedemütigter Hund schleicht sie aus dem Lager.

Beim Fensterputzen kann sie ihrem Spiegelbild nicht in die Augen schauen. »Du Niete!«, flüstert Ilona aus der Spiegelwelt, während die echte Ilona ihr Fensterreiniger ins Gesicht sprüht. Es ist, als könnte sie dabei zusehen, wie ihre Träume zu Schaum werden. Ein Wisch mit dem Reinigungsschieber, und weg sind sie. Ilonas Hoffnung zerplatzt wie eine tropfende Seifenblase. Die eine Chance gab es nie.

CASPER

Gartenarbeit hat etwas Meditatives. Der Moment verschmilzt mit Bewegung, Atem und Erde. Casper unterbricht sein Schaffen erst, als er sich wundert, warum es verbrannt riecht. Er dreht sich suchend um und sieht den Qualm aus der Küchentür aufsteigen. Fluchend schmeißt er die Harke ins Beet und rennt ins Haus. Eine Handbreit Rauch steht ihm vor den Augen. Hustend fächert er sich die Sicht frei und identifiziert die Ursache des Qualms. Unter dem großen, mittlerweile angesengten Topf züngeln noch bläuliche Flammen auf dem Gasherd. Während er nach Luft japst, stellt er das Gas mit der einen Hand ab, mit der anderen greift er einen Topflappen und hebt den Deckel an, als ihm ein scharfer schwarzer Schwall ins Gesicht steigt. Keuchend lässt er den Deckel zurück auf den Topf fallen und schiebt ihn von der heißen Kochstelle. Mit einem Zischen plumpst der Topf in die Spüle, wo Casper ihn erst mal auskühlen lässt. Er öffnet alle Türen und Fenster, damit der Rauch entweicht.

Im Schlafzimmer liegt ein Haufen Klamotten vor dem geöffneten Schrank, von Ilona selbst ist keine Spur zu sehen.

Zuerst ist er nicht sicher, ob sie nicht doch da ist, weil ihr Handy noch auf ihrem Bett liegt. Aber ihre Jacke und Tasche sind weg, also muss sie gegangen sein und das Handy vergessen haben. Zurück in der Küche lässt Casper heißes Wasser in den Topf laufen, um das angebrannte schwarze Zeug auf dem Boden einzuweichen. Dann sieht er den Zettel, der aufklärt, was in dem Topf gewesen ist. Lécso, Schmorgemüse. Casper seufzt und lässt etwas Spülmittel in den Topf tropfen. Irgendwie ist es ziemlich süß, dass sie ihm etwas gekocht und mit einem kleinen Zettel versehen hat.

Noch süßer wäre es, wenn sie den Herd nicht vergessen hätte. Dann müsste er jetzt nicht angebrannte Reste aus dem stinkenden Topf kratzen. Oder war es Zeus? Schließlich hat er den Kater schon mal in flagranti am Herd erwischt. Dann vertreibt er den Gedanken. Seufzend macht sich Casper ans Schrubben. Er versucht, es positiv zu sehen, als kleiner, nasser Kontrast zur Gartenarbeit. Aber eigentlich tun ihm die Hände weh, das merkt er jetzt. Beim Umgraben hat er sich viele kleine Schnitte zugezogen, in denen das Spülmittel brennt.

Ein Geräusch ist aus Ilonas Schlafzimmer zu hören, das Smartphone meldet sich zu Wort. Ob es so geschickt ist, das Ding bei offener Tür in der Wohnung liegen zu lassen? Casper trocknet sich die Hände ab, ist schon auf dem Weg, um es zu holen. Der Bildschirm leuchtet noch. Als er es in die Hand nimmt, fällt sein Blick auf die Nachrichten in der Mitteilungsübersicht. Neben den ungarischen Meldungen sind kleine Fotos der User abgebildet, für deren Aktivitäten Ilona den Alarm aktiviert hat. Noch ehe er darüber nachdenken kann, hat er mit dem Finger nach unten gescrollt. Alles Männer. Auf keinem einzigen der Bilder ist eine Frau zu sehen. Noch bevor er den Gedanken zu Ende formuliert hat, wird ihm die gerade ausgeführte Spionage-Aktion bewusst. Wie zum Teufel kommt er darauf, Ilonas private Benachrichtigungen durchzusehen? Ist das der Smartphone-Entzug? Liegt es daran, dass sein eigenes Handy seit ungefähr einer Woche ausgeschaltet zwischen seinen Klamotten vergraben liegt? Dass seine Hände jucken, dass sein Körper das Scrollen und Zoomen vermisst? Oder ist es Ilona, die ihn langsam, aber sicher verrückt werden lässt? Casper beginnt zu schwitzen, schmeißt das Handy auf den Küchentisch, als ob es plötzlich brennend heiß geworden wäre. Sein Atem pfeift, seine Beine werden weich, er fühlt sich wieder schwach und übermannt, wie gestern Nacht. Diese Frau macht ihn wahnsinnig, diese Küche macht ihn wahnsinnig, und diese Situation, die macht ihn auch wahnsinnig. Ohne das Notizbuch zu leben, ohne eine klar definierte Aufgabe, ohne Laptop und Suchmaschine. Das ist wie Wandern ohne Kompass, Navigieren ohne Karte. Er denkt an das weiche, leere Bett in seinem Zimmer in Berlin, das wahrscheinlich immer noch bezogene Gästebett im Haus seiner Mutter. Er stellt sich ihre Hände vor. Wie sie Seitan zerbröseln, Petersilie hacken, eine vegetarische Alternative irgendeines Hackfleisch-Gerichtes vorbereiten. Damit Casper nicht nur Beilagen essen muss. Und was macht er währenddessen, wo treibt sich Casper herum? Sitzt in einer Bruchbude am Rande von Budapest, schraubt schlecht befestigte Schränke an die Wände, repariert hoffnungslose Klospülungen, gräbt ungebeten den Garten um und freut sich schon mittags über ein Glas Wein oder Whisky. Er kommt sich wie der undankbarste Streuner und privilegierteste Trottel im ganzen Universum vor. Am liebsten würde er rennen, irgendwohin, alles hinter sich lassen, in einen Wald flüchten, wo ihn niemand hört, einfach schreien, sich auf eine Lichtung legen, Moos aus dem Boden reißen. Wie früher, nach der Schule. Aber er kennt den Weg nicht, hat noch keinen Wald in der Nähe ausfindig gemacht. Seufzend lässt er sein Gesicht zwischen die Hände gleiten. Jetzt ist er eben hier, sitzt alleine in dieser Küche und sieht sich selbst beim Verrücktwerden zu.

Was wäre, wenn er nicht nach Budapest gekommen wäre? Wenn er den Zug nach Venedig genommen hätte? Wahrscheinlich wäre er dann schon längst wieder nach Berlin zurückgefahren. Die Bilder seines alten Alltags ziehen von links nach rechts an ihm vorbei, schon allein die Vorstellung löst Schüttelfrost aus. Das alte Gefüge seines Alltags abzustreifen, einfach auszubrechen – das bereut er nicht. Aber glücklich ist er auch jetzt nicht. Casper lässt seinen Kopf auf den Tisch sinken. Er seufzt.

Warum regt er sich überhaupt darüber auf, dass er nicht glücklich ist? Vielleicht ist Glück nicht für jeden vorgesehen. Vielleicht fehlt ihm ja auch einfach nur das Gen dazu. Vielleicht fehlt ihm die Funktion, vielleicht fehlt eine Konstante in Caspers Wesen, vielleicht kann er einfach nicht glücklich sein, egal, wohin er geht. Egal, unter welchen Bedingungen, egal in welchem Entwurf, egal in welcher Version seines Lebens?

Plötzlich hört er unterm Tisch ein Maunzen. Casper spürt wie Zeus um seine Beine streicht, hebt aber erst den Kopf aus seinen Händen, als sich die Krallen in Caspers Oberschenkel bohren und der Kater mit einem Satz auf seinem Schoß landet. Er vergräbt seine Hände in das warme, weiche Fellbündel. Zeus schnurrt, legt seinen Kopf an Caspers Brust.

»Schön, dass du nicht mehr sauer bist«, sagt Casper und muss auf einmal lächeln. Und dann passiert es.

Die angestauten Gefühle lösen sich, wie ein Salzklumpen im Wasser bröckelt der Schmerz. Caspers Augen werden feucht. Muss er also wirklich weinen? Die letzten Tränen liegen so lang zurück, er kann sich beim besten Willen nicht mehr daran erinnern. Salzig heiße Tropfen landen in Zeus'

Fell. Casper lässt es einfach laufen, versucht gar nicht erst aufzuhören. Es tut verdammt gut, ist besser als Schreien. Besser als Strampeln und Moos ausreißen. Nach und nach wird Casper immer leerer, bis er irgendwann keine Tränen mehr hat. Als er sich wieder fängt, springt Zeus von seinem Schoß, tappst zum Futternapf und beginnt zu fressen. »Danke fürs Trösten«, sagt er zum Kater. Casper steht auf und nimmt sich ein Glas Wasser. Dann geht er Zeus' Wassernapf holen, um auch ihm frisches Wasser hinzustellen. Als er realisiert, dass der Kater den Schinken frisst, den Ilona am Morgen noch in den Fingern hatte, muss er schmunzeln. Die zweite Hälfte des Beetes gräbt er mit einem friedlichen Gefühl um. Später notiert er seine neue Erkenntnis. Manchmal tut es gut zu weinen, um die Welt danach mit anderen Augen zu sehen.

ILONA

Ilona muss den bisherigen Tag verdrängen. Sie zieht eine Zigarette aus der schon wieder fast leeren Packung, tastet mit der anderen Hand nach ihrem Smartphone. Fährt in alle Jackentaschen. Nichts. Hat sie ihr Handy in der Eile zu Hause vergessen? Oder verloren? Sie wischt sich den Schweiß von der Stirn. Kann dieser Tag noch schlimmer werden?

Jetzt muss sie den ganzen Weg nach Hause ohne Ablenkung ertragen und nachdenken. Der Tatsache ins Gesicht sehen, dass sie eine Versagerin ist. Ein Hanns-Guck-in-die-Luft, eine nichtsnutzige Tagträumerin, die ein ewig leeres Dasein in Armut fristen wird. Ist das wirklich ihre Bestimmung? Oder hat Ilona womöglich ihre Bestimmung verfehlt? Geht das überhaupt? Gibt es so was wie Bestimmung am Ende gar nicht?

Vielleicht ist das mit der Bestimmung nur Aberglauben. Und Ilona wird genauso leichtgläubig wie ihre Mutter, ohne es selbst zu merken. Ihr Herz schlägt schneller. Das Gedankenkarussell rattert, Ilona seufzt. Schluss damit.

Plötzlich bleibt sie stehen. Dann fährt sie sich mit den Händen durchs Haar und sinkt in die Hocke. An einen Baumstamm gelehnt, harrt sie aus und wartet, bis es ihr gelingt, einen der rasenden Gedanken aus dem Karussell zu fassen und zu Ende zu denken. Sie ist nicht wie ihre Mutter. Sie ist ganz anders. Weil sie immer wieder aufsteht und weiterkämpft. Nicht einfach aufgibt und abhaut, wie ihre Mutter es getan hat. Vielleicht hat sie ihre Trinkfreudigkeit und die Schulden geerbt. Aber sicher nicht den Rest. Das hier ist nicht Ilonas Bestimmung. Und das hier ist auch nicht ihr Leben. Das Leben im Elend, das kann einfach nicht ihre Bestimmung sein. Egal, wer sich Ilonas Leben ausgedacht hat, Gott oder der Kosmos: Solche Geschichten schreibt doch keiner. Da ist die Vorstellung von einem stinkreichen Fremden als Wendepunkt einfach realistischer. Wäre ja lächerlich, wenn sie so einen nicht im Internet findet. Schließlich ist sie nicht hässlich. Ilona rappelt sich auf und klopft die Moosflechten von ihren Klamotten. Am liebsten würde sie in die Welt hinausschreien, dass es irgendwann besser werden muss. Dass sie Aschenputtel ist und einen Prinzen braucht. Sie schnappt nach Luft, kurz davor, es wirklich zu tun. Dann lässt sie es bleiben, hält lieber den Mund.

Warum?

Weil sie sich vor dem Echo fürchtet.

CASPER

Das Beet ist umgegraben, als Ilona nach Hause kommt. Casper hat den Topf für ein paar Stunden eingeweicht, aber noch nicht ganz sauber bekommen. Schrubbt ihn noch über der Spüle mit Stahlwolle.

»Ich hoffe, es hat geschmeckt«, sagt Ilona plötzlich leise hinter ihm. Casper schenkt ihr ein müdes Lächeln.

»Es wäre sicherlich großartig gewesen. Aber leider ist es verbrannt.« Casper zuckt mit den Schultern.

»Oh. Ja, Gasherde können ziemlich heiß werden. Da musst du gut aufpassen!«

Kurz überlegt Casper, ob er es einfach auf sich nehmen soll. Aber als Ilona erklärt: »Hast Glück gehabt, dass hier kein Feuer ausgebrochen ist. Zeus liebt nämlich Feuer!«, platzt es aus ihm heraus. »Leider hat der Topf schon gebrannt, als ich ihn gefunden habe. Der Gasherd wurde wohl überhaupt nicht erst ausgeschaltet.«

Er formuliert es bewusst neutral. So, als ob eine ihm unbekannte Person das Schmorgemüse hätte verbrennen lassen. Nicht Ilona.

»Ich war mir ganz sicher, dass ich den Herd ausgemacht habe. 'Tschuldigung.« Irgendwie sieht sie betrübt aus. Als ob ihr eine gewaltige Kakerlake über die Leber gekrochen wäre.

»Kaffee?«, fragt sie und reibt sich noch währenddessen die Augen.

»Wie war dein Tag? Hast du so lange gearbeitet? Ist ja fast schon dunkel«, fragt Casper sanft. Anscheinend hatte nicht nur er einen beschissenen Tag. Ilona nickt, geht zum Schrank und beginnt, Kaffee aus der Tüte in die Kanne zu löffeln.

»Ja, die Arbeit war …«

Sie stößt einen langen Seufzer aus.

»Wirklich anstrengend.« Dann sieht sie ihn kurz an, löffelt etwas Kaffee daneben, seufzt noch mal und füllt die Kanne dann mit Wasser.

»Ich glaub, ich bleib ab morgen zu Hause.«

»Was, wirklich? Wieso?«, fragt Casper irritiert.

Während Ilona den Gasherd entzündet, zittern ihre Hände leicht.

»Hey, hast du mein Handy gesehen?«, will sie wissen, ohne auf seine Fragen einzugehen.

Nervös reicht Casper ihr das Handy, Ilona strahlt.

»Puh, Gott sei Dank. Dachte schon, ich hätte es irgendwo draußen verloren.«

Wenn sie wüsste, dass er spioniert hat. Dann wäre sie vielleicht nicht mehr so fröhlich. Oder vielleicht wäre es ihr auch egal? Casper fühlt sich wie ein Stalker.

Er räuspert sich nervös.

»Wie hast du das mit Zeus und dem Feuer gemeint?«, startet Casper sein Ablenkungsmanöver.

»Ja, was denkst du denn? Warum heißt er wohl wie der Gott des Feuers?«

»Hä?« Casper versteht nicht. »Zeus ist der Gott des Gewitters. Er kontrolliert Donner und Blitz«, stellt Casper nüchtern fest.

»Wenn der Blitz einschlägt, dann brennt es ja wohl auch«, entgegnet Ilona und schiebt ihr Kinn trotzig nach oben.

»Hmm. Na gut.« Was bringt es schon, bei den Fakten zu bleiben? Dann ist Zeus eben der Gott des Feuers, wenn es blitzt, dann brennt's, in Ordnung.

»Also ist dein Kater scharf auf Feuer?«, fragt Casper.

Ilona nickt, nimmt sich eine Tasse Kaffee und zündet sich eine Zigarette an der Flamme des Gasherds an.

»Er ist verdammt noch mal fasziniert vom Feuer, der Teufel weiß wieso.«

»Das erklärt einiges. Meinst du, dass er …?«

Ilona sieht ihn fragend an. Wäre es richtig, sie jetzt noch zu beunruhigen? Nicht, dass sie wieder ausflippt.

»Ach vergiss es.«

Auffordernd nickt sie in Richtung der Kaffeekanne, und Casper lehnt kopfschüttelnd ab.

»Dann ist es ja gut, dass wir immer die Küchentür auflassen. Ich war nämlich heute nicht so viel drinnen, sondern eher draußen zugange«, berichtet er. Dann fängt er an zu grinsen. »Komm mal mit raus.«

»Ist das nicht ganz schön viel Arbeit?«

Ilonas Reaktion ist anders, als Casper erwartet hat. Verdattert steht sie neben dem Beet und kratzt sich am Kopf.

»Und muss man nicht ziemlich viel Geld ausgeben, bis man alle Samen hat, die man anpflanzen möchte?«

Nachdem Casper aufzählt, wo man Samen und Setzlinge überall kostenlos bekommen kann, sieht Ilona schließlich ein, dass so ein Beet etwas ziemlich Magisches sein kann.

»Ich mochte schon immer das Märchen mit den Zauberbohnen. Kennst du das?«

Casper nickt und beschließt für den nächsten Tag zu recherchieren, welche Pflanzen im späten August gesät werden. Er stellt sich vor, wie Ilona eine vertrocknete grüne Hülsenfrucht in das Beet einpflanzt und daran nach oben in den Himmel schießt, wie Hans an der Bohnenstange. Dass ihr die Haare um die Elfenohren flattern, während sie der Sonne immer näher kommt.

»Weißt du schon, wann du morgen zu Hause bist?«, fragt Casper grinsend.

»Ich denke nicht, dass ich lange weg sein werde. Wie gesagt.« Ilona schaut finster.

Also meint sie es ernst, will kündigen? Wurde gefeuert? Grübelnd sieht er sie an. Ihre Augen flackern in der Dämmerung. Er riecht die frische Erde, das Süße, das von den Obstbäumen herüberweht. Er folgt den Schatten auf ihrem Gesicht, die sich über ihren Hals zum Brustbein ziehen. Nein, irgendwas hat sie heute, es liegt nicht an Casper, das kann er fühlen. Gerade als er sich zu ihr wendet, um zu fragen, was wirklich los ist, sagt sie: »Lass uns reingehen, ich habe einen Riesenhunger.«

Sie pflücken die prallsten Pfirsiche aus dem Nachbargarten, dazu gibt es Brot und Käse. Keiner von beiden hat noch genügend Kraft, um zu kochen. Als Ilona die Weinflasche öffnet, will Casper protestieren, lässt es aber bleiben. Keine Ahnung, woher sie die Flasche hat. Ob sie auf dem Rückweg nach der Arbeit in einen Laden gegangen ist und dann nur diese eine Flasche gekauft hat? Ob es Reste sind, die sie als Notvorrat in der Wohnung versteckt? Egal. Casper hat es satt, den Moralapostel zu spielen. Er ist nicht nur zu müde, sondern auch zu schwach, um seine Ideale weiterzuverteidigen. Also entscheidet er sich dafür, diesen Tag zu beerdigen. Auf dass der nächste mit einer besseren Stimmung um die Ecke kommt.

»Gibt es hier in der Nähe eigentlich einen Wald?«

»Nein«, sagt Ilona kopfschüttelnd, während sie sich ihr zweites Glas Wein einschenkt. »Zumindest keinen richtig tiefen Wald. Es gibt ein paar Waldwege hier in der Nähe. Aber die führen nur zu ein paar Baumgruppen und einer ziemlich gruseligen Lichtung.« Ilona schüttelt sich, als ob sie einen üblen Geschmack im Mund hätte.

»Ach. Und hast du dort auch die Beeren gesammelt, aus denen du die Marmelade gemacht hast?«

Die Röte schießt Ilona ins Gesicht, während sie auf ihrer Unterlippe kaut.

»Nein, das war woanders. Echt weit weg.«

Schnell senkt sie den Blick, sieht beschämt weg. Casper nickt.

»O. k.«

Nach ein paar Gläsern Wein bröckelt Ilonas Fassade, sie bekommt Risse. Was dahinter liegt, weiß Casper nicht. Er würde ihr gerne so viele Fragen stellen. Zum Beispiel, was heute bei der Arbeit passiert ist. Warum sie das Thema Marmelade so beschämt. Ob sie sich selbst für eine Alkoholikerin hält. Soll er sie einfach fragen? Vielleicht wann anders.

Ein Gespräch mit Ilona fühlt sich an wie ein Minenfeld. Früher oder später gibt es eine Explosion. Man weiß nie, wann man sie vielleicht auslöst. Aber Casper hat eine Idee, wie er trotzdem etwas erfahren kann.

»Wenn du so eine Zauberbohne hättest. Angenommen, es gäbe eine, und du könntest dir ausdenken, wohin sie dich bringt. Wo würdest du landen?«, fragt er Ilona.

An ihrem Gesichtsausdruck kann er erkennen, dass ihr die Frage gefällt. Sie strahlt, und ihre Augen funkeln. Feierlich sagt sie: »Nach Istanbul.«

Casper lacht. Das hätte er nicht gewettet.

»Was im Ernst? Wenn du es dir aussuchen kannst, bleibst du hier, in dieser Welt?«

»Na, ist doch in Ordnung.«

Kurz sieht sie beleidigt aus. Dann grinst sie und verstellt ihre Stimme wie eine Reiseführerin. »Istanbul, der Nabel der Welt. Die Brücke zwischen Orient und Europa.«

»Und deshalb ausgerechnet Istanbul?«, grinst Casper zurück.

Sie schüttelt den Kopf.

»Weil Istanbul einfach magisch ist.« Ilonas Augen beginnen wieder zu funkeln. »Weil ich weiß, dass ich da hingehöre, weil sich Istanbul wie für mich gemacht anfühlt. Die Minarette, der Bosporus, die Läden voller Gold, die Süßigkeiten und Gewürze. Natürlich müsste ich mit einem Prinzen verheiratet sein, um es ganz zu genießen«, witzelt Ilona, hebt die Arme elegant über die Stirn und wackelt dabei mit dem Kopf, als wäre sie eine orientalische Tänzerin. Casper schüttelt den Kopf. Ihm fällt nichts Vernünftiges dazu ein. Die lebhafte Beschreibung dieses Ortes, den sie nur aus ihrer Fantasie kennt, den es aber wirklich gibt, ist für ihn befremdlich. Erstens könnte man enttäuscht werden, wenn der Eindruck nicht den Vorstellungen entspricht. Und außerdem: Wenn man von so vielem anderen träumen kann, warum träumt man dann von Städten? Wenn sie auch malerisch liegen, ihre hohen weißen Türme neben dem Wasser in den sonnendurchfluteten Himmel ragen. Letztendlich sind es doch nur Anhäufungen von Menschen in schönen Gemäuern. Gerade als er darüber nachdenkt, fragt ihn Ilona:

»Und wohin willst du gebeamed werden, wenn du eine Zauberbohne findest?«

»Auf den Mond, ins All. Vielleicht in eine ganz andere Welt, in ein Paralleluniversum in einer anderer Dimension. Wo die Dinge anders heißen, wo vielleicht sogar die Gesetzmäßigkeiten anders sind, wo alles anders läuft. Einfach irgendwohin, wo ich überrascht werde.«

»Ach so.« Ilona kratzt sich am Kopf. Dann beginnt sie zu kichern.

»Das wäre natürlich auch nicht schlecht.«

Sie trinkt den letzten Schluck Wein und gähnt herzhaft. Auch Casper muss gähnen. Als er etwas später im Bett liegt, ärgert er sich, dass er Ilona nicht nach ihren nächtlichen Träumen gefragt hat. Mit ihrem Kichern im Ohr schläft er ein.

ILONA

Als sie den Kleiderhaufen neben ihrem Bett sieht, denkt Ilona an den nächsten Arbeitstag. Sie wird morgen einfach hinschmeißen, nicht mehr auftauchen. Soll Vivien doch selbst Putzfrau und Lageristin spielen.

Vor dem Einschlafen sieht sie sich die neuen Meldungen der Prinzen an, die sie abonniert hat. Der schwedische Prinz heiratet ein Mädchen aus dem Volk. Sie sieht aus, als wäre sie frisch aus einer Vanilleschote gepult worden. Der ist also vergeben. Ilona entscheidet, ihm nicht mehr zu folgen. Das mit dem Prinzen ist sowieso ein bisschen hochgestapelt. Vielleicht sucht sie ab jetzt lieber nach Geschäftsmännern? Das dürfte eine gute Strategie sein, um reiche Fremde zu finden. Ansonsten könnte sie noch Erben ausfindig machen. Selbstverständlich sehen nicht alle gut aus. Ilona sucht sich einen griechischen Hotel-Mogul, den Besitzer einer amerikanischen Restaurantkette und einen russischen Adelstitel-Erben aus. Dann wird sie benachrichtigt, dass Abdullah Rachid einen neuen Beitrag verfasst hat.

»Wohin würdet ihr am liebsten fliegen?«, fragt er auf Englisch unter einem Schnappschuss über den Wolken, den er wahrscheinlich aus seinem Privatjet geschossen hat. Das ist ja eigentlich genau ihr Thema heute. Vor lauter Begeisterung muss sie kichern. Sie öffnet die Kommentarfunktion, beginnt »Istanbul« zu tippen, löscht dann alles wieder. Schließlich schreibt sie einen neuen Entwurf.

»Irgendwohin, wo alles anders ist. Ein Paralleluniversum in einer Dimension, wo die Dinge anders heißen.« Kurz überlegt sie, ob dieser Gedanke ketzerisch ist. Aber wenn Gott diese ganze Welt geschaffen hat, kann es doch auch sein, dass er noch mehrere Welten darin verschachtelt oder danebengelegt hat? Dass er der Schöpfer Tausender anderer Welten ist, die gleichzeitig existieren? Eigentlich ist dieser Gedanke sogar ziemlich schmeichelhaft. Ein Architekt freut sich doch auch, wenn ihm unendlich viele Gebäude zugeschrieben werden. Zufrieden liest sie sich noch mal ihren Satz durch. Wenn sie jetzt darüber nachdenkt, ist das die bessere Antwort. Casper hat recht. Wieso Istanbul, wenn man auch in eine andere Dimension reisen kann? Bevor sie einschläft, überlegt sie sich, dass es vielleicht wirklich so ein Paralleluniversum gibt, in dem sie ein anderes Leben führt. Vielleicht gibt es eine andere Ilona, deren Leben von Anfang an gut gelaufen ist? Mit glücklich verheirateten Eltern, die sie wirklich lieben? Diese Ilona ist sicher voller Liebe und Zuversicht, niemals misstrauisch und immer gut drauf. Irgendwo gibt es sicher auch eine berühmte Ilona, die in New York wohnt, Bagels frühstückt und in amerikanischen Edel-Kaufhäusern shoppen geht. Vielleicht existiert sogar eine Ilona mit minzgrünen Haaren, die bauchfreie Tops trägt, tätowiert und gepierct ist. Eine Buddhistin, die immer schon ihr Ding gemacht hat. Die sich von den anderen abhebt, offen zeigt, dass sie etwas Besonderes ist. Ilona stößt einen tiefen Seufzer aus. Was ist, wenn sie die schlechteste Ilona aus allen Parallelwelten ist? Sozusagen die mieseste Version ihrer selbst? Der Gedanke deprimiert sie so sehr, dass sie am liebsten das ganze Universum in die Luft sprengen würde. Damit nur noch die besseren Ilonas übrig bleiben. Sie vergräbt ihr

Gesicht in ihrem Kopfkissen, zieht Zeus ein bisschen näher zu sich. Wenigstens hat sie in dieser Welt den Kater. Und vielleicht findet sie ja noch einen Mann, der sie aus ihrem Elend rettet. Als sie langsam eindöst, schleicht der Schatten eines reichen Fremden in ihren Träumen herum. Aber immer wenn sie ihn einholt, merkt sie, dass der Schatten doch nur ihr eigener ist.

Am nächsten Morgen überlegt Ilona lang, ob sie Casper sagen soll, dass sie die Arbeit hinschmeißt und heute lieber zu Hause bleibt. Dann entscheidet sie sich, einfach so zu tun, als würde sie arbeiten gehen. Damit sie seinen mitleidigen Blick nicht ertragen muss.

Schnell zieht sie sich an und verlässt das Haus, bevor er ihr einen schönen Tag wünschen kann. Sie wird einfach spazieren fahren, einmal quer durch Budapest und zurück. Ein Ticket kann sie sich jetzt ja leisten.

In der Tram sieht sie zuerst aus dem Fenster. Betrachtet all die Menschen, die zur Arbeit gehen, sich mit Freunden treffen oder ihre Eltern besuchen. Sie sieht sie sich genau an, die rotbackigen Gesichter. Dann blickt sie in ihr eigenes Gesicht, das sich in der Schreibe spiegelt. Zückt wieder ihr Handy, versucht sich abzulenken. Angestrengt durchforstet sie die sozialen Medien, sucht nach unbekannten Hotelerben. Ihre Augen bewegen sich hin und her, aber bleiben an keinem Profil hängen. An der Endstation gibt sie auf. Soll sie nach Hause und Casper erzählen, dass sie den halben Tag Tram gefahren ist? Wieder stellt sie sich seine mitleidigen blauen Augen vor. Sie entscheidet sich für einen Umweg, steigt lieber noch mal aus, fährt eine Schleife. So kann sie vielleicht etwas nachdenken, eine Lösung finden.

Sie versucht es. Wirklich. Außer der Tatsache, dass sie immer noch eine Versagerin ist, fällt ihr nichts ein. Als ihre Verzweiflung am größten ist, bekommt sie eine Benachrichtigung, die sie völlig aus der Bahn wirft.

Am Anfang denkt sie, dass sie sich verguckt hat. Sie liest die Nachricht immer wieder, immer wieder, Wort für Wort, Buchstabe für Buchstabe. Ihr Herz pumpt heißes Blut, das hin- und herschwappt, wie im Vulkankessel eingeschlossene Lava. Als sie aufgehört hat zu hyperventillieren, begreift sie endlich, was da steht.

»Abdullah Rachid gefällt dein Kommentar.« Und: »Abdullah Rachid folgt dir jetzt.« Dir, ja ihr, Ilona.

Es ist, als würden Tausende kleine Blubberblasen von ihren Füßen zu ihren Ohren aufsteigen. Ilona ist in diesem Moment die glücklichste von allen Ilonas in allen erdenklichen Universen. Sie schwebt, sie floatet, sie vibriert. Es fühlt sich an, als würden all ihre Atome tanzen, kreischen, in allen Farben explodieren. Vielleicht können die anderen es sehen, vielleicht nicht: Ilona ist ein menschliches Feuerwerk.

CASPER

Als Casper am nächsten Tag aufwacht, ist Ilona schon weg. Während er seine erste Tasse Kaffee trinkt, versucht er, sich einen Plan für den neuen Tag zurechtzulegen. Es wäre schön, wenn Ilona heute früher von der Arbeit zurückkäme. Andererseits hofft er, dass sie ihren Job behalten kann. Weil es das Beste für Ilona ist. Er wird sich schon beschäftigen.

Am Nachmittag will er János wieder besuchen, aber bis dahin gibt es noch einige Stunden zu überbrücken.

Es bleibt eigentlich nur die Recherche, die er sich gestern

Abend vorgenommen hat. Casper sieht zu seinem Rucksack. Wie soll man ohne Laptop und Internet an Informationen kommen, wenn man weder in die Bibliothek gehen noch einen Gärtner fragen kann, weil man die Landessprache nicht versteht? Eine Ausnahme könnte er eigentlich schon machen. Aber was erwartet ihn, sobald er die Internetverbindung für das Laptop eingerichtet hat? Er stellt sich vor, wie all die Mails eintrudeln und am rechten Bildschirmrand angezeigt werden. Sicher würde er ein paar öffnen. Und ehe er sich versieht, hat ihn der Alltag wieder im Griff. Dann also keine Internet-Recherche. Muss er eben raus in die Natur und sich inspirieren lassen. Sehen, was wächst.

In aller Ruhe packt er seine Sachen, zieht sich seinen Mantel an, setzt den Hut auf und spaziert den Kiesweg Richtung Hauptstraße hinab. Als Casper an Szábors Garten kommt, hört er das Gezeter des Nachbarn. Da gibt es Ärger, eindeutig. Vielleicht kriegt er jetzt auch mal die Dame des Hauses zu sehen. Casper reckt den Hals, um einen Blick über den Zaun zu erhaschen, dann knallt es, der Hund winselt. Sofort bekommt Casper Bauchschmerzen. So ist es immer, wenn er mitbekommt, dass ein Tier oder ein hilfloser Mensch gequält wird. Hasserfüllt bleibt er am Zaun stehen. Muss die Situation noch kurz aushalten, weiter zuhören. Lauteres Winseln, die lang gezogenen ä-Laute, die Betonung immer auf der ersten Silbe, Szábors schneidende Stimme. Ob er auch seine Frau und das Schaf, oder nur den Hund prügelt?

Dann sieht er ihn. Der Nachbar steht nicht weit vom Zaun, einen erhobenen Stock in der Hand, er holt noch mal aus.

Was für ein unangenehmer Zeitgenosse, Ilona hatte recht. Casper hätte ihr vertrauen, ihm nicht so freundlich gegenübertreten sollen. Aber vielleicht kann er das noch friedliche Verhältnis jetzt ausnutzen. Casper lehnt sich über den Zaun.

»Helló«, versucht er es auf Ungarisch. »Ist das ein deutscher Schäferhund?«

Der Nachbar dreht sich um, verzieht das Gesicht zu einem dümmlichen Grinsen und nickt ganz aufgeregt. »Ja, deutsch. So wie Sie, Herr.«

Während er den Stock sinken lässt, schleicht der Hund mit eingezogenem Schwanz auf die andere Seite des Gartens.

Szábor kommt näher zum Zaun.

»Aber stehen die nicht unter Artenschutz?«, fragt Casper mit großen Augen. Mal sehen, wie dumm er wirklich ist.

»Arten-häh?«

»Artenschutz«, sagt Casper ganz langsam und deutlich, als wäre es das wichtigste deutsche Wort überhaupt. »Haben Sie etwa noch nie davon gehört?«, fragt er mit bedauernder Miene.

Mit aufgerissenen Augen schüttelt Szábor seinen Kopf.

»Und was ist Altenschitz, bitteschän?« Das Interesse ist da.

»Das wichtigste Gesetz in Deutschland.« Casper nickt, Szábor nickt mit. Weil alles gut ist, das aus Deutschland kommt.

»Es ist verboten, diese Hunde zu schlagen.« Er deutet auf den Hund. »Denn es gibt nicht mehr viele davon, vor allem in Deutschland.«

»Aja?« Aufgeregt tritt Szábor auf der Stelle. Man kann sehen, wie sein Hirn langsam zu arbeiten beginnt.

»Ich würde empfehlen, diesem Hund kein Haar zu krümmen. Und allen anderen Hunden auch nicht. Natürlich schlagen wir überhaupt keine Tiere in Deutschland«, schiebt Casper noch schnell hinterher, aber Szábor ist offensichtlich in Gedanken vertieft. Ob Casper auch noch irgendwas einfällt, um Frau und Schaf zu beschützen? Er versucht, den Faden weiterzuspinnen, da unterbricht ihn Szábor: »Ist auch teier, solche Hund?«, fragt er mit gebleckten Zähnen. Casper nickt.

»Genau, sehr teuer. Mit jedem geknickten Haar etwas weniger wert.«

Natürlich ist Geld das Einzige, was ihn interessiert. Wenn etwas teuer ist, dann muss man es auch gut behandeln. Casper hofft zumindest, dass dieser Schluss funktioniert.

»Und wo könnte man verkaufen diese Hund?«

Was? Nein! Casper überlegt kurz. Oder vielleicht doch.

»Ich kann mich gerne in meinem Bekanntenkreis in Deutschland erkundigen. Da findet sich sicher jemand. Ich sage Ihnen in den nächsten Tagen Bescheid! Aber bis dahin müssen Sie gut auf ihn achten.«

»Aber sicher doch!«

Szábor verliert sich in Anstandsbekundungen und bedankt sich mehrmals. Casper weiß zwar nicht genau, wie er das bewerkstelligen soll, aber das wird er schon hinbekommen.

Nachdem er sich von Szábor verabschiedet hat, spaziert er weiter den Kiesweg entlang, bis er an die Kreuzung kommt. Die Straße führt zur Tram-Station, der abzweigende Weg müsste ihn in den Wald bringen, von dem Ilona erzählt hat. Auch wenn es dort nur Lichtungen gibt, gefällt Casper die Vorstellung, umgeben von Bäumen zu sein. Am Anfang des Weges sind die Häuser noch bewohnt, dann tauchen immer mehr Ruinen zwischendrin auf. Die Gärten werden wilder, erobern die menschengemachte Ordnung zurück. Junge Bäume stehen inmitten der halb abgerissenen Mauern. Dahinter gibt es nur noch ein paar verfallene Hütten und Holzhäuschen. Sie sind von Ranken bewachsen, bemoost, teilweise ganz überwuchert. Nach einer Weile lässt er die Ruinen hinter sich, sieht dafür immer mehr wilde Sträucher, an denen gelbe oder violette Blumen blühen. Es riecht nach Harz und Kräutern, die Insekten summen, brummen, zirpen, und die Vögel zwitschern lauter. Immer höhere Sträucher tauchen am Rand des Weges auf, dahinter Bäume. Wenn das kein richtiger Wald ist! Verwachsene Wege gehen vom Pfad ab, er kann jeden nehmen, den er will. Wenn er sich verläuft, muss er allein zurückfinden. Ohne Kompass, ohne Uhr, ohne Handy, ohne Internet. Casper fühlt sich frei, wie damals in den Bergen, beim Wild-Campen. Die Pfade sind nicht zum Wandern gedacht, das merkt man. Sie sind da, weil sie vor Hunderten von Jahren benutzt worden sind, um etwas zu transportieren, um ins nächste Dorf zu gelangen, zu Fuß. Im Takt der Welt von früher, bevor er immer schneller wurde.

Casper inhaliert die Freiheit.

Er läuft noch ein paar Minuten weiter, bis er auf eine Lichtung kommt, auf der ein paar Wagen stehen. Es sind drei alte Karren, die sicher schon seit Jahren keine befahrbare Straße mehr gesehen haben. Einer davon sieht aus wie ein alter Zirkus-Wagen, rot-weiß gestreift und verbeult.

Der Klappstuhl vor dem Wagen deutet auf einen Bewohner hin.

Als er realisiert, dass ein Mensch in der Nähe sein könnte, tritt er einen Schritt zurück.

»Jó reggelt«, krächzt es hinter ihm.

Casper dreht sich um. Ein ausgemergeltes Männlein mit länglichem Gesicht und Spitzbart sieht ihn erwartungsvoll an.

»Helló«, sagt Casper. »Sorry, I don't speak Hungarian. Kein Ungarisch, Entschuldigung.«

»Nur deutsch?«, krächzt das Männlein. War ja klar. Casper nickt und betrachtet die drahtige Gestalt eingehend. Seine Aufmachung erinnert an die verkleideten Händler auf Mittelaltermärkten.

»Sie suchen mich?«

Sein Deutsch klingt anders als das der anderen Ungarn.

Er zischt nicht, zieht nicht und die Betonung liegt nicht nur auf der ersten Silbe. Er spricht langsam und bemüht, fast angestrengt, als ob er Blei im Mund hätte.

Casper schüttelt den Kopf.

»Nein«, erklärt er. »Aber falls Sie einen Tipp hätten, wo ich Setzlinge für ein neu angelegtes Gartenbeet herbekomme …«

»Gartenbeet«, wiederholt er und zupft sich zweimal am Bart.

»Genau. Tomaten, Paprika oder Kräuter vielleicht? Oder eben Samen von irgendwelchen Pflanzen, die man im August noch aussähen kann …« Casper ist sich nicht sicher, ob das Männlein jedes Wort verstanden hat.

»Gibt eine Wiese, mit Apfelbaum«, sagt er, während er sich am Kopf kratzt.

»Oh, danke. Aber Obstbäume haben wir genug.«

Wir. Erschrocken hält Casper inne. Wie einfach ihm das »Wir« von den Lippen geht. Dabei wohnt er noch nicht mal eine ganze Woche bei Ilona.

Das Männlein tritt vom einen aufs andere Bein.

»Dann kommen Sääh mal.« Er breitet die Arme aus und nickt mit dem Kopf in Richtung des gestreiften Wohnwagens.

Während die schmächtige Gestalt die Stufen hochsteigt, fällt Casper auf, dass er ein Samt-Säckchen um die Hüfte geknotet hat und ein weiteres an einer langen Schnur um den Hals trägt.

»Ich wohne mit Wald«, krächzt das Männlein und macht sich am Schloss zugange. »Mit Natur in Metamorphosääh.« Er entblößt seine gelben Zähne, öffnet die Wohnwagentür. Sofort duftet es nach Tee und Gewürzen. Er meint wohl »in Symbiose«, aber eine Metamorphose mit dem Wald ist auch nett. Casper stellt sich das hagere Männlein vor, in direkter Verschmelzung mit einem moosbewachsenen Baum, selbst schon halb begrünt, die spindeldürren Finger wie Wurzeln in den Boden geschlagen. Casper lächelt, bis er inmitten des Wohnwagens steht und ihm die Kinnlade herunterklappt. Jeder Zentimeter des Raumes ist ausgenutzt, bis zu den Decken stapelt sich Kleinod. Casper braucht einen Moment, um alles auf sich wirken zu lassen. Sein Blick gleitet über Räucherwerk, antik aussehende Bücher, bunte Kräutertöpfe, verzierte Schachteln, verschnörkelte Schatullen, geschwungene Gefäße und Kannen – ein Sammelsurium an Absonderlichkeiten. An der Decke sind dunkle Tücher gespannt. So hat er sich früher das geheime Versteck von Rumpelstilzchen vorgestellt. Grinsend wendet er sich an das hagere Männlein.

»Innen wirkt der Wohnwagen viel größer als von außen.«

Rumpelstilzchen hat währenddessen einen Karton aus dem Regal gezogen, ihn auf dem Boden geöffnet und sich murmelnd darüber gebeugt. Er geht in die Hocke und beginnt in der Schachtel herumzukramen. Nach und nach legt er verschiedene Papierpäckchen auf den Boden des Wohnwagens. Nachdem Casper sich sattgesehen hat, setzt er sich im Schneidersitz daneben. Als mindestens zehn Päckchen neben der Schachtel liegen, sagt Rumpelstilzchen: »Habe gewöhnliche und nicht-gewöhnliche Exemplare.«

»Was für Exemplare, bitte?«, fragt Casper verwirrt.

»Pflanzen. Für Gartenbeet.«

Er fängt sich einen bösen Blick von Rumpelstilzchen ein. Als ob sie gerade einen Beratungstermin hätten, von dem Casper nichts weiß.

»Kein Obst.«

»Ah ja«, macht Casper. »Also sind das Samen, da in den Päckchen?« Er nickt mit dem Kopf in Richtung der vergilbten, aber säuberlich gefalteten Papiertüten.

»Gewöhnliche und nicht-gewöhnliche Exemplare«, wiederholt Rumpelstilzchen.

»Und was genau?«

»Rosmarin, Fenchel, Kerbel, Liebstöckel, Basilikum.« Während er redet, legt er ein Päckchen nach dem anderen zur Seite. »Bockshornklee, Tonkabohne, Kubeben, Ajowan, Paradäähskörner …«

»Oh wow!«, entfährt es Casper, überrascht und beeindruckt zugleich.

»Also von ein paar Sachen hab ich wirklich noch nie gehört! Was ist Ajowan? Ein Gewürz? Und Para-? Wie heißt das? Diese Körner?«

»Paradäähskörner.«

Casper überlegt ein Moment. »Paradieskörner?«

Rumpelstilzchen nickt.

»Wie Pfeffer. Aber fruchtig. Süßer. Gegen Bakterien und Sepsis.«

»Wow«, sagt Casper erneut, für einen Moment sprachlos. Da ist er ja auf einen richtigen Spezialisten gestoßen.

»Haben Sie Bilder von den Pflanzen?«

Rumpelstilzchen nickt und zieht einige Bücher zu sich, die unter dem flachen Kaffeetisch gestapelt sind.

»Könnten Sie das noch mal wiederholen, bitte?«

Casper tastet in seinem Mantel nach dem Notizbuch.

»Und dürfte ich auch mitschreiben?«

Rumpelstilzchen nickt.

»Aber nur, wenn Sääh im Voraus bezahlen.«

Casper leert seinen Geldbeutel aus. Es ist ihm egal, ob er sein ganzes restliches Kontingent an Forint verbraucht, schließlich gibt es Bankautomaten. Die Gelegenheit ist einzigartig. Wann trifft man schon zufällig einen Kräuterexperten, in der Nähe von Budapest, abgelegen im Wald?

Rumpelstilzchen untersucht die Geldscheine, dreht jeden

Filler zweimal um und erklärt dann, welche Samen Casper dafür kaufen kann.

»Gibt eine Tüte Mandeln mit dazu, bittesähr.«

Casper dreht die durchsichtige Plastiktüte mit den gebrannten Mandeln hin und her, runzelt die Stirn. Das Zeug wird er ja wohl kaum aussäen. Dann zuckt er mit den Schultern und lässt die Tüte in seine Manteltasche gleiten. Einfach ein komischer Typ. Er versucht, ein dankbares Lächeln hinzubekommen.

»Super. Könnte ich noch ein bisschen was über die Pflanzen zu hören bekommen?«

Rumpelstilzchen nickt und fängt an, eine Lektion in Pflanzenkunde herunterzubeten. Erklärt, was man wann pflanzen sollte und wozu jede Pflanze fähig ist. Casper macht große Augen, nickt eifrig und notiert sich neben den Skizzen der Pflanzen, die er zuvor fahrig aus den Büchern abgepaust hat, dass Ajowan schmerzlindernd ist, Kubeben gegen Fieber hilft und die Tonkabohne nur in kleinen Mengen verzehrt werden darf. Seite um Seite des halbierten Notizbuches füllt sich mit Anmerkungen über die neue Naturapotheke. Scheinbar sind sogar Rosmarin und Kerbel antibakteriell und hochdosiert ausgesprochen wirksam. Casper würde am liebsten alles mitnehmen, vertröstet sich aber damit, dass er wiederkommen kann. Als sie alle Gewürze durchgegangen sind, fällt sein Blick auf einen Stapel vergilbter, handgezeichneter Papierkarten, die auf dem Kaffeetisch hinter ihm liegen.

»Ist das ein Tarot-Deck?«, will Casper wissen. Rumpelstilzchen nickt.

»Kostet nur ein bisschen, mache für Sääh Preis für Freund«, krächzt er und schnappt sich den Stapel.

»Oh, vielen Dank, aber das ist nicht nötig.«

»Warum?«

Casper überlegt einen Augenblick, will nicht respektlos sein. Dann sagt er es einfach.

»Ich halte nichts vom Kartenlegen.«

Rumpelstilzchen sieht ihn mit einem prüfenden Blick an.

»Ich auch nicht.« Schief grinsend wendet er sich ab.

»Aber trotzdem bieten Sie es mir an?«

Verwirrt sieht Casper zu dem Kartenstapel.

»Karten sind nur Bilder. Bilder für die, die nicht glauben, dass Metamorphosääh alles ist.«

»Bitte was?«, fragt Casper, der die Sätze nicht gleich entschlüsseln kann. Die Metamorphose ist das Leben im Wald, das hat er kapiert. Aber was soll »Alles« sein? Und was hat es mit Tarot zu tun?

»Die Menschen sind so beschäftigt mit kleine Geräte. So viel Lärm. Sehen und hören nicht, was wirklich ist«, er tippt sich an die Schläfe.

»Also die Sinne werden schwächer?«, fragt Casper vorsichtig, der langsam glaubt, es verstanden zu haben.

»Genau.«

»Und Sie meinen, dass Sie mehr wahrnehmen, weil Sie im Einklang mit der Natur leben?«

Rumpelstilzchen nickt ihm bekräftigend zu.

»Weil Sie durch nichts abgelenkt werden, was die Sinne verklärt, richtig?«

»Sehr räächtäg.«

»Und dank Ihrer geschärften Sinne können Sie Menschen die Zukunft vorhersagen?« Skeptisch runzelt Casper die Stirn.

»Nein.« Rumpelstilzchen bleckt seine Zähne. »Aber ich weiß, was fehlt.«

»In Ordnung. Sie sehen mehr als andere.«

Caspers nüchterne Zusammenfassung lässt keine Rückschlüsse auf seine Meinung zu. Hat er überhaupt eine Meinung? Vorsichtig versucht er, seine Gedanken zu sortieren. Es ist auf jeden Fall nicht nett, den Aberglauben einiger Menschen auszunutzen. Auf der anderen Seite ist das mit den Sinnen ein interessanter Punkt. Vielleicht ist da was dran?

Wenn er jetzt so darüber nachdenkt, gibt es den ein oder anderen Aspekt, den er bestätigen würde. Dass sich das Leben ohne Laptop, Internet und Smartphone anders anfühlt als das, was er vorher kannte, ist ein Fakt. Er denkt an seine ersten paar Tage in Budapest. An all die Aromen, Düfte, Farben, Gestalten, Gullydeckel-Ornamente. In anderen Städten gibt es doch mindestens genauso viel zu entdecken. Warum erlebt er ausgerechnet hier diesen Reichtum an Eindrücken?

Ist es wirklich nur der Boykott der Formel? Erlebt er so viel, weil er jetzt genauer hinsieht? Oder ist es der Abstand von der Elektronik, der ihm den Blick darauf freigibt, was er sonst übersehen hätte? Für ein paar Augenblicke vergisst Casper alles um sich herum. Die erschütternde Erkenntnis raubt ihm den Atem. Dass er darauf nicht früher gekommen ist? Möglicherweise war der Berliner Alltag gar nicht so trist und grau wie in Caspers Erinnerung. Vielleicht kam es ihm nur so vor, weil er vom Wesentlichen abgelenkt war. Die Formel hat ihren Teil dazu beigetragen, das ist klar. Aber da ist noch mehr am Alltag, das ihn ablenkt. Eben der ganze Rest! Kalender, Kurznachrichten, Anrufe, E-Mails, digitale Zeitungen – irgendwas piept immer. So viele Informationen schwirren im Orbit herum. Jede Sekunde fluten Bits und Bytes die Posteingänge, strömen durch die Augen ins Hirn, wo sie verarbeitet, gespeichert oder verdrängt werden.

Und dann ist da noch all der Input, den man finden könnte. Anleitungen, Essays, Dokumentationen, Paper. So viel Wissen, das Casper aufnehmen könnte, während er schläft. Und das, was nebenher existiert, ist eigentlich das echte Leben, das er währenddessen vergessen hat. Casper kommt es plötzlich ganz logisch vor.

Er hat sein halbes Leben als Cyber-Zombie verbracht.

Sein Hirn ist nur eine Festplatte aus organischen Materialien. Tausend kleine Bauteile aus Aminosäuren und Fetten, in perfekter Zusammensetzung. Jede Zelle im Nervengewebe macht die Kapazität aus. Was ist, wenn sein Arbeitsspeicher einfach voll, mit ständigen Updates beschäftigt war? Wird die Leistung dann nicht insgesamt verlangsamt? Die Verarbeitung von Unwesentlichem reduziert?

Was, wenn Caspers Kommandozentrale das sinnliche Erleben zeitweise für überflüssig abgestempelt hat? Sein Puls beschleunigt sich, während die Gedanken immer schneller werden, dann hält er erschrocken die Luft an.

Und wenn er nicht der Einzige ist? Was, wenn Millionen von Menschen mit einer reduzierten Sinneskapazität herumlaufen, mit vollen Arbeitsspeichern und ständig laufenden Hintergrundaktualisierungen, ohne sich darüber im Klaren zu sein? Mit aufgerissenen Augen sitzt er neben Rumpelstilzchen. Dann dreht er sich zu ihm.

»Aber … also … wenn ich richtig liege …« Casper schluckt. »… dann wirkt sich die Erfindung des Internets auf das ganze Ökosystem aus.« Der letzte Satz ist fast geflüstert. Rumpelstilzchen meckert beim Lachen, Casper begreift den Witz nicht.

»Ich mag meinen Laptop«, sagt er und lässt den Kopf in die Hände sinken. Muss er jetzt auch noch der Technik entsagen? Tauscht er Farbe gegen Smartphone, Gefühl gegen WLAN? Dann kann er auch gleich die Zivilisation verlassen und wie Rumpelstilzchen im Wald hausen. Ist das die Lösung für Caspers Dilemma? Aussteigen? Ein Leben ganz und gar im Einklang mit der Natur führen? Ein bisschen so wie in den Bergen, nur ohne den Wochenendcharakter? Frei, wie ein wildes Tier? Casper versucht sich das vorzustellen. Gerade so viel nehmen, wie man zum Leben braucht. Leben um zu überleben. In direkter Verschmelzung mit dem Geist, in absoluter Abhängigkeit vom Takt der Natur.

Die Vorstellung ist schön. Aber irgendwas fehlt.

»Ich mag meinen Laptop«, flüstert er noch mal. Casper fühlt sich wie ein Junkie, der gerade erst verstanden hat, dass ein Entzug für die Ewigkeit dauert. Verdammt. Gibt es denn keine Lösung dazwischen? Speicherplatzerweiterung, sonst was? Casper seufzt. Vielleicht sollte er es noch ein bisschen versuchen. Dem Reiz der Elektronik erst mal nicht nachgeben. Dann wird er schon merken, was passiert. Ob er mehr sieht, mehr schmeckt. Ob er plötzlich abgefahrene Instinkte bekommt oder ultrascharfe Sinne, die er dann einsetzt wie eine geheime Superkraft? Gefangen im Körper eines Menschen, aber ausgestattet mit animalischen Instinkten und Fähigkeiten. Casper beginnt zu grinsen. Das wäre ziemlich cool.

»Tiere riechen, hören und fühlen Däähnge, die wir nicht mal träumen können«, erklärt Rumpelstilzchen, als ob er seine Gedanken erraten hätte.

»Ja gut. Aber die haben halt auch andere Sinnesorgane. Fledermäuse hören mehr Töne, Tiefseekrebse sehen mehr Farben, Aale elektromagnetische Wellen. Weil sie ganz anders funktionieren. Weil sie eben andere Bauteile haben als der Mensch.«

»Oder auch, wäähl sie ohne Worte denken.«

Gut, langsam wird es etwas zu abgedreht.

ILONA

Ilona braucht doppelt so lange wie sonst nach Hause. Es dauert, bis sich ihr Atem normalisiert hat, sie sich wieder mit dem Strom der anderen Menschen bewegen kann. Sie lächelt Fremde an, gewährt einem älteren Mann den Vortritt. In ihrer Vorstellung simuliert sie das erste Gespräch mit Abdullah Rachid. Vielleicht wird er ihr schreiben, dass auch er gerne in eine andere Welt reisen will. Dass sie schöne Bilder hat. Dann fällt ihr ein, dass ihre Bilder allesamt über ein Jahr alt sind. Vor Schreck fällt sie fast von der Rolltreppe. Wie soll er nachts schlaflos auf seinem Diwan herumliegen und sich nach ihr verzehren, wenn ihre Bilder nicht im Geringsten ansprechend sind? Sie braucht also ganz dringend neue, verführerische Bilder. Ein bisschen stolz ist sie schon, dass er sich trotz der spärlichen Auswahl für sie entschieden hat. Schließlich folgt er ihr jetzt. Das spricht schon mal dafür, dass er sich für ihre inneren Werte interessiert, ihn ihr Kommentar überzeugt hat – nicht nur ihr Äußeres. Dass die Idee mit der anderen Welt eigentlich von Casper kommt, ist eine nicht unerhebliche Tatsache, aber Ilona selbst hat sich ja dafür entschieden, Caspers Antwort als Kommentar zu verfassen. Ihren eigenen Teil wird sie schon noch beitragen. Der Satz war eben eine Anschubhilfe, überzeugen muss sie ganz allein. Zu Hause wird sie erst mal ein paar neue Fotos machen. Natürlich nicht in diesem unspektakulären Aufzug.

Als sie vor ihrem Kleiderschrank steht, packt sie der Frust im Nacken. Sie hat die Auswahl zwischen ein paar langen Kleidern, die sie für verschiedene Anlässe in Billigläden erstanden hat. Leider hat jedes einen anderen Makel. Sie streicht über weißen Tüll. Da kommt ihr eine Idee. Es sind doch nur Fotos. Da kann man so einiges kaschieren, verstecken, fälschen, teuer aussehen lassen. Wie die Lebensmittel, die durch Haarspray zum Glänzen gebracht werden. Ilona schnappt sich ein paar der Frisierklammern, die in der Wohnung verstreut sind, zieht das weiße Kleid aus dem Schrank und schlägt den rechten Ärmel um, sodass man das Loch am Unterarm nicht mehr sieht. Sie fixiert ihren Kunstgriff mit der Klammer an der Rückseite. Das ist einfach. Etwas komplizierter wird es mit dem zerrissenen Träger ihres Lieblingskleids. Skeptisch beäugt sie die beiden Stoffteile. Vielleicht kann man eine riesige Schleife daraus machen. Ilona versucht ihr Bestes, zieht vorsichtig an den Enden, aber immer wenn die Schleife groß genug ist, bekommt sie ihren Arm nicht mehr durch die Öffnung. Dann kommt der Geistesblitz. Schnell verknotet sie beide Enden miteinander, läuft dann nach draußen, pflückt einen Olivenzweig und ein paar große weiße duftende Blüten vom Busch daneben. Die Blüten befestigt sie mit einer Haarklammer über dem Knoten, die Olivenzweige wird sie sich später in die Haare flechten. So macht sie weiter, bis sie fünf ihrer ausgedienten Lumpen für die Fotoserie gerettet hat. Stolz betrachtet sie die Kleider, die auf ihrem Bett nebeneinanderliegen. Sie fühlt sich wie eine Designerin aus dem Untergrund vor dem Abschluss ihrer Sommerkollektion. Und plötzlich wird ihr bewusst, dass sie Unikate geschaffen hat. Während sie noch darüber nachdenkt, ob »Hobo-Breeze« ein geeigneter Titel für ihre unverwechselbare Reihe sein könnte, sucht sie schon nach geeigneten Kulissen für ihr Shooting.

Mit dem Handy in der Hand stellt sie sich in die Zweige des Pfirsichbaums. Die Vision ist da. Ilona will aussehen wie ein schöner Baumgeist, der zwischen den Zweigen lebt, im Baumstamm wohnt. Sie versucht diesen ganz bestimmten Gesichtsausdruck hinzubekommen. Vorwurfsvolle Augen, leicht geöffnete Lippen. Ilona zieht die Mundwinkel nach unten, macht ein Hohlkreuz und knipst drauflos. Nach ungefähr dreißig Fotos braucht sie eine Pause. Irgendein gutes muss doch dabei sein. Sie checkt die Schnappschüsse, stellt fest, dass sogar mehrere infrage kommen. Schnell schminkt sie sich ab und beginnt das Make-up für ihr nächstes Kleid aufzulegen. Das hellblaue kurze ist vielleicht etwas fürs Blumenbeet. Vorsichtig schleicht sie sich an den Nachbargarten, pirscht sich an die Blumen heran, geht in die Hocke. Lässig versucht sie zu posieren, ein bisschen aufreizend, aber auch cool, sodass man die bunten Blumenköpfe im Hintergrund sieht – aber nicht den Strommasten. Als sie den perfekten Winkel gefunden hat, schießt sie ein paar Fotos, verliert dann die Balance und kippt nach hinten ins Blumenbeet. Egal, vielleicht sieht sie beim Fallen versehentlich amazonenhaft aus. Sie macht einfach weiter, wäscht ihr Gesicht mit warmem Wasser, rubbelt mit einem rauen Handtuch über ihre gerötete Haut, trägt das nächste komplette Make-up auf. Auf Caspers Schlafcouch stapeln sich Lidschattenpaletten, Puderdöschen, Pinsel und verschiedene fast aufgebrauchte Wimperntuschen-Fläschchen. Hoffentlich lässt er sich Zeit bei dem, was auch immer er gerade tut. Sie verdrängt den Gedanken an Casper und konzentriert sich auf die nächsten Outfits, macht Fotos, rubbelt sich wieder die Make-up Reste von den Wangen, trägt noch eine Schicht mehr auf. Ihre Haut wird immer gereizter, das letzte Kleid reißt, weil Ilona an einer heraushängenden Latte am Zaun hängen bleibt. Die anfängliche Euphorie verfliegt schnell.

Als sie im Zigarettenrauch in der Küche sitzt, macht sie ein finsteres Gesicht. Ihre schwarzen Fußsohlen hinterlassen kohlige Streifen auf dem weißen Plastikstuhl. Das Handy liegt auf dem Küchentisch, mit einer Hand streicht sie die Fotos zur Seite, mit der anderen hält sie sich an der dampfenden Kippe fest. Warum nur sahen die Fotos draußen so viel besser aus als drinnen? Wieso wirken sie hier im staubigen Küchenlicht nicht mehr künstlerisch, sondern laienhaft? Und ehrlich gesagt: Ilona ist definitiv keine schöne Baumelfe. Allerhöchstens ein weiblicher Wurzelwichtel. Nüchtern betrachtet, könnte sie keines dieser Bilder ins Internet stellen. Also schenkt sie sich ein Glas Wein ein und kippt es in einem Zug herunter. Zum zweiten Glas zündet sie sich die nächste Zigarette an. Nachdem sie sich lang genug auf den Fotos beschimpft hat, stiert sie ins Leere, bis sie nichts mehr denkt. Sie betrachtet die Keramikschüssel auf dem Küchentresen. Sieht nett aus. Casper hat wohl versucht, eine Obstschale zusammenzustellen. Ein Pfirsich, zwei Birnen, ein paar Beeren. Ein sommerlich-fruchtiger Obstturm. Ruckartig steht sie auf, stößt den Stuhl um. Zückt das Smartphone und beginnt wie wild, Fotos von der Schale zu schießen. Aufgeregt analysiert sie ihr Dossier, sieht sie sich alle Winkel und Perspektiven an. »Wusste ich's doch«, sagt sie laut. Auch diese Obstschale sieht beschissen aus, wenn man sie nicht nachbearbeitet.

Ein paar Regler verschoben, sieht jedes Bild gleich besser aus als davor. Überbelichtung, Farbentausch, Kontrastspiel – Ilona ist von der Muse geküsst. Vielleicht ist das ihr Ding. Vielleicht ist sie ein unentdecktes Naturtalent für Fotografie und Bildbearbeitung. Schon stellt sie sich vor, wie sie mit einer französischen Schirmmütze und einem weiten Trenchcoat in ihrer Pariser Dunkelkammer steht, große glänzende Fotoabzüge mit zusammengekniffenen Augen unters Licht hält, hin und wieder einen Abzug an die Wäscheleine über sich klemmt. Verträumt lächelnd will sie sich noch ein Glas Wein nachschenken, als ihr das Handy ins Spülbecken fällt. Schnell rubbelt sie es mit dem Geschirrtuch trocken. Erleichtert atmet sie auf. Es sieht noch in Ordnung aus. Jetzt muss sie sich konzentrieren. Ilona stellt das Glas weg und setzt sich an den Küchentisch. Lädt die Fotos nach und nach hoch, verschwendet keine Zeit mit Texten dazu, die liest eh keiner. Sie ordnet die bunten Bilder wie einen Regenbogen an – das wirkt fröhlich und unkompliziert. Zufrieden legt sie ihr Handy weg. Jetzt kann sie sich endlich noch ein Glas Wein gönnen.

Ilona dreht die Boxen voll auf, der Bass dröhnt, ihre schmutzigen Füße hinterlassen Schlieren auf dem Boden, als sie darauf herumwirbelt. Sie tanzt an der offenen Badtür vorbei, prostet sich selbst im Spiegel zu. Zurück zwinkert ihr eine Kreative, die aus kaputten Kleidern exquisite Unikate schneidert. Endlich kann sie sich in die Augen sehen. Es ist ihr egal, dass der Schuppen im Chaos versinkt, dass Casper immer noch nicht zurück ist, obwohl er eigentlich gegen Abend da sein wollte. Sie hat es allein geschafft. Heute hat sie einen Schritt in die richtige Richtung gemacht, hin zu der Version von sich selbst, die sie auch wirklich sein will. Nachdem die eine Flasche leer ist, entkorkt sie die zweite und tanzt, als ob es kein Morgen gäbe.

Als Ilona ein paar Stunden später nachsieht, ob der Prinz ihr bereits eine süße Nachricht hinterlassen hat, pocht ihr Herz bis zum Haaransatz. Keine Meldung. Gut, das heißt ja nichts. Vielleicht war er noch gar nicht online. Schnell klickt sie sich auf sein Profil, kaut auf ihrer Lippe, während seine Fotogalerie nach und nach lädt. Endlich werden die schemenhaften Umrisse deutlicher, endlich setzen sich die Pixelhaufen zu Gesichtern zusammen. Ilona schluckt.

Den ersten Stich in ihre Brust löst das Foto mit einer orientalischen Schönheit aus. Beide tragen elegante Abendgarderobe, stehen strahlend Arm in Arm vor einer geschwungenen goldenen Treppe.

Den zweiten Stich spürt sie kaum, weil gleichzeitig ihr Herz zerreißt und das Hirn zerspringt. Nach Luft japsend sinkt sie zu Boden, aus ihrer Kehle dringt nur heiseres Keuchen. Ihr Hals ist trocken, das Brennen in ihrer Brust lässt nicht nach. Noch mindestens fünf Minuten liegt sie so da und erholt sich vom Schock, bis ihr die heißen Tränen endlich aus den Augenwinkeln quillen. Ihr Leben ist ein Nullsummenspiel und wird es auch immer bleiben. Prinz Abdullah Rachid wird nicht mehr unter ihren Abonnenten angezeigt.

CASPER

Auf dem Weg in die Stadt fliegen Casper die Fetzen des Gesprächs mit Rumpelstilzchen um die Ohren. Kurz nachdem er die Lichtung verlassen hat, fällt ihm ein, dass er das hagere Männlein nicht mal nach seinem Namen gefragt hat. Das wird er beim nächsten Mal tun. Casper spürt die Vorfreude darauf, János und Ilona von seiner Begegnung zu berichten.

Laut seiner Uhr dürfte er fast pünktlich zu János' Dienstende erscheinen. Er stellt sich darauf ein, noch ein paar Minuten vor verschlossener Tür zu verbringen, doch als er vor seiner Wohnung steht, hört er laute Musik durch die Holztür dröhnen.

Mehrmals klingelt er und klopft auch an die Tür, doch die Musik ist so laut, dass man es drinnen wahrscheinlich nicht hört. Auf übersteuernden Boxen kratzt höhenlastiges Katzengejammer am Pegel. Casper spielt mit dem Gedanken, einfach wieder umzudrehen. Als es einen kurzen Moment leise ist, ergreift er seine Chance, klingelt, klopft und schreit gleichzeitig.

»János, hallo«, brüllt er, noch während die Tür schwungvoll auffliegt.

Mit verquollenen Lidern und schwarzen Augenringen steht János im Türrahmen. Sein Unterhemd ist fleckiger als sonst, als ob er es schon mehrere Tage getragen hätte. Casper hat sofort Mitleid.

»Warst du heute gar nicht arbeiten? Bist du krank?«, will er wissen. János wirft ihm einen müden Blick zu.

»Hab ich gekündigt. Wenn Észter nicht zurückkommt, dann brauche ich keine Zweitjob.« Er zuckt mit den Schultern.

»Fahre nur noch alle drei Tage, Deutschland und zurück.«

Er öffnet die Wohnungstür, winkt Casper herein.

»Du fährst nach Deutschland?«, fragt Casper, während er eintritt.

»Immer Deutschland.«

Casper sieht zum Fenster, während er denkt, dass man dringend mal lüften müsste, und sieht sich nach einer Sitzgelegenheit um. Die kleine Wohnung versinkt im Chaos. Benutzte Töpfe und Teller stehen auf dem Küchentisch, Klamotten liegen auf der Couch, und in der Mitte des Zimmers steht ein großer Pappkarton. János folgt seinem Blick.

»Packe ihre Sachen«, krächzt er mit heiserer Stimme. »Hab noch Tassen, Kleider, Bücher«, verkündet er düster. Er greift sich einen Schöpflöffel, der in einem der Töpfe auf dem Küchentisch liegt und wirft ihn in den Pappkarton.

»Auch das. Alles Észter.«

János lässt den Kopf hängen, sieht aus, als ob er eine Umarmung gebrauchen könnte. Casper macht zwei Schritte auf ihn zu.

»Das wird schon alles wieder«, sagt er und breitet die Arme aus. Er riecht Whisky und Wurstfett, als er versucht, den Bären zu umarmen. János stößt ein erschrockenes Grunzen aus, tritt einen Schritt zurück.

»Wird gar nichts. Ist, wie es ist«, sagt er heiser und greift nach seinem Whiskyglas, das auf dem Tisch steht.

»Wollen wir spazieren gehen?«, fragt Casper. »Wir gehen ein bisschen frische Luft schnappen. Danach räumen wir auf.«

János grummelt noch ein bisschen, versucht Ausreden zu finden, aber willigt letztendlich doch ein, die Wohnung zu verlassen.

Er geht ins Schlafzimmer und kommt in einem frischen Unterhemd zurück. Casper atmet erleichtert auf. Er hätte schon früher nach János sehen sollen. Casper hätte klar sein müssen, dass er den Blick in die Zukunft nicht gut verkraftet. János zögert kurz, bevor er ins Treppenhaus tritt. Casper legt ihm die Hand auf die Schulter, um ihn zu ermutigen. János wirft ihm wieder diesen müden Blick zu. Aber Casper meint, dass dieses Mal ein Hauch von Dankbarkeit mitschwingt.

Draußen empfängt sie der mittlerweile graue Tag mit Nieselregen. Sie drehen ein paar Runden um den Block.

»Ich weiß, dass es dir gerade so vorkommt, als würde es nie besser werden«, fängt Casper an. »Aber es wird besser.«

»Woher weißt du?«, grunzt János sauertöpfisch. »Hast du nachgesehen mit Formel?« Hoffnung flackert in seinem Gesicht auf.

»Das ist einfach so. Észter geht, aber irgendwann kommt wieder eine, die dir den Kopf verdreht.« Casper lächelt über seinen eigenen mütterlichen Rat.

»So jemand wie Észter kommen nie wieder.«

»Dann kommt jemand Besseres.«

János lächelt spöttisch und macht eine Geste mit beiden Händen auf sich selbst. Traurig schüttelt er den Kopf.

»Kein Geld, kein Aussehen, kein Kopf. Das stimmt vielleicht für dich, aber einer wie ich, der kann nicht glauben.«

Casper bleibt kurz stehen, während János weiter voranschlurft. Er muss nicht lang überlegen.

»Quatsch, János! Du bist groß und stark und sehr großzügig. Du hast Humor, bist ein guter Zuhörer. Ein guter Freund. Jede Frau kann sich glücklich schätzen, so einen wie dich zu erwischen.«

Während Casper redet, blickt János immer noch apathisch nach vorne. Dann blinzelt er eine Träne weg.

»Ach«, schluchzt János, dreht sich um und schließt Casper in die Arme, sodass der fast vom Boden abhebt. Nach ungefähr einer Minute auf Zehenspitzen, sagt Casper: »So, und jetzt gehen wir hoch und räumen deine Wohnung auf.«

Észters Karton ist in ein paar Minuten gepackt. Casper muss János davon abhalten, bei jedem Teil eine Abschiedsrede vorzutragen.

»Sei einfach froh, dass du das Zeug jetzt nicht mehr jeden Tag vor Augen hast.«

»Vielleicht muss ich auch umziehen, damit ich nicht mehr an sie denke«, brummt János und sammelt das Geschirr aus der Wohnung ein. Dann stapelt er die Teller und das Besteck in einer leeren Pfanne und stellt ein paar Gläser in den Topf daneben. »Immer will sie in der Stadt wohnen, in der Nähe von den Shops«, grummelt er. »Aber ich mag lieber Bäume und Hasen, lieber als Menschen.«

»Ich auch«, grinst Casper und stellt sich János in Verschmelzung mit demselben Laubbaum vor, den er vorher noch neben Rumpelstilzchen im Kopf hatte. Plötzlich leuchten seine Augen.

»Weißt du was?«, ruft er in die Küche, wo János mit dem Geschirr klappert. »Vorhin habe ich einen abgefahrenen Typen getroffen, der in einem Wohnwagen im Wald wohnt und normale und seltene Samen verkauft und überhaupt behauptet, er sieht mehr als andere Menschen. Weil er ganz ohne Ablenkung mit dem Wald lebt. ›In Metamorphosääh‹ hat er immer gesagt.«

János streckt den Kopf durch den Türrahmen.

»Und was arbeitet der?«, fragt er verdattert, bevor er wieder abspülen geht.

»Glaub, er tut so, als wäre er ein Wahrsager.«

Dumpfes Lachen dringt aus der Küche.

»Aber wahrscheinlich ernährt er sich von seinem Saatgut und verdient sich so ein bisschen was dazu.« Casper zieht eine Socke vom Rand des Fernsehers und legt sie zu den anderen eingesammelten Klamotten im Wäschekorb.

»Auf jeden Fall habe ich mir dann gedacht, dass ich auch gerne so leben würde. Also nicht im Wohnwagen, nicht als Wahrsager. Aber im Einklang mit der Natur. Ein bisschen wie ein Tier. Ohne Supermarkt, Internet und akademischen Kalender.« Casper stellt den Wäschekorb neben die Waschmaschine und geht dann zu János in die Küche, der vorm Spülbecken steht und mit beiden Händen im überquellenden Schaum versinkt.

»Hättest du Lust auf so was?«

Wenn ein Mensch in dieses Szenario passen würde, dann wäre es János. Sie würden beide in ihrem Reservat leben, befreundet, aber autonom. Ein fleischfressender Bär und ein vegetarischer Luchs. János würde jagen gehen, Casper würde Beeren und Wurzeln sammeln.

»Wäre schön, ja.« János seufzt, während er Teller für Teller unter das fließende Wasser hält. Casper nimmt sich ein Geschirrtuch und beginnt, abzutrocknen.

»Aber mir fällt schwer, alleine sein.« János Wangen erröten, er sieht weiter auf den Schaum.

»Aber du wärst ja nicht allein. Der ganze Wald ist lebendig. Ob Vögel, Eichhörnchen oder anderes Kleintier, immer wäre Bewegung um dich herum.«

»Vielleicht auch Hasen«, sagt János.

»Und ich wäre ja auch noch da«, grinst Casper.

»Ach so?«

»Na klar.«

Als der Geschirrhaufen abgespült, die Wäsche in der Trommel und das größte Chaos beseitigt ist, schnappt sich Casper die Whiskyflasche und lässt sie in seinen Rucksack gleiten.

»Es wäre besser, wenn du nicht so viel trinkst.«

»Was soll ich sonst machen?«, seufzt János und wirft Casper einen missbilligenden Blick zu. »Whisky hilft. Der Schmerz wird weniger«, erklärt er, aber Casper schüttelt den Kopf.

»Vergiss es. Das bildest du dir nur ein. Du willst den Schmerz ja nicht betäuben, sondern loswerden.«

»Und wie bitte?«, grummelt János, aber lässt den Rucksack nicht aus den Augen, den Casper auf seine Schultern schwingt.

»Schreib auf, wie du dich fühlst. Such dir eine Wohnung auf dem Land. Geh spazieren und iss mehr Gemüse. Du wirst schon sehen, dass es besser wird.«

János seufzt wieder, und Casper legt ihm die Hand auf die Schulter.

»Ich komm morgen wieder. Bis dahin setzt du dich mit deinem Schmerz auseinander. Und keine Sorge, ich hab eine Idee, wegen dem Alleinsein.«

◇

Als er auf dem Heimweg an Szábors Garten vorbeikommt, sind fast alle Lichter aus. Der Fernseher flackert im Wohnzimmer. Von der anderen Seite kann man unbemerkt hineinsehen. Eigentlich will er so schnell wie möglich zu Ilona, die sicher schon auf ihn wartet. Trotzdem hat er das Gefühl, dass das jetzt gerade wichtig ist. Wenn er den Hund retten will, muss er mehr über seinen Herrn wissen. Casper zögert einen Augenblick, bevor er testet, ob das Gartentor verschlossen ist. Problemlos lässt es sich öffnen, ohne ein einziges quietschendes Geräusch. Der Hund kläfft, als Casper den Fuß in den Garten setzt. Sicherheitshalber weicht er hinter den Zaun zurück.

»Du musst also draußen schlafen.«

Instinktiv greift er in seine Manteltasche.

»Hey, willst du was zu naschen?«, fragt er den Hund, der seine angelegten Ohren schon beim ersten Rascheln wieder aufstellt und freudig mit dem Schwanz wedelt.

»Nächstes Mal gibt's was Gesundes«, verspricht Casper, als er ihm eine gebrannte Mandel zuwirft.

Während er sich zwischen den Büschen und der Hauswand auf die Hinterseite des Hauses zubewegt, denkt er noch kurz darüber nach, ob vegetarische Hunde zu bemitleiden sind, verliert aber den Gedanken, je näher er dem Haus kommt. Immer näher, bis er fast vor dem flackernden Fenster steht.

Dumpf dröhnen die Bässe durchs Fensterglas, Casper hört das Stöhnen noch bevor er einen Blick auf den Bildschirm geworfen, den kleinen nackten Körper gesehen hat. Er steht direkt hinter der Couch. Nur ein paar Meter und die Scheibe trennen ihn von dem Alten, der sich auf dem Bildschirm den geöffneten Körper eines nackten jungen Mädchens ansieht, sodass sich Casper sofort abwenden muss. Sie ist definitiv noch ein Kind. Das Bild brennt in seinen Augen. Eine magere Hühnerbrust, die sich in Richtung der Kamera reckt. Gespreizte Schenkel, kleine rosa Öffnung. Ein schmerzverzerrtes Gesicht, zwei blonde Zöpfe. Er schmeckt Saures, spürt die Magensäure in seinen Mund hochsteigen, bestialisches Brennen. Sofort tritt er den Rückweg an, drückt sich mit Szábors Stöhnen im Ohr an den Büschen vorbei. Um die Hausecke spuckt er aus, würgt noch mal Magensäure hoch, diesmal auch ein paar Brocken vom Frühstück, der Rachen ist Feuer. Casper hockt sich neben seine Kotze, versucht das Bild auszutauschen, es zu vergessen, irgendwas. Am liebsten würde er sich das verpestete Stück aus seinem Hirn herausreißen und in die Kotze treten, da wo es hingehört. Er presst sich die Handflächen auf die geschlossenen Lider, drückt gegen die Augäpfel, so fest, bis alles schwarz und leer ist. »Fickenscheiße«, sagt er und spuckt den letzten Rest seines Mageninhalts auf den Boden. Dann rappelt er sich hoch. Selber schuld, denkt er. Was muss er auch diesem widerwärtigen Typen nachspionieren. Auf dem Weg nach Hause wirft er einen letzten hasserfüllten Blick zurück.

Als Casper sich dem Schuppen nähert, kämpft er noch gegen die Bauchschmerzen. Er versucht, sie abzuschütteln. Hoffentlich kann ihn Ilona etwas ablenken. Vorsichtig schiebt er die angelehnte Eingangstür auf und ruft: »Ich bin wieder da!«

Keine Antwort. Bevor er eintritt, muss er sich kurz sammeln. Ilonas Bett versinkt unter einem Haufen von Kleidung, auf dem Boden sind Spangen, Haarklammern, Haarbürsten, Föhn und weitere Frisierutensilien verteilt. Casper tritt in die

Lücken zwischen den herumliegenden Gegenständen. Vorsichtig arbeitet er sich weiter nach vorne, an einem Haufen von Zweigen und Blüten entlang. Ihre Hand liegt auf der Türschwelle zur Küche.

»Ilona?«

»Hey«, krächzt sie tonlos, als er neben ihr in die Hocke geht. Ihr Gesicht ist gerötet, mit bunten Make-up-Resten verschmiert. Die Augen sind verquollen und noch nass. Sie streckt ihre Arme von sich, wie eine gestrandete Galionsfigur. Neben ihr steht eine leere Flasche Wein, auf dem Tisch eine weitere.

»Was ist passiert?«, fragt Casper, der sein Entsetzen nicht verbergen kann.

»Scheißtag«, sagt sie und schließt die Augen.

»Tut mir leid.« Betreten legt Casper seine Hand auf ihre. Er hätte sie nicht so lang alleine lassen dürfen.

»Magst du nicht vom Boden aufstehen? Ist doch sicher kalt.«

Mit geschlossenen Augen schenkt sie ihm ein müdes Lächeln.

»Es ist schön hier unten. Probier es doch mal aus.«

Casper betrachtet den grauen Beton. Er schmeckt noch immer Magensäure auf der Zunge. Eigentlich wollte er sofort Zähneputzen, wenn er nach Hause kommt. Egal.

Er legt sich neben sie, starrt auf die Wasserflecken an der Decke. Wenn es regnet, tropft es durchs Dach. Doch, das würde jetzt passen, wo Casper und Ilona schon so daliegen wie zwei Pfützen auf dem Bodensatz des Lebens. Casper hat akzeptiert, dass der Geschmack von Kotze dazugehört. Er begrüßt die seltsame Entspannung, die sich in seiner Brust breitmacht und hört Ilona beim Atmen zu. Wenn er es nicht besser wüsste, würde er denken, dass sie schläft. Dann sieht er zu ihr rüber. Ilona blinzelt.

»Es tut mir leid, dass ich nicht für dich da war.«

Ein trockenes Lachen kommt aus ihrer Kehle. Dann zieht sie eine Zigarette aus der Schachtel neben sich und zündet sie im Liegen an.

»Das hab ich auch nicht erwartet.«

Casper betrachtet die bunten Reste um ihre Augen, die Mascara, die bis unter ihr Kinn gelaufen ist.

»Ich wusste ja, dass irgendwas los ist«, gähnt er und schließt die Lider. »Hatte schon den ganzen Tag dieses Gefühl.«

»Ach ja?«

»Ja.«

Ilona inhaliert noch zweimal, bevor sie ihre Zigarette neben ihm auf dem Boden ausdrückt.

»Bin's gewohnt«, erklärt sie. »Allein war ich schon immer.«

»Aber jetzt nicht mehr«, sagt Casper. »Jetzt nicht mehr.«

Ilona zieht eine Augenbraue hoch und wirft ihm einen fragenden Blick zu.

»Du riechst ein bisschen komisch.«

Als Casper endlich seine Zähne geputzt und Ilona überzeugt hat, sich doch lieber auf die Couch zu setzen, beginnt er den zweiten Kampf gegen das Chaos, sammelt Zigarettenstummel vom Boden. Außerdem ein leeres Marmeladenglas und noch mehr Blätter, die teilweise sogar in Ilonas zerzausten Haaren stecken. Ist das Absicht? Vorsichtig lächelt er sie an, als sie seinen Blick bemerkt und zu ihrem Haaransatz schielt.

Er dreht den Deckel vom Einmachglas auf und wirft eine Handvoll ausgedrückter Kippen hinein.

»Ich hab was Süßes gebraucht«, schnieft Ilona, die in ihrer Decke zwischen Pinseln, Schwämmchen, Döschen und einem Turm von Lidschattenpaletten sitzt. Sie nickt in Richtung des Glases.

»Jetzt müssen wir wohl doch bald Marmelade kochen.« Dann lässt sie den Kopf hängen. »Hab jetzt ja wieder reichlich Zeit für so was. Bin nämlich arbeitslos.«

Casper überlegt, was er Aufmunterndes sagen könnte.

»Du findest sicher bald wieder einen neuen Job.«

Ilona nickt betreten und lässt ihr Kinn zum Brustbein sinken.

»Ja, ganz sicher.« Ihre Stimme klingt heiser und schwach, ganz und gar nicht überzeugt. Sie versucht zu lächeln, aber die Mundwinkel bleiben auf halber Höhe hängen. Dann blinzelt sie sich eine Träne weg.

»Manchmal denke ich, dass ich bei der Verteilung aller Bestimmungen und Talente irgendwie vergessen wurde. Kurz auf dem Klo war, als die Rollen vergeben wurden. Als ob ich irgendwie durchgerutscht bin und jetzt einfach nicht an den Punkt komme, an den ich eigentlich kommen muss.«

»An welchen Punkt musst du denn kommen?«

»An den Punkt, an dem endlich alles Sinn ergibt.«

Sie gähnt.

»Ach. Das wird schon. Vertraue nicht dem Zufall, aber baue ihm goldene Brücken.« Casper grinst. »Das ist doch ein ungarisches Sprichwort oder?«

»Hab ich noch nie gehört.«

»Aber ich.«

»Gut. Das mit den Brücken ist nett. Aber leider auch Unfug. Erstens besitze ich kein Gramm Gold. Zweitens funktioniert so was nur bei besonderen Menschen.«

Wieder dieses halbe Lächeln. Casper stemmt die Hände in die Seiten.

»Also, lass dir eines gesagt sein: Du bist auf jeden Fall besonders.«

Traurig sieht sie ihn an.

»Ich bin die Königin der Mittelmäßigkeit.«

Casper schnappt erbost nach Luft, um ihr das Gegenteil zu sagen. Um ihr zu sagen, dass all ihre Launen sein Puls sind, dass sie ihn mehr reizen kann als alles andere sonst. Dass sie ihm das Gefühl gibt, lebendig zu sein. Doch dann lässt er die Schultern sinken, die Luft entweichen und steht einfach nur da. Nichts davon kann man so sagen, dass es wie ein Kompliment klingt. Casper steht mitten im Raum, zwischen Ilona, dem Chaos und seinem Versuch, alles wieder aufzuräumen. Bis seine Lippen sich fast von alleine bewegen.

»Mittelmaß ist doch was Schönes«, flüstert er.

Ilonas Blick wird wieder glasig. Eigentlich hätte er etwas anderes sagen müssen. Er nimmt all seine Kraft zusammen, atmet tief ein und sieht Ilona fest in die Augen.

»Für mich bist du besonders.«

Dann bückt er sich, um weiter aufzuräumen.

Als die Küche wieder einigermaßen sauber ist, will er den Kleiderhaufen auf Ilonas Bett in Angriff nehmen.

»Ich mach das schon«, ruft sie hektisch und kommt schnell aus der Küche ins Schlafzimmer. »Danke, dass du drüben angepackt hast.« Casper nickt freundlich.

»Gern.« Dann fällt ihm ein, dass sie wahrscheinlich nur zwei Flaschen Wein zum Abendessen hatte.

»Hast du Hunger? Soll ich dir noch eine Kleinigkeit zu essen machen?«

Betreten schüttelt sie den Kopf.

»Nein, danke. Keine Lust.«

Casper denkt kurz darüber nach, ob er sie überreden soll zu essen. So wie er auch János überredet hat, das Haus zu verlassen. Da fällt ihm ein, dass er morgen nach János sehen wollte. Ilona kann er in diesem Zustand aber auch nicht alleine lassen. Vielleicht könnte er ja eine ganz kleine Ausnahme machen und das Mobiltelefon einschalten, um bei János anzurufen.

Seine Telefonnummer steht unter der Adresse auf dem kleinen Zettel, den János ihm damals in der Bar zugesteckt hat. Während Casper so in Gedanken versunken im Türrahmen steht, streicht Zeus an seinen Beinen vorbei. Er setzt zu einem eleganten Sprung an und landet neben Ilonas Kleiderhaufen auf dem Bett, maunzt zur Begrüßung und legt den Kopf schief.

»Auf Zeus kann man sich verlassen«, erklärt Ilona, die endlich ein aufrichtiges Lächeln zustande bringt. »Immer dann zur Stelle, wenn man ihn braucht.« Sie tätschelt dem Kater den Kopf. Casper nickt.

»Ja, er ist wirklich ein guter Zuhörer.« Er setzt sich noch eine Weile zu den beiden und sieht Ilona dabei zu, wie sie Zweige von den Kleidern zupft und den Kleiderhaufen schließlich in ihren Schrank stopft.

»Hast du die Gartenarbeit heute in deinen schönsten Kleidern erledigt?«, witzelt Casper und fängt sich dafür einen bösen Blick ein.

»Ja, ich habe sie alle übereinander angezogen und dann Unkraut gejätet«, erklärt sie spitz, ohne wirklich auf seine Frage einzugehen.

Als Casper gähnen muss, schickt sie ihn ins Bett.

»Geh du nur. Ich schaff das hier schon. Und gute Gesellschaft hab ich ja auch«, sagt sie, Letzteres an Zeus gewandt. Also wünscht er ihr eine gute Nacht und dreht sich noch mal um, bevor er in die Küche geht.

»Das wird schon alles.«

Ilona zieht eine Augenbraue hoch.

»Das werden wir ja sehen.«

Kurz bevor er einschläft, freut sich Casper, dass sie »wir« gesagt hat.

◇

Am nächsten Morgen wird er früh wach. Möglichst leise schleicht er auf die Terrasse, mit dem Handy in der Hand. Der Moment ist gekommen. Er wird es anschalten, um bei János anzurufen. Während seine Finger den Knopf ertasten, springt ihm das Herz immer wieder gegen die Brustdecke. Der Zeigefinger liegt auf dem Knopf, es ist eine ganz kleine Bewegung, die fehlt. Casper lehnt sich an die Hauswand, schließt die Augen, atmet einmal tief ein und langsam wieder aus, als sein Finger den Knopf ins Metallgehäuse drückt. Sofort wird der Bildschirm hell, wie frisches Blut fließt die Spannung von Kontakt zu Platinen, wärmt die Chips auf, die so lang kalt waren. Das Handy wird langsam wach. Als der Startbildschirm mit allen Apps auf dem Display erscheint, presst Casper wieder die Augenlider aufeinander. Das Herz klopft immer noch upbeat, das Smartphone liegt zu ruhig in seiner Hand. Dann beginnt es zu vibrieren, immer wieder, hört auf. Kurz öffnet er die Augen, tippt die Anruffunktion an. Obwohl er sich bemüht, den Blick verschwimmen zu lassen, liest er es: 13 verpasste Anrufe, 4 Kurznachrichten, die auf dem Startbildschirm angezeigt werden. Mit zittrigen Fingern faltet er den vergilbten Zettel auseinander, der in seiner Manteltasche zwischen Tabakkrümeln gelegen hat. Noch während er János' Nummer tippt, hängen ihm die Wortfetzen vor den Augen. »Empfänger: Mama«, »Melde dich«, »Bin in Sorge« und »Geht es dir gut?«. Seine Postkarte wird angekommen sein, das passt schon. Sie wird sich keine Sorgen mehr machen, seine Eskapade belächeln, es als kleinen Ausflug abtun. Sein Bett ist wahrscheinlich längst abgezogen, der vegetarische Fleischersatz liegt im Gefrierfach, dafür sind die Rosen gedüngt. Casper versucht, sich auf das Piepen zu konzentrieren, bis János' Stimme ihn aus dem Kampf mit seinem Gewissen reißt.

»Hey, hier ist Casper.«

Seine Stimme klingt fester, als er erwartet hat.

»Höhöö«, macht János. »Benutzt du jetzt wieder Telefon?«

»Nur, weil es ein Notfall ist«, erklärt Casper. »Ich kann heute nämlich nicht kommen und wollte dich nicht einfach so hängen lassen.«

»Wo hängen?«

»Sagt man so.« Casper schluckt.

»Ich will eigentlich nur Bescheid geben, dass ich zu Hause gebraucht werde. Aber auch weil ich hören wollte, wie es dir geht.«

»Ach so«, brummt János. Dann schweigt er für ein paar Sekunden, und Casper hat Angst, dass es János noch schlechter geht als gestern.

»Kein Sorg, mein Freund«, sagt er, und Casper stellt sich vor, wie er ihm die Pranke auf die Schulter legt. »Geht's mir schon ganz in Ordnung.«

»Ach wirklich?«, fragt Casper überrascht, und János seufzt.

«Ja. Ganze Wohnung riecht wie Észter, aber Paketchen ist jetzt weg. Hab ich zu Post gebracht.«

»Super«, lobt Casper und nickt anerkennend mit dem Kopf. »Dann kannst du ja heute anfangen, eine neue Wohnung zu suchen.«

»Mach ich«, verspricht János und erzählt einigermaßen munter vom Cousin, der in den Bergen lebt. »Ruf ich gleich an, frag ich dem nach Idee oder Adresse.«

»Großartig«, ermutigt Casper den Bären, der vielleicht schon bald in seinen natürlichen Lebensraum zurückkehrt.

Casper würde gern weitergehen und sagen: »Wenn eine Trennung dazu verhilft, dass man seine eigenen Wünsche erfüllt, dann kann man eigentlich dankbar sein, dass es so gekommen ist.« Aber so weit ist János nicht. So was kann man keinem Menschen sagen, der Liebeskummer hat. Stattdessen dreht Casper sich eine Zigarette und hört einfach weiter zu. Einfach, weil es gerade schön ist. Auch am Telefon können sie zusammen lachen. Die Dialoge sind echt, ehrlich, ungezwungen. János kommt richtig in Fahrt, als er über die Vorteile von Holzhäusern redet.

»Sie sind robust, stark, stolz. Bist nie allein. In Holzhaus wohnt immer noch andere Tiere mit, ob Spinne oder Mausen.«

Casper konzentriert sich voll und ganz auf die Bilder, die János in seinen Kopf malt. Nebenbei kritzelt er auf der Terrasse herum, mit einem scharfkantigen Stein zwischen den Fingern, der weiße Linien auf blassroten Fliesen hinterlässt. Gedankenverloren ritzt er Landschaften vor seine Füße. Bäume, Käfer, Strichmännchen.

Casper vergisst mehr als nur die Zeit und den ganzen Tag, der vor ihm liegt. Der gestrige Abend, wie weggewischt.

Die Kurznachrichten, die immer noch neben seinem Ohr auf dem Display kleben – nicht wichtig. Es gibt nur János und Casper in der weiß-blassroten Welt, die sich von Ast zu Ast hangeln, mit Hyänen heulen, Feuer in Höhlen machen.

Casper vergisst, dass nichts auf der Welt ideal ist. All das wird überschattet von etwas Neuem. Es ist schön, mit János zu reden. Es ist ein Fluss, und Casper schwimmt, ohne zu wissen, wo es hingeht, ohne zu wissen, wo er hinwill.

Und warum auch? Er hat ihn gern, mehr nicht, das ist alles. Casper beginnt, dümmlich zu grinsen, malt einen Kreis um die kleine Welt vor seinen Füßen. Er will sich später definitiv notieren, dass schon ein einziger echter Freund reicht, um sich verstanden zu fühlen. Mit fast dreißig zu bemerken, dass man wohl bisher gar keine richtigen Freunde hatte, weil man eigentlich niemanden mag – halb so schlimm, wie es sich anhört.

»Und in Holzhaus gibt noch eine schöööne Sache, besser

als in Steinhaus. Kannst auch eigene Fleisch trocknen, ohne dass Wand schimmelt«, jubelt János und reißt Casper von der Metaebene zurück auf die Terrasse vor Ilonas Schuppen im Budapester Hinterland. Dass Casper trotzdem lacht, ist das beste Zeichen dafür, dass alle Übel der Welt zwar gleichzeitig stattfinden, aber einem manchmal wunderbarerweise doch nicht den Tag versauen können.

Nachdem Casper aufgelegt hat, bereitet er das Frühstück und den Kaffee vor. Als Ilona in die Küche schlurft, ist Casper gerade dabei, den Tisch zu wischen.

»Morgen«, krächzt sie, hält einen Moment inne und wirft ihm einen prüfenden Blick zu. »Du siehst ja fröhlich aus«, stellt sie fast vorwurfsvoll fest und geht dann zur Kaffeekanne, um sich eine Tasse einzuschenken.

»Hast du gut geschlafen?«, fragt Casper lächelnd, ohne sich mit langen Erklärungen aufzuhalten.

»Geht«, antwortet sie schulterzuckend.

Casper nickt und stellt zwei Teller auf den Tisch.

»Ich hab keinen Hunger«, sagt Ilona und fischt eine Zigarette aus der Tasche ihrer Strickjacke. »Kannst den Teller wieder in den Schrank räumen.«

Casper schüttelt missbilligend den Kopf. Er versucht es ihr zu erklären. Ohne Nahrung keine Energie, ohne Energie keine bessere Laune. Aber Ilona winkt ab, zündet die Zigarette an.

»Ich bekomme einfach nichts runter. Da bin ich mir sicher.«

Casper schüttelt noch mal den Kopf.

»Das akzeptiere ich nicht. Nimm zwei Bissen und du kannst meinetwegen aufhören.« Er ist überrascht, dass seine Stimme plötzlich so bestimmt klingt.

Ilona pustet unbeeindruckt einen Rauchring in die Luft, sagt dann aber: »In Ordnung.«

Casper legt eine Scheibe Brot auf ihren Teller, stellt ein noch verschlossenes Marmeladenglas daneben.

»Leider gekauft«, grinst er, aber Ilona nickt nur kühl. Irgendwie wird er sie schon aufmuntern. Während Casper sich sein eigenes Marmeladenbrot schmiert, sucht er angestrengt nach einem Thema, das ihr gefallen könnte.

»Gestern hab ich einen Zwerg gefunden, der in so einem kleinen Wohnwagen auf einer Lichtung haust und abgefahrene Kräuter verkauft.«

Ilona lässt das Buttermesser auf den Teller sinken und sieht ihn entgeistert an.

»Bitte was? Hier bei uns in der Gegend?«

»Ja, genau. Sieht aus wie Rumpelstilzchen, spricht auch deutsch. Lebt im Einklang mit der Natur und so – aber wirklich – versteht echt 'ne Menge von Kräutern und Heilpflanzen.«

Casper steht auf und zieht die Papiertüten aus dem Rucksack, setzt sich wieder an den Tisch. »Schau mal, ich habe ein bisschen was fürs Gartenbeet …«

Ilona schnappt nach Luft, aber schüttelt dann den Kopf, lässt ihn mit fassungsloser Miene in die Hände sinken.

»Was ist los? Hab ich was Falsches gesagt?«

Ilona wirft ihm einen seltsamen Blick durch die Zwischenräume ihrer Finger zu, ihre Ohrenspitzen blitzen durch die Haarsträhnen, dann die schmalen Pupillen, eine Waldelfe hinter Gitterhänden.

»Hast du eigentlich nichts Besseres zu tun als Freaks zu sammeln?«, faucht sie plötzlich.

Beleidigt verschränkt Casper die Arme vor der Brust. War ja klar. Jeder, der ein bisschen aus dem Raster fällt, ist ein Freak. Sie hat Angst vor Leuten, die der Norm nicht entsprechen. Casper denkt an ihren zynischen Blick, wie sie ihn abfällig von Kopf bis Fuß gemustert hat, als sie sich das erste Mal begegnet sind. Sicher, ist nichts Neues, das kennt er schon. Die Menschen mögen nicht, wenn jemand anders ist. Deshalb ist er ja auch damals nach Berlin gezogen.

Casper stößt ein verächtliches Schnauben aus.

»Der Typ war eigentlich ziemlich cool. Er hat ein ganz eigenes Konzept vom Leben. Hat sich entschieden, im Einklang mit der Natur zu leben, gemeinsam mit den Tieren im Wald. Er widmet den Pflanzen mehr Zeit als unsereins dem Smartphone. Ist doch besser so, als ständig unglücklich zu sein, weil man kein Geld hat oder keinen Erfolg oder keine tolle Karre. Das ist doch einfach nur lächerlich!«

Ilona wird schon verstehen, was Casper damit andeutet. Der letzte Satz war vielleicht unnötig, aber wahr. Ilona mag arm und bemitleidenswert sein, aber Letzteres auch nur, weil sie einfach nicht kapiert, was im Leben wirklich zählt.

»Wenigstens laufe ich nicht vor meinem eigenen Leben weg und streife durch die Wälder, auf der Suche nach meiner ganz persönlichen Freakshow. Jetzt kommt zum Lastwagenfahrer noch der senile Spinner dazu, großartig.«

Ilonas Stimme ist ruhig, Caspers Wut kocht höher.

»Weißt du was? Ich kann deine Oberflächlichkeit einfach nicht mehr ertragen. Keiner von beiden hat dir was getan.«

Dieses Funkeln in Ilonas Augen ist ein Warnsignal, aber Casper legt es darauf an. Er hat keine Lust, sich wieder von ihr die Laune verderben zu lassen. Eigentlich war er zufrieden, wie schon seit Langem nicht mehr. Dank Ilona ist es zu einem flüchtigen Moment geworden, nur noch heiße Luft, die aufsteigt. Alle Freude wird von Wut überlagert.

»Du sollst einfach vorsichtig sein mit Wildfremden, die du irgendwo im Wald ...«

Ilonas sachliche Erklärungsversuche prallen an Caspers

heißem Panzer ab, er schüttelt seinen Kopf, sie soll es gar nicht erst probieren. Ilona sieht ihn bittend an, aber Casper steht auf, bevor das Mitleid wieder aus irgendeiner Ecke seines Hirns kriecht und sich im ganzen Körper breit macht. »Lass einfach gut sein«, sagt er trocken, stellt das Frühstücksgeschirr mit präzisen Handgriffen in die Spüle. »Ich mach den Abwasch später.« Dann ist er raus, wischt mit dem Fuß über die Schmiererei auf dem Terrassenboden, bevor er sich neben das umgestochene Gartenbeet kniet und seine Finger tief in der Erde vergräbt. Sie ist noch feucht vom Morgentau, oben warm von den ersten Sonnenstrahlen, dann immer kälter, je tiefer sich seine Nägel in die härteren Schichten krallen.

Was er da macht, weiß er auch nicht, will es auch gar nicht begreifen. Nur noch eins werden mit dem Boden. Eine Pflanze sein, koexistieren, nichts mehr sagen, nur noch über feine, weiße Gespinnste aus Wurzeln und Pilzen kommunizieren. Hallo, hier, ich brauche Wasser, mehr nicht, nur das, einfach Wasser, den Rest hole ich mir aus der Luft, solange ich nicht verbrenne. Caspers Arme sind fast bis zum Ellenbogen im Boden versunken, er riecht die Erde, kann sie fast schmecken, als er seinen Kopf sinken lässt. Verdammt, das hat er sich anders vorgestellt. Wollte jeden Samen feierlich in ein Erdloch legen, etwas Erde draufschütten, zusammen mit Ilona aussuchen, ob die Tonkabohne neben dem Wintergemüse wachsen darf, ob man sie lieber weit weg sät vom Hirschhornwegerich. Aber jetzt liegt er hier, und sie ist drinnen, will nichts wissen über Rumpelstilzchen und Heilpflanzen, interessiert sich nicht im mindesten für das, was Casper begeistert. Weil Casper sich für Freaks interessiert und vor seinem Leben wegläuft, lieber in der Erde liegt, irgendwo im Budapester Hinterland. Aber warum denn nicht, zum Teufel? Sie sagt, er läuft vor seinem Leben davon, aber so ist es nicht. Abhauen und

Ausbrechen sind immer noch zwei verschiedene Dinge. Beim einen verliert man vielleicht etwas, aber beim anderen gewinnt man ein Stück Freiheit. Und das Recht, dass man in jedem Garten im Budapester Hinterland herumliegen kann, in dem man gerade herumliegen will. Casper rappelt sich auf, zieht seine erdig-schwarzen Arme aus dem Gartenbeet. Der Dreck unter den Fingernägeln hindert ihn nicht daran, eine Zigarette zu drehen. Während er Tabak und Filter ins Papier rollt, kommt ihm der Gedanke, dass er Verhaltensweisen an den Tag legt, die unter gewissen Gesichtspunkten vielleicht als wahnsinnig eingestuft werden könnten. Aber wen stört schon der Wahnsinn, wenn er keinem schadet?

ILONA

Ilona presst die Handflächen so fest auf die Augen, dass es wehtut. »Das kann doch alles nicht wahr sein.« Ihr Murmeln wird zu verzweifeltem Schluchzen. Casper hat offensichtlich keinen Dunst, mit wem er sich da eingelassen hat.

Dass er ausgerechnet jetzt den alten Pavo trifft, nachdem sie ihn selbst erst vor Kurzem vor dem Markt gesehen hat –nein, das kann kein Zufall sein. Sie muss ihn warnen, ihm erklären, dass seine Begegnung im Wald nicht harmlos ist. Dass Casper nur eine Marionette in Pavos Spiel ist. Dass er nicht ganz sauber ist, der alte Scharlatan. Aber dann müsste sie ihm erklären, woher sie Pavo kennt, woher sie weiß, dass er nichts Gutes im Sinn hat. Wo soll sie anfangen? Die Geschichte beginnt im Elend und endet im Ungewissen. Außerdem spricht sie nicht gerne über ihre Mutter. Sie müsste von zermahlenen

Hühnerfüßen, vom bösen Blick und dem Amulett erzählen, das sie als Kind nicht mal zum Schlafen ablegen durfte. Nein, sie kann dem besserwisserischen Vegetarier nicht erzählen, dass sie rohe Hasenleber essen musste, wenn sie eine Erkältung hatte. Sie stellt sich seine aufgerissenen blauen Augen vor, schüttelt den Kopf und schnappt sich das Handy, das auf der Küchenanrichte liegt. Der Verdrängungsmodus wird ihr guttun.

Einundzwanzig Herzen für die Fotos von gestern, eine neue Nachricht. Nervös tippt sie auf die Anzeige, hält kurz die Luft an, als das Postfach lädt – nichts von Abdullah. Seufzend öffnet sie die Nachricht, das Profilbild sieht bereits in dieser Größe nicht besonders überzeugend aus.

»Du siehst gut aus, hast du Lust, dich mit mir zu treffen?«

Ilona versucht, darüber nachzudenken. Hat sie Lust?

Er ist direkt. Redet nicht um den Brei herum, serviert ihn heiß. Sie tippt das Foto an. Mal sehen, was er beruflich macht. Tatsächlich kennt sie ihn schon von ihrer Recherche über alleinstehende Superreiche, erinnert sich wieder, dass er ein russischer Hotelbesitzer ist. Er hat ein kantiges, unfreundliches Gesicht, einige Kilos zu viel auf den Rippen, ist in die Jahre gekommen, wahrscheinlich über vierzig. Aber er fährt einen mittelblauen Porsche, posiert vor dem Ritz in Paris, steht mit ausladenden Armen vor den Dächern von Budapests erstem Bezirk, stolz auf der Terrasse seiner Stadtwohnung, als würde er sagen: »Sieh her, mir gehört die Welt, ich kann dir was bieten.«

Warum nicht? Wieso soll sie sich nicht mit ihm treffen und schauen, was dabei herauskommt? Nur weil er vielleicht nicht ihr Typ ist oder ein bisschen zu alt. Er kann ja trotzdem nett sein, großzügig, aufrichtig. Er wird schon etwas zu erzählen oder sonst etwas vorzuweisen haben, das ihn besonders macht. Schließlich ist er einer, der seine Idee zu Barem, seine Vision zu Erfolg gebracht hat. So jemand hat einen scharfen Verstand, ist ein Macher, hat gute Manieren und lässt sich nicht täuschen. Mit ganz neuen Augen sieht sie ihn auf einmal, diesen Feodor Alexej Worobjow. Ilona denkt nicht zu lange nach über die Antwort, was soll sie sonst den ganzen Tag machen? Darauf warten, dass sich Casper wieder einkriegt? Dann lieber die Chance packen, die sich ihr bietet.

»Wirklich gerne! Sind Sie denn derzeit in Budapest?«

Ja, ist er.

»Heute, 18:00 Uhr im Café New York?«

Von diesem Laden hat sie schon gehört. Es ist ein teures Café im italienischen Renaissancestil. Oder war es Barock? Wie auch immer. Ilona hat erst kürzlich Fotos von der Terrasse in der Családi Lap gesehen.

Etwas später ist sie frisch geduscht, steht summend im Bad vor dem Spiegel, tuscht sich die Wimpern. Als Casper mit dreckigen Händen hinter ihr vorbeischlurft, wirft er ihr einen fragenden Blick zu. Er kann einem wirklich nur leidtun, mit seinen müden Augen, den schwarzen Schatten, die sich bis über die Backen ziehen. Das kommt davon, wenn man das Leben so ernst nimmt. Davon wird sich Ilona nicht runterziehen lassen.

»Ich habe ein Date«, erklärt sie würdevoll und konzentriert sich dann wieder auf ihre Wimpern.

»Ach?«

»Ich möchte mich ein bisschen amüsieren, um mich abzulenken.« Ilona schiebt ihr Kinn nach oben.

Warum schaut er jetzt so blöd? Das ist schließlich ihr gutes Recht. Seitdem Casper bei ihr lebt, hat sie nicht ein einziges Date gehabt, dabei wären zwei pro Woche normal. Aber er soll sich bloß nichts darauf einbilden. Sie schweigt.

»Okay«, sagt er unbeeindruckt, zuckt mit den Schultern und geht weg. Ilona hört, dass er den Wasserhahn in der Küche betätigt, wahrscheinlich um sich die Hände zu schrubben. Weshalb ist er schon wieder voller Dreck? Und warum tut er so, als wäre ihm Ilonas Date egal? Kurz hält sie inne. Wäre es ihr etwa lieber, wenn Casper jetzt eifersüchtig aus dem Haus stürmen würde? Wieso geht sie überhaupt davon aus, dass er etwas für sie empfindet? Weil er ein Mann ist? Weil sie eifersüchtig wäre, wenn er ein Date hätte? Verdattert starrt sie sich selbst im Spiegel an, die Hand in der Luft eingefroren, die Tusche knapp vor der Wimper schwebend. Der Wasserhahn fließt nicht mehr, dafür ist jetzt Geraschel zu hören, er packt seine Tasche, eindeutig. Vielleicht haut er ab, zurück nach Deutschland, in seine Penthouse-Wohnung oder das Loft, wo auch immer er herkommt. Vorsichtig steckt Ilona den Kopf aus der Küchentür, sieht, wie Casper den Trenchcoat in seinen Rucksack stopft.

»Ist ja doch ziemlich heiß momentan«, erklärt Casper, als er von seinen Sachen hochsieht. »Ich gehe zu Jànos. Dir erst mal viel Spaß heute.«

Noch bevor sich Ilona bedanken kann, ist er aus der Tür.

CASPER

Casper sieht sich das Lángos an, das auf seiner Handfläche liegt. Der Käse schmilzt auf dem Sauerrahm, gelbe Fetttropfen vermischen sich mit weißem Schmand, fließen über die knusprigen Hügel des frittierten Fladens. Wahrscheinlich wird es das letzte Lángos für längere Zeit sein. Er nimmt einen großen Bissen, schließt die Augen und kaut. Der heiße Belag tropft ihm auf die Hand, schnell leckt er den Fleck von der Rückseite seines Daumens. Nach diesem letzten Exzess zum Frühstück wird er János fragen, wann er seine nächste Tour nach Deutschland fährt. Es wird das Beste sein, anstatt jeden Tag aufs Neue herumzubringen, durch Budapest zu stromern, auf der Suche nach Sinn. Jetzt wo er sein Telefon angeschaltet hat, ist auch wieder der Drang angesprungen, alles zu kontrollieren. Das merkt er allein schon daran, dass er außer dem Geldbeutel und den Notizbuchhälften sein Smartphone in der Hosentasche trägt, sicherheitshalber, damit er János anrufen kann, falls er ihn später zu Hause nicht vorfindet. »So kannst du eben nicht mehr weitermachen«, krächzt der Hypothalamus.

Gerne würde er sich einreden, dass Ilona ihn braucht, dass János ohne Casper in Lethargie und Liebeskummer ertrinkt. Aber wie abgehoben ist es eigentlich zu denken, dass man anderen Leuten wirklich helfen kann, indem man sie auf den richtigen Weg bringt? Das Gerede vom »richtigen Weg« ist doch nur christlich eingefärbter Mist. So gern er sich also selbst davon überzeugen möchte, dass seine Anwesenheit für Ilona oder János wichtig ist – es gelingt ihm einfach nicht.

Casper schluckt den letzten Bissen herunter und reinigt seine Hände mit einer Serviette.

Auf dem Weg zu János muss er die ganze Stadt durchqueren, aber heute tut er es nicht mit dem Gefühl, sich die Zeit zu vertreiben. Er versucht, alles von Budapest aufzusaugen, das er bekommt. Die breit gepflasterten Straßen, die verzierten Gullydeckel, die Messingfiguren. Er nickt dem kupferfarbenen Kollegen zu, der sich in eine Hauswand eingelassen gegen

Gitterstäbe lehnt, winkt dem Mann mit Schirmmütze, der mit verschränkten Armen vor einer Mauer steht, vielleicht ist er aus Bronze. Casper macht einen Abstecher zur Kettenbrücke, sieht sich die riesigen weißen Kronen an, die alle Pfeiler schmücken. Er wandert sogar auf den Gellértberg, zur Frau, die den Palmwedel auf ausgestreckten Händen balanciert, über Buda, sichtbar von fast jedem Winkel in Budapest.

»Was ist das für ein Denkmal?«, fragt er eine ältere Dame, die er auf halbem Weg nach oben trifft. Zuerst versucht er es wieder auf Englisch, aber sieht dann doch ein, dass er auf Deutsch bessere Chancen hat, wenn sie eine Einheimische ist. »Statue für Freiheit, Schaaabadasägschoobor«, erklärt sie und nickt Casper freundlich zu.

Später liest er noch mal »Szabadság-szobor« auf einem Schild neben der Statue. Eingehend betrachtet er die Riesin aus Bronze, für die, wie auf dem Schild steht, eine ungarische Krankenschwester Modell gestanden hat. Neben der Freiheitsstatue befinden sich noch in etwas kleinerer Ausführung der »Drachentöter« und die »Flamme der Freiheit«. Keine von beiden Figuren sieht so entspannt wie die Freiheit aus. Verzerrt sind ihre Gesichter, die Körper angespannt, bewegt vom Zorn im Kampf. Aber vor der Freiheit kommt eben die Befreiung, und die läuft in den seltensten Fällen friedlich ab.

Casper raucht eine Zigarette neben dem Drachentöter, der wohl eigentlich mit einer ziemlich klein geratenen Seeschlange kämpft. So einen Drachen stellt er sich schon etwas mächtiger vor, nicht so lang und wurmartig. Selbst wenn es ein chinesischer Drache oder ein noch nicht ausgewachsener Lindwurm sein sollte, so wäre es doch ein mickriges Ungeheuer. Keine Ahnung, warum der Typ so stolz aussieht. Seine Faust ist doch größer als der Drachenkopf.

Casper zieht sein Notizbuch und den Bleistift heraus, setzt

sich in den Schneidersitz auf den staubigen Boden. Sieht sich die Figuren erneut an. Mit dem Bleistift zeichnet er ein Koordinatensystem, teilt es in je drei horizontale und vertikale Spalten ein. Dann skizziert er die Fratzen des Drachentöters und der Flamme in die unteren Kästen an der linken und rechten Seite. In die Mitte des oberen Drittels kommt die Freiheitsstatue. Mit weichen Linien malt er die Gesichtszüge, dann die erhobene Hand und den Palmwedel.

Nachdem er die Statuen fertig studiert hat, tritt er den Weg zurück an, läuft einen anderen Pfad hinunter, drängelt sich durch die Touristenströme auf der Kettenbrücke bis zur Tramstation.

Er wirft einen Blick auf die große Uhr, der Tag ist schon zur Hälfte vorbei. Casper steigt in die Straßenbahn, klammert sich an die Haltestange, bis es etwas leerer wird, dann setzt er sich hin. Obwohl er schon ein paar Tage Zeit hatte, um sich daran zu gewöhnen, ist er immer noch überwältigt vom Tempo der öffentlichen Verkehrsmittel. Auf der Rolltreppe gelingt es ihm nicht, seinen Körper an den schnellen Takt anzupassen. Als er an der vorletzten Station aussteigt, fühlt er sich komplett durchgeschüttelt.

János braucht ein paar Minuten, bis er die Tür öffnet.

»Bist doch da«, stellt er mit schiefem Grinsen fest, als er Casper im Türrahmen erblickt.

»So ist es.«

Die Wohnung sieht besser aus als am Tag zuvor, aber der Geruch nach gebratener Wurst ist noch wahrzunehmen.

»Hab ich kleine Hütte gefunden«, erzählt János stolz.

»Abgefahren! Das ging ja echt schnell.« Caspers Freude ist ehrlich. Ja, es war sein Ratschlag. Und obwohl er immer noch davon überzeugt ist, dass jeder seine eigenen Entscheidungen treffen muss, glaubt er doch, dass es in Ordnung ist, einen Rat anzunehmen. Wenn man ihn annimmt, ist es ja auch eine eigene Entscheidung. Trotzdem will Casper versuchen, sich nur ein bisschen einzumischen. Solange er nicht davon ausgeht, den richtigen Weg zu kennen, wird er schon nichts durcheinanderbringen.

»Ich will fragen …«, beginnt János mit leicht geröteten Backen, schnappt nach Luft. Er wirkt nervös.

»Will fragen, ob du mitkommst. Gibt drei Zimmer, außerdem viel Platz für Leben mit Wald.« Dann legt er den Kopf schief und fängt an zu grinsen. »Mag auch nicht allein sein.«

Casper nickt.

»Verstehe ich.« Er seufzt. Das wäre es doch. Ein Leben wie es sein soll, im Einklang mit der Natur, fern von Einkaufscentern und Bankfilialen. Zuerst taucht das Bild von gepökelten Fleischkeulen auf, die von einem Holzbalken herunterhängen. Dann wieder die Fetzen aus den Kurznachrichten seiner Mutter in der Mitteilungsübersicht auf seinem Smartphone. Müde schüttelt er den Kopf.

»Ein Teil von mir würde gerne sofort mit. Aber andererseits glaube ich, dass meine Reise vorerst endet. Ich komme später nach.«

János sieht ihn verwundert an.

»Eigentlich wollte ich dich heute fragen, ob du demnächst wieder eine Tour nach Deutschland machst. Vielleicht könntest du mich mitnehmen?«

János sieht ihn missbilligend an.

»Also doch nur Urlaub«, brummt er.

Casper zuckt mit den Schultern.

»Ich werde dich besuchen, so oft ich kann. Solange du mich nicht in dem Zimmer unterbringst, wo du dein Fleischzeug aufhängst.«

János' nächste Tour nach Deutschland beginnt in drei Tagen. Davor wird er sich die Hütte in den Bergen ansehen. Und wenn sie ihm gefällt, dann wird er gleich darum bitten, seine Arbeitszeit weiter zu reduzieren, nur noch eine Tour statt zwei pro Woche, für den Anfang, bis er sich eingelebt hat, die Kartoffeln im Garten wachsen und er es fertigbringt, ein Wildschwein zu schießen und zu erlegen.

»Hab ich noch nie gemacht«, sagt János, und Casper prustet los.

»Ernsthaft?«

Der Bär nickt betrübt.

»Und dann denkst du, das kann man eben mal lernen?«

»Ich frag mein Cousin. Ist Jäger. Der kann mir zeigen.«

Casper runzelt die Stirn.

»Also ich bezweifle, dass es so einfach wird abzudrücken. Zumindest würde es mir ganz schön schwerfallen.«

Er zuckt mit den Schultern. János tut es ihm gleich.

»Werden schon sehen.« Der Bär wirft einen Blick auf die Uhr. »Aber jetzt wir gehen Whisky trinken«, sagt er und schließt das Thema damit ab.

ILONA

Das flaue Gefühl im Magen wird stärker, als Ilona aus der Trambahn aussteigt. Vorsichtig setzt sie die Füße auf die Pflastersteine. Nur nicht mit den Pfennigabsätzen in den Fugen hängen bleiben. Budapests Böden sind eine echte Herausforderung, selbst für geübte Stelzenträgerinnen.

Bemüht balanciert sie auf die andere Straßenseite, zum Café

New York, ein eindrucksvoller Palazzo mit altgelben Wänden, ausladender Steintreppe und szenigen Korbmöbeln in Halbkugelform auf der Terrasse.

Auch die Bar kann sie durch die geöffneten Eingangstüren sehen. Lang, glänzend schwarz, dahinter das Personal, die Männer in Anzügen, die Frauen in kurzen Kleidern, eingefroren in Position, im Moment ist nicht besonders viel los.

Der Duft von Kaffee und Gebäck schlägt ihr am Fuß der Treppe entgegen. Oben steht der Russe und wartet, gut gekleidet, mit Haifischlächeln. Behutsam setzt sie Fuß für Fuß auf die Treppe, wirft ihm ein schüchternes Lächeln zu, nicht zu einladend, aber auch nicht unfreundlich. Seine Ray-Ban hat er lässig auf den Kopf geschoben, die Hemdärmel hochgekrempelt, sodass man die Golduhr sieht – er trägt seinen Reichtum zur Schau. Als sie neben ihm steht, riecht sie die ledrige Note seines Rasierwassers, das er etwas zu großzügig aufgetragen hat.

»Jó napot«, sagt er und streckt ihr die Hand entgegen. Zögernd ergreift sie seine Finger, wünscht auch ihm einen guten Tag. Sein Handschlag hat keinen Druck, er ist lasch, müde, ohne echten Griff, die Finger kalt, als würde sie einem Toten die Hand schütteln.

»Feodor, freut mich«, sagt er und zeigt die Haifischzähne, sieht gierig an ihr herunter. Vielleicht hätte sie sich etwas mehr bedecken sollen. Vorher hat sie sich noch gefragt, ob sie ansprechend genug aussieht, jetzt fühlt sie sich unwohl, mit dem ausladenden Dekolleté, dem eng anliegenden Kleid, den hochgesteckten Haaren. Wenn sie die wenigstens als kleinen Vorhang über die Schultern fallen lassen könnte. Feodor hält ihr den Arm hin, will einen auf George Clooney machen, sie galant hineinführen, als würden sie einen Ballsaal betreten. Aber gut, wieso nicht, solange er die Rechnung bezahlt. Ilona lächelt, feiner Spott schwingt mit, vielleicht merkt er es, vielleicht nicht, sie hängt sich bei ihm ein und lässt sich zu ihrem Tisch führen. Was würde Casper nur von ihr denken, wenn er sie jetzt sehen könnte? Sie verdrängt den Gedanken. Was kümmert sie, was Casper denkt? Der Russe steuert den Eingangsbereich an. Schade, dass sie nicht draußen sitzen, auf der Terrasse, wo sie gesehen werden, wo andere neugierig vorbeilaufen, die es sich nicht leisten können, im Café New York zu sitzen. Aber sie lässt sich nichts anmerken, schenkt dem Russen ein weiteres Lächeln, sieht ein paar Sekunden lang nicht auf den Boden und bleibt mit ihrem Absatz an der Türschwelle hängen. Jetzt ist er es, der ihr ein spöttisches Lächeln schenkt.

Ilona überspielt die kleine Peinlichkeit, lässt sich zu ihrem Tisch führen, weit hinten in der Ecke des Raumes, und nimmt Platz, als er ihr den Stuhl zurechtrückt. Immerhin hat er gute Manieren, auch wenn ihr der Tisch etwas zu abgelegen ist.

»Champagner?«, fragt er gönnerhaft, und Ilona nickt.

»Dann lassen wir es uns mal gut gehen.«

Er legt seinen Geldbeutel, die Autoschlüssel und das Smartphone auf den Tisch, Ilona wirft nur einen kurzen Blick auf die Schlüssel, sieht schnell weg und guckt sich lieber noch etwas im Café um. Er soll nicht denken, dass sie der Porsche beeindruckt.

»Warst du schon mal hier?«, fragt er.

Ilona schüttelt den Kopf.

»Dann musst du unbedingt die Muscheln in Weißwein probieren, die sind unglaublich! Der Chef des Ladens ist ein guter Freund von mir, deshalb bekommen wir heute hier auch nur das Beste vom Besten. Die Gerichte, die wir bestellen werden, stehen nicht mal auf der Karte … Letzten Montag hatte ich Lammkarree in Portweinjus, Herzoginkartoffeln, Spargelspitzen und als Nachtisch Petit Four mit Blattgold.«

Er klingt stolz, fast so, als ob er selbst der Chefkoch wäre. Sie muss an Casper denken und kann sich seinen Gesichtsausdruck bei Muscheln und Lammkarree lebhaft vorstellen. Aber bis vor einer Woche hat sie selbst noch Schinken auf ihr Brot geschichtet, da kann sie wirklich niemanden verurteilen.

»Das klingt gut«, sagt Ilona freundlich. Ein Gourmet also, das ist doch sympathisch, essen tut sie auch gern.

»Kochst du auch?«, fragt sie interessiert. Er setzt wieder das Haifischlächeln auf und schüttelt den Kopf.

»Das ist Frauensache. Außer wenn es um Sterne geht, dann sind Männer natürlich besser.« Zufrieden lacht er, aber Ilona gelingt es nicht, einzustimmen.

»Also, was nimmst du? Willst du einen Blick auf die Karte werfen, oder lassen wir uns etwas empfehlen?«

»Ich sehe mal, ob es etwas Vegetarisches gibt«, sagt sie und greift mit spitzen Fingern nach der handgeschriebenen Tageskarte.

»Ach, vegetarisch?«, fragt er und verzieht dabei sein Gesicht zu einer hämischen Fratze. »Na ja, vegetarisch ist ja noch in Ordnung, das kann so ein kleiner Frauenkörper wegstecken.« Wieder dieses dumpfe Lachen, irgendwie fast abstoßend. Ilona beschließt, einfach wegzusehen, sich auf die Vorspeisen zu konzentrieren. Feigen im Speckmantel, Ochsenschwanzsuppe, Erbsen-Vellutata …

»Aber diese Veganer, die sind doch einfach nur krank, oder?«

Lachstatar mit eingelegtem Rettich, Zwiebelgulasch mit Paprika und Lardo …

»Dass so was überhaupt erlaubt ist! Und dann diese bescheuerten neuen Label und Zertifikate. Damit die Veganer auch wirklich nicht aus Versehen etwas essen, das ihnen Kraft oder Muskeln gibt. Was für ’ne traurige Welt voller Weicheier.«

Ilona räuspert sich und blickt weiter konzentriert auf die verschnörkelte Handschrift der Tageskarte. Mittlerweile ist sie bei den Hauptgängen angelangt. Stubenküken mit Pflaumensoße, Glasierter Rehrücken mit Pfifferlingen …

Dann stellt der Kellner einen Eiskübel mit einer Flasche Dom Perignon auf den Tisch, schenkt zuerst ihr und dann ihm ein.

»Wieder in Begleitung einer schönen jungen Dame«, bemerkt er lächelnd und steht stramm wie ein Pinguin im Frack.

»Die Empfehlung des Hauses bitte«, sagt Feodor in herablassendem Ton.

Ilona konzentriert sich weiter auf die Karte, während der Kellner das Menü herunterbetet. Er weicht nicht im Geringsten von dem ab, was Ilona selbst gerade gelesen hat.

Feodor nimmt Stubenküken mit Pflaumensoße, Ilona bestellt Erbsensuppe, obwohl sie lieber das Lachstatar hätte. Bis das Essen serviert wird, hat sich Ilona drei Gläser nachschenken lassen. Feodor zieht die Flasche aus dem Eiskübel, schwingt sie über den Tisch wie eine Keule, kalte Tropfen laufen am Flaschenrand herunter, die Champagnerbläschen steigen nach oben, mit jedem Schluck ist es etwas weniger schlimm, ihm zuzuhören.

»… Frauen können ja sowieso nicht damit umgehen, wenn ein Mann direkt sagt, was er will. Früher war das vielleicht noch in Ordnung, aber die Emanzen wollen es lieber ein bisschen subtiler haben. Man muss um den Pudding herumtanzen, bloß nicht zeigen, wenn man ihnen an die Wäsche will.«

An ihrer Stelle würde Casper jetzt Kontra bieten, wahrscheinlich total austicken und ihm ordentlich die Meinung geigen. Ilona muss kichern, als sie sich Caspers entsetztes Gesicht vorstellt. Die roten Flecken, die sich auf den Wangen bilden, wenn er mit seinen sachlichen Argumenten auf Granit stößt und er merkt, dass er zu seinem Gegenüber einfach nicht durchdringt.

Feodor hebt sein Glas, sichtlich erfreut darüber, dass Ilona über seine Monologe lacht, aber sie hebt ihres nur, damit er ihr noch mal nachschenkt.

»… wirklich, meine letzte Perle wollte, dass ich ihr den Hintern versohle, im echten Leben natürlich total erfolgreich, dominant, aber dann im Schlafzimmer, alles anders, da will sie dann einen richtigen Mann, der sie ordentlich rannimmt …«

So geht es weiter, auch als das Essen vor ihnen auf dem Tisch steht, während er mit Gabel und Messer das Stubenküken zerteilt, sich nach und nach Bissen für Bissen in den Mund schaufelt, gleichzeitig redet und kaut. Die Pflaumensoße läuft ihm aus den Mundwinkeln, Ilona starrt in ihre leuchtend grüne Erbsensuppe. Was macht sie hier? Warum sitzt sie hier mit dem Haifischmaul und trinkt Champagner, anstatt mit Casper eine billige Weinflasche zu leeren?

»… Männerschuhe, schau dich doch mal um, überall Männerschuhe in den Schaufenstern, weiblich sein ist nicht mehr modern, nein, die moderne Frau will aussehen wie ein Mann!« Er reißt sein Messer nach oben und lacht los. Als Ilona die Fetzen vom Stubenküken sieht, die ihm zwischen den spitzen Zähnen hängen, schaut sie angewidert weg.

»Deswegen bin ich ja auch froh, ab und zu solche Frauen wie dich zu finden. Die jung sind, aber auch gerne mal ein Kleid tragen …« Kurz hört er auf zu kauen und beugt sich zu ihr vor, wobei sein Blick von ihren Augen zu ihrem Dekolleté wandert. »Die mit ihren Reizen nicht geizen.« Verschwörerisch senkt er die Stimme, verzieht seinen Mund, leckt sich über die Lippen, bevor er sie wieder mit dieser ekelhaften Gier in den Augen anschaut.

Ilona legt den Löffel weg, die Erbsensuppe hat sich erledigt. Mit beiden Händen fasst sie sich an die Hochsteckfrisur, zieht mit einem gekonnten Griff die Nadel heraus und befreit ihre Haare, die ihr sofort schützend um die Schultern fallen. Dann steht sie auf, stemmt beide Hände in die Hüften. Wie er da sitzt, breitbeinig und selbstgefällig. Kein Wunder, dass er Frauen im Internet suchen muss.

»Du tust mir leid«, sagt Ilona und sieht dabei zu, wie die plumpe Gier in Verwirrung umschlägt. »Keine Ahnung, wer sich das anhören kann. Aber ich hab was Besseres verdient.«

Sie dreht sich schwungvoll um und geht auf die untergehende Sonne zu, die ihr durch die Eingangstür entgegenstrahlt.

Mit festem Schritt steigt sie über die Schwelle.

»Scheiß Schabracke«, ruft ihr Feodor hinterher, aber Ilona dreht sich nicht mal um, als sie ihm den Stinkefinger hinhält.

Sie kann es kaum erwarten, Casper davon zu erzählen. Der wird was zu lachen haben.

CASPER

Die Luft ist warm, der Nachmittag riecht nach Baumkuchen, Budapest erwacht langsam aus dem Mittagsschlaf, bevor die Schnapsflaschen geöffnet werden.

János und Casper spazieren schweigend zur Bukowski Bar, setzen sich an einen der Tische am Straßenrand, um die letzten Sonnenstrahlen zu genießen.

»Whisky sauer?«, fragt Jànos. Casper nickt.

Nachdem er auf Ungarisch bestellt hat, fragt er:

»Also zurück nach Deutschland? Und was dann, Casper?«

»Ich weiß es nicht.« Eine ehrliche Antwort. Er sucht das Drehzeug aus den Jackentaschen zusammen, legt Papers, Filter und Tabak nebeneinander auf den Tisch.

»Kommst du mich auch besuchen, wenn du Doktor bist?«, fragt János.

»Natürlich. Ich komme dich besuchen, egal, was ich bin. Auch wenn ich nicht Doktor bin.«

Casper spricht den Gedanken an, den er am liebsten ganz verdrängen würde. Soll er einfach weitermachen wie bisher? »Der Doktor in Physik wird dir helfen, die Welt zu verändern.«

Zu gern würde er noch mal mit seinem Vater darüber reden.

»Was mache ich, wenn es sich nicht so anfühlt? Und woran erkenne ich, dass ich die Welt verändere? Wie funktioniert das überhaupt, das Weltverändern? Und wie ist dann gewährleistet, dass ich sie zum Guten verändere und nicht nur die Überbevölkerung verschlimmere?«

Es wäre schön, wenn er ihn fragen könnte. Auch wenn er die Antwort schon im Kopf hat.

»Du sollst Doktor machen«, brummt Jànos und verzieht das Gesicht.

»Warum?«, fragt Casper irritiert. Dann stellt der Kellner den Whisky Sour vor ihm ab.

»Weil du bessere Leben haben wirst.« Jànos nimmt einen Schluck von seinem unverdünnten Whisky. »Weil du vielleicht so bessere Familie haben kannst. Glücklicher, ohne Sorgen für Geld.«

Casper lacht sein trockenes Lachen, streut Tabak in die Papiermitte, rollt, feuchtet den Klebestreifen mit der Zunge an.

»Und wenn das gar nicht mein Anspruch ist?« Auch er nimmt einen Schluck aus seinem Glas, schmeckt das Saure. Hat das Gefühl, endlich aufzuwachen.

»Nehmen wir mal an, Geld spielt keine Rolle. Was, wenn ich überhaupt keine Geldsorgen hätte? Warum sollte ich es dann tun?«

János sieht ihn verständnislos an. Es muss schwer sein, sich vorzustellen, dass da überhaupt kein Druck ist. Dass da genug Geld ist, für zwei oder drei Familien, je nachdem, wie viele Autos eben nötig sind.

»Dann weiß ich auch nicht. Warum hast du überhaupt angefangen?«

»Weil mir gesagt wurde, dass ich es tun soll. Weil mein Vater mich immer dabei unterstützt hat. Und weil ich gerne besser verstehen wollte, wie die Welt funktioniert.«

Casper nimmt noch einen Schluck, spült die sauer-scharfe Flüssigkeit zwischen seinen Zähnen hin und her.

»Wenn ich sie nicht verstehe, dann kann ich sie auch nicht verbessern. Das habe ich mir eben gedacht.«

»Aber was verbessern? Was?«, fragt János, der jetzt auch zum Tabak greift.

»Das ist es ja eben«, seufzt Casper. »Ein bisschen von allem. Ein bisschen mehr Gerechtigkeit, ein bisschen weniger Ausbeutung, weniger Hass, mehr Verständnis. Nach ein paar Semestern hab ich gezweifelt, dass ein Doktor der Physik etwas daran verändern wird. Aber eine Zeit lang dachte ich wirklich, die Formel könnte dabei helfen.«

»Und jetzt?« János Stimme ist ruhig, sein Blick fest.

»Jetzt weiß ich eben, dass ich nichts weiß.« Casper verzieht das Gesicht. »Du hast es doch selbst gesehen. Zu wissen, was passieren wird, macht keinen Unterschied. Und den, der es weiß, den macht es nicht gerade glücklicher.«

János kippt sein Glas in einem Zug herunter. Mit einem Kopfnicken signalisiert er dem Kellner, ihm einen zweiten Drink zu bringen.

»Mach fertig Formula. Vielleicht kannst du verkaufen, irgendwann dann, an jemand ...«

»Und der stellt dann bitte was damit an?« Casper schüttelt energisch den Kopf. »Kannst du dir vorstellen, was man alles anrichten könnte auf der Welt? Am Ende geht es doch wieder nur darum, möglichst viel Profit zu machen, Dinge zu verkaufen und mittels der Formel herauszufinden, was man wem am besten andrehen kann. Was der nächste große Kassenschlager wird. Schlimmer noch: Wenn sie in die falschen Hände gerät, könnte sie sogar in der Kriegsführung eingesetzt werden.«

Casper schüttelt sich, um den Schauder loszuwerden.

»Das Gute an der Formel ist, dass sie mir ein paar Jahre lang Hoffnung gegeben hat.« Casper grinst. »Stell dir mal vor, ich hätte diese Krise schon mit fünfzehn gehabt. Dann hätte ich nicht mal eben so nach Budapest fahren können, um dem Ganzen zu entkommen. Dann hätten wir uns wahrscheinlich auch nicht kennengelernt.«

Casper hebt sein Glas, genau als der Kellner Jànos das zweite volle Whiskyglas hinstellt. Er prostet zurück.

»Na siehst du«, brummt Jànos, der sich langsam wieder in einen Bären zu verwandeln scheint.

»Aber du musst mir versprechen, Caszpr«, setzt er an und legt seine Pranke vor Casper auf den Tisch.

»Du musst mir versprechen, dass du fertig machst Formel. Dann nicht für Verkauf. Dann nur für dich. Es ist wichtig, dass alles zu Ende geht.«

Casper versteht, was János sagen will. Auch wenn er es unglücklich ausgedrückt hat. Er nickt und seufzt.

»Es ist wichtig, dass alles zu Ende geht.«

Stunde um Stunde wird es frischer, Glas um Glas verteilt sich die Leichtigkeit in der Luft um sie herum. Die unerträgliche, unvergleichliche, die nur nach ein paar wenigen und zwischen zu vielen Gläsern auftritt. Wenn die Hitze des Tages nicht im krassen Kontrast zur Abendfrische stehen würde, wäre Casper sicher noch stundenlang mit János vor der Bukowski Bar sitzen geblieben.

»Hey, ich glaub, ich muss meine Jacke holen«, gähnt Casper, als er sein drittes Glas mit dem letzten Schluck leert.

»Dauert vielleicht so 'ne Stunde. Wir können uns danach wieder treffen, vielleicht noch ein bisschen um die Häuser ziehen oder auf diese abgefahrene Insel gehen, inmitten der Donau!«

Casper will nicht, dass der Abend jetzt schon vorbei ist. Jetzt, wo das Ende seines Abenteuers beschlossen und das Datum seiner Abreise festgelegt ist, will er jeden Moment genießen, jeden Tropfen trinken, den er aus Budapest herausbekommt.

»Gehen wir zusammen Jacke holen«, sagt János, aber Casper schüttelt den Kopf.

»Das wird Ilona vielleicht nicht in den Kram passen. Keine Ahnung, sie ist ein bisschen eigen«, erklärt er.

Sie verabreden sich in zwei Stunden bei János, dann sprintet Casper zur Tram. Mit einem Sprung hechtet er zwischen die sich schließenden Türen, schafft es gerade noch so hinein und klammert sich an die Haltestange. Es wird die nächste Station verkündet, der Lautsprecher ist direkt neben seinem Ohr, knackt bei jeder lang gezogenen Silbe, rauscht mit jedem Zischlaut. Vielleicht wird es ihm fehlen in Deutschland, dieses Ungarische, dieser Klang, an den er sich schon längst hätte gewöhnen müssen. Vielleicht fehlt ihm auch das Tempo der Tram oder das der Rolltreppe, wo er immer noch Anlauf nehmen, balancieren und dann abspringen muss. Er wird es ganz sicher vermissen. Das Wilde, das etwas Unpraktische, das ein wenig Gefährliche. Er steigt an der vorletzten Haltestelle aus, wählt den schönen Weg, der hinter den Häusern vorbeiführt. Drückt sich an Disteln, Kamillensträuchern und Wildblumen vorbei, atmet den süßen Duft ein, fast schon wehmütig. Auf halbem Weg taucht der Mond über den Hausdächern auf, hängt blass über den Baumwipfeln, kündigt die Dämmerung an.

Aber irgendwas ist anders.

Am Fuße des Hügels, der zum Schuppen führt, bleibt Casper stehen. Der Geruch nach Kräutern vermischt sich mit verbranntem Holz, das Zwitschern und Zirpen wird lauter, am Himmel steht eine Rauchwolke. Sicher die Bauern, die ihre Erntereste auf den Feldern verbrennen. Aber dann fällt Casper ein, dass oben kein Ackerland ist. Nur Wiesen, staubige Feldwege, ein paar Schafe – sicherlich keine Ernte. Ohne zu wissen, warum, beschleunigt er seinen Schritt. Sein Atem wird schneller, der Puls geht mit, er ist schon fast oben, muss nur noch links abbiegen. Der Geruch nach Rauch wird stärker, er kann die Wolke für ein paar Sekunden lang nicht mehr sehen, aber als er in den Feldweg einbiegt schmeckt er sie, die Rauchpartikel in der Luft. Beim Atmen legt sich der Staub auf seine Zunge. Als er um die Ecke biegt, sieht er die Wolke wieder, sie hängt über dem Schuppen, er beginnt zu rennen, hinein in den Qualm, und bleibt erst stehen, als sich Ilonas Silhouette abzeichnet. Da ist ihr brauner Rücken.

Die zitternden Beine, das viel zu kurze Kleid, halb nackt ist sie, schulterfrei in Rauchschwaden eingehüllt, ein Paar Absatzschuhe baumelt von ihrer Rechten. Dann sieht er es. Vor ihr liegt die verkohlte Ruine, aus der Rauch aufsteigt.

Er streckt die Hand aus, will auf Ilona zugehen, da knackt

ein Ast unter seinem Fuß, erschrocken fährt sie herum. Mit aufgerissenen Augen starrt sie ihn an, ihre Lippen beben, bewegen sich stumm. Dann bricht ein heiseres Krächzen aus ihrem Mund, die Lippen formen nur zwei Worte.

»Thank God.«

Jede Farbe ist aus ihrem Gesicht gewichen, sie ist blasser als der Mond, die dunklen Schatten unter den Augen schwarz wie das verkohlte Holz hinter ihr. Das Zittern packt ihren ganzen Körper, verzweifelt krallt sich die blutleere Hand um die Schuhriemen, als ob sie versucht, sich daran festzuhalten.

Sie torkelt und schwankt. Casper breitet die Arme aus. Er macht einen großen Schritt und fängt sie auf. Als ihr Körper gegen seinen fällt, kann er das Ding sehen, das vor ihren Füßen liegt. Es ist ein kleines schwarzes Fellstück, mit rotem Rand, kurz denkt er, eine tote Maus. Aber dafür ist es viel zu klein und dreieckig. Casper schluckt. »Ist das …?«, fragt er, und Ilonas Schultern fangen an zu beben.

»Ja«, flüstert sie.

ILONA

Es ist ganz sicher ein Traum, ganz sicher nicht echt. Das sagt sie sich immer wieder. Ich schlafe noch, denkt sie, das kann doch nicht wahr sein. Ihre Augen bleiben geschlossen, sie wird sie nicht öffnen, nie wieder, dann muss sie auch nicht darüber nachdenken. Sie spürt Caspers Hand auf ihrem Haar, spürt, dass er noch da ist. Am Anfang dachte sie, dass es auch ihn erwischt hätte, aber dann hat Ilona begriffen, dass Zeus alleine verbrannt ist. Der Schmerz kriecht ihr die Kehle hoch, vom Bauch durch den ganzen Körper. Tränen quellen an den Rändern der geschlossenen Augenlider hervor, sie sieht sein Gesicht im Dunkeln, die leuchtenden Katzenaugen, das Schnäuzchen.

Die pelzigen Pfötchen tapsen ins Leere, irgendwo zwischen ihrem Herz und Hirn. Ilona presst die Lider stärker aufeinander, will wieder bewusstlos sein, aufhören den Rauch zu riechen. Aber so sehr sie sich auch bemüht, es gelingt ihr nicht.

Als sie die Augen aufschlägt, ist es immer noch dunkel um sie herum. Ihr Kopf liegt in Caspers Schoß, sie sind auf einem Hügel, ganz in der Nähe des Schuppens, ganz in der Nähe der verkohlten Reste, die jetzt noch davon übrig geblieben sind.

Unter ihrer Hüfte liegt ein Stück Stoff. Vorsichtig hebt sie den Kopf und rappelt sich hoch.

»Hey«, sagt Casper, der kein Oberteil trägt.

»Ich hatte nur das T-Shirt«, erklärt er und zuckt mit den Schultern. »Ist dir kalt?«

Ilona schüttelt den Kopf. Vielleicht ist ihr kalt, sie kann es nicht sagen, da ist diese Taubheit, die in all ihren Gliedern steckt.

»Wie konnte das nur passieren?«

Ilona bekommt nur dieses Gekrächze heraus.

»Was machen wir jetzt?«

Sie stellt sich die Frage selbst, trotzdem antwortet Casper.

»Wir müssen abhauen.«

»Wohin?«

»Egal, wir müssen verschwinden, bevor Szábor uns findet.«

Sein Ton ist entschlossen.

»Die sind nicht zu Hause, glaub mir, sonst wäre er schon längst mit der Spitzhacke hinter uns her. Wir haben keine andere Wahl als zu verschwinden, bevor er zurück ist.«

»Also du willst einfach abhauen? Dich vor der Verantwortung drücken und so?«

Verwirrt kratzt sich Ilona am Kopf. Das hat sie jetzt nicht erwartet. »Ich dachte eher, du schlägst mir einen Plan vor, wie ich den Schaden bei ihm abarbeiten kann.«

Das trockene Lachen aus Caspers Kehle belehrt sie eines Besseren.

»Vergiss es.«

»Ach so?«

»Ja«, brummt Casper.

»Na, mir soll es recht sein«, sagt Ilona und lässt ihren Kopf zwischen ihre Knie sinken. »Das kann doch einfach alles nicht wahr sein …« Verzweifelt presst sie die Hände auf ihren Schädel, versucht zu begreifen, dass sie hier hockt, dass alles, was sie jetzt noch besitzt, das ist, was sie am Körper trägt: ein kurzes Cocktailkleid, eine kleine Handtasche, ein Paar High Heels, eine Schachtel Zigaretten, ein Feuerzeug. 8970 Forint und ein chinesisches Smartphone.

»Ich bin obdachlos.«

Der Kopf hat es begriffen, aber noch ist es eine Feststellung, nicht mehr als das. Es dauert, bis das Gefühl mit dem Gedanken wächst. Immer wieder betet sie es sich vor, jetzt hat sie wirklich alles verloren, jetzt ist sie wirklich am Ende. Obwohl sie schon so oft dachte, dass sie am Boden wäre, wirklich am Boden war sie nie. Ein Dach über dem Kopf, warme und leichte Kleidung, Schmorgemüse, all das kommt ihr plötzlich wie Luxus vor. Wer hätte gedacht, dass das die Fülle war? Dass sie irgendwann daran zurückdenken würde, mit Sehnsucht im Bauch?

»Jetzt bin ich wirklich am Ende«, flüstert sie. »Arm und obdachlos.« Diesmal kann sie es fühlen, überall, spürt, wie ihre Augen wieder heiß und wässrig werden.

»Dann kommst du eben mit nach Deutschland«, sagt Casper entschlossen. »Oder wir gehen woanders hin. Mach dir keinen Kopf, ich lass dich nicht hängen. Du bist nicht obdachlos, solange du echte Freunde hast. Vielleicht bist du für kurze Zeit wohnungslos. Aber ganz sicher nicht allein.«

Ilona schnieft. Sein beruhigender Tonfall sorgt dafür, dass sich die Tränen lösen und über ihre Wangen kullern. Sie nickt, auch wenn er es wahrscheinlich im Dunkeln nicht sehen kann. Wenn es so was wie Glück im Unglück gibt, dann ist das hier ein Exempel für Zufälle, die sich in den eigenen Schwanz beißen. Ilona fühlt sich auf einmal so schwach, überwältigt, kippt zur Seite, lässt ihren Kopf wieder in Caspers Schoß fallen. »Danke«, sagt sie und schließt die Augen. »Zumindest muss ich jetzt keine Tasche packen.«

CASPER

Mit kalten Händen tastet er nach dem Smartphone in der Hosentasche. Er hat nicht mal eine Minute darüber nachgedacht, wohin sie abhauen sollen. Strahlend weiß leuchtet das Display in der Nacht, ein bisschen dauert es, bis Netz und Internetverbindung hergestellt sind. Mit zwei Klicks navigiert er sich in die Ticketzentrale der Bahn, die hat er noch in seinem Suchverlauf. Während immer mehr Nachrichten im Hintergrund eingehen, tippt Casper beide Bahnhöfe ein, ein Zug geht noch heute Nacht, na gut, wohl eher heute Morgen, um 5 Uhr 45. Er hat keine Ahnung, wie viel er noch auf dem einen Konto hat, aber es wird schon noch eine Weile reichen, er hat auf seiner Reise ja nicht besonders viel ausgegeben. Im Kopf überschlägt er seine Ausgaben, nimmt einen gerundeten Umrechnungskurs, den er am Anfang irgendwo aufgeschnappt hat. Während er die Tickets elektronisch bezahlt, begreift er, dass er mehr ausgegeben hat als gedacht, aber dass da noch genügend sein müsste. Wahrscheinlich für das ganze nächste Jahr. Selbst wenn er sich alles Mögliche neu kaufen muss.

Er denkt an seinen Laptop, der in den Flammen gestorben, wahrscheinlich komplett eingeschmolzen ist. Es tut verdammt weh zu wissen, dass das Ding für immer weg ist. Die Daten schweben in einer Wolke, klar, aber die Metallkiste hat Casper seit Jahren begleitet, beim Tippen geklappert und beim Aufklappen geächzt. Es war nur ein Ding. Trotzdem fühlt es sich so an, als ob Casper einen Freund verloren hätte.

Er kratzt sich am Kopf. Am liebsten würde er seine Trauer über den geschmolzenen Laptop abschütteln.

Bin manchmal echt ein Jammerlappen, denkt er sich. Was ist schon der verlorene Laptop, diese kleine blecherne Scheiße, in Anbetracht von Ilonas Verlust? Casper beißt sich auf die Lippe. Das eingeschmolzene Metallding ist nichts gegen den toten Kater. Eine neue Welle der Trauer schwappt von innen gegen seine Brusthöhle, weicht sein Herz auf, macht es nass und schwer, wie einen triefenden Spülschwamm. Zeus hat auch Casper getröstet, als es ihm mies ging. Er denkt daran, wie sich der Kater auf seinem Kopfkissen zusammengerollt hat, wie Casper in sein Fell geheult hat. Wie der Kater ihn angesehen hat, mit zuckender Schwanzspitze und prüfendem Blick.

»Wir werden Zeus eine schöne Zeremonie widmen«, sagt Casper mit belegter Stimme. Ilona antwortet mit einem Schluchzen.

»Aber erst mal müssen wir weg. Wir können hier nicht sitzen bleiben.«

Er sagt es mehr zu sich selbst als zu ihr. Schiebt die Trauer weg, in irgendeine Ecke, für später. Er muss jetzt stark sein für Ilona, um sie zu beschützen. Wenn nicht ich, wer dann?, denkt er und fröstelt beim Gedanken an Ilonas Obdachlosigkeit.

Kalt ist es erst dann, wenn man weiß, dass man wirklich keine Jacke mehr hat.

»Ich kümmere mich um alles«, verkündet Casper mit fester Stimme. »Mach dir keine Sorgen, o. k.?«

Ilonas Kopf liegt auf seinem Oberschenkel, er kann spüren, dass sie nickt.

»Erst mal brauchen wir eine ordentliche Jacke und wärmere Kleidung für dich.«

Casper spürt die Kälte in den Gliedern, aber Ilona zittert am ganzen Körper. Wenn er sich nicht um sie kümmert, wird sie sich eine Lungenentzündung holen. Casper hat plötzlich Kraft, obwohl er seit Stunden nichts gegessen hat, friert und irgendwie noch überwältigt ist. Es ist ein natürlicher Auftrieb, der ihn dazu bringt, zuerst selbst aufzustehen und dann Ilona aufzuhelfen.

»Komm«, sagt er und hält ihr die Hand hin, bevor er sie hochzieht. »Wir gehen zu János.«

Ilona erwidert nichts.

»Oder möchtest du lieber zu einem Freund von dir?«

»Nein«, sagt sie leise und schnieft. »Es gibt niemanden, zu dem ich jetzt gehen könnte.«

Casper nickt und drückt ihre Hand fester. János wird sie mit offenen Armen und beflecktem Unterhemd empfangen.

Als sie den Hügel hinabsteigen, geht Casper seinen Plan durch. Die Stunden bis zur Abfahrt warten sie bei János, vielleicht können sie bei ihm ein paar alte Pullis abstauben, um auf der Reise nicht zu sehr zu frieren. Er spürt Ilonas zitternde Hand in seiner und drückt sie etwas fester.

Sie kommen an ihrem Grundstück vorbei, wo der Schuppen stand. Im Dunkeln sind die Überreste nicht zu erkennen, aber der Geruch von verbranntem Holz liegt in der Luft. Zum Glück gibt es keine Nachbarn weit und breit, außer Szábor und seine Frau. Als er an Szábor denkt, wird ihm flau im Magen.

Wenn Ilona und Casper jetzt einfach verschwinden, wird er seine Wut an jemandem auslassen, der es nicht verdient. Casper weiß ganz genau, dass es einer abbekommen wird. Die Frau, der Hund, irgendjemand, der unter ihm steht. Und Casper wäre irgendwie mit daran schuld. Weil er lieber abhaut, anstatt sich dem verhassten Nachbarn zu stellen. Mit drei Mieten im Rückstand und einer Ruine als Andenken.

Die Frau kann ich nicht beschützen, denkt er und merkt, wie seine Hände feucht werden. Er wischt sich die freie Hand an der Hose ab. Szábors Frau ist in der Lage, selbst abzuhauen, sie kann die Tür aufsperren, sich in der Nacht rausschleichen, Zuflucht in einem Frauenhaus suchen, so was gibt es doch sicher auch in Budapest. Aber der Hund kann sich nicht wehren.

Er stellt sich vor, wie es sein muss, Szábors Hund zu sein. Der Zaun, die Leine, der Stock. All das kann Casper sehen, aus einer Perspektive im unteren Drittel, wie es der Hund sehen würde. Casper spürt den Zorn aufflammen, spürt das Ausgeliefertsein, das Nichtwegkönnen. Spürt den Aufprall vom abgewetzten Stock auf seinem Rücken. Scheiße, nein, das kann er nicht zulassen.

»Wir müssen kurz an Szábors Garten vorbei«, sagt er zu Ilona und zieht sie nach links.

»Spinnst du?«, presst sie zwischen den Zähnen hervor. Er hört, wie sie das Zittern zu unterdrücken versucht.

»Wir müssen!«, sagt Casper. »Dann warte hier«, sagt er und

lässt ihre Hand los. »Wir können den Hund nicht hierlassen, was glaubst du, was der Irre mit ihm anstellt, wenn er wirklich wütend ist?«

Einen kurzen Augenblick lässt sie verstreichen, dann seufzt sie und willigt ein.

Vorm Zaun zögern beide. Was, wenn der Hund gar nicht mitwill? Wenn er einen Heidenlärm macht oder um sich beißt?

Aber schon als Casper die Tür öffnet, kann er das Fiepen hören, das ganz und gar nicht bedrohlich wirkt.

Ilona bleibt vorm Gartentor stehen, fast ehrfurchtsvoll, während Casper in den Garten tritt. Die Fenster sind dunkel, die Auffahrt immer noch leer. Wenn er sich beeilt, schaffen sie es. Casper läuft auf den Hund zu, dessen Silhouette er im Dunklen vor einer Art Tonne kauern sieht.

Ein kurzes Kläffen, der Hund setzt sich auf, will auf Casper zulaufen. Die Kette klappert hinter ihm, spannt, macht einen Ruck. Dann kommt er nicht weiter.

»Nur ruhig«, flüstert Casper, und der Hund knurrt.

»Ich hole dich hier raus«, erklärt er und streckt dem Hund vorsichtig die Hand hin. Wollen Tiere nicht immer erst schnuppern, bevor man sie anfasst? Hat er irgendwo mal gehört, aber sicher ist er sich nicht.

Gut, bitte beiß jetzt nicht zu, denkt er, bevor er die raue, fast schon trockene Zunge spürt.

»Cool, hoffentlich hast du mich nicht zum Fressen gern«, murmelt Casper, während er sich an der Kette zu schaffen macht. »Irgendwie müssen wir dich hier losbekommen«, eröffnet er dem Hund und zerrt dann an der scheppernden Kette, bis sie spannt. Sie ist an einem Pflock auf der anderen Seite der Tonne befestigt, die eigentlich nur eine Blechrolle ohne Boden ist.

Casper geht auf die andere Seite der Rolle und versucht, den Pflock aus dem Boden zu bekommen. Er lockert sich, aber so einfach bekommt er das Ding nicht heraus. Casper tritt mit den Füßen dagegen, der Hund steht hinter ihm und kläfft.

»Schh! Sei leise, sitz!«, sagt Casper. Das Tier hüpft schwanzwedelnd hinter ihm herum und bellt dabei immer wieder.

»Brauchst du Hilfe?«, fragt Ilona, die plötzlich auch neben ihm steht.

»Kannst du dem Hund den Mund zuhalten?«, knurrt Casper, während er sich mit beiden Händen am Pflock zu schaffen macht. Mit den Füßen stützt er sich am Boden ab und zieht mit aller Gewalt am Pflock.

»Klick« macht es hinten, und Ilona tritt mit dem Hund und der Hand am Halsband neben ihn.

»Man kann die Kette auch einfach vom Halsband abnehmen. Du denkst zu kompliziert«, sagt sie, und Casper sinkt rückwärts auf den Boden.

»Das stimmt wahrscheinlich«, grinst er und reibt seine schmerzenden Finger an der Hose ab. Das feuchte Holz hinterlässt schmierige Schlieren auf dem hellen Stoff.

»Gut gemacht!«, sagt Casper, rappelt sich auf und tätschelt dem tänzelnden Hund den Kopf.

»Und jetzt lasst uns abhauen!«

ILONA

»Warum machst du das Gartentor auf?«, fragt Ilona müde, als Casper noch mal zurückgeht, um es behutsam wieder ein Stück zu öffnen.

»Wir sollten es lieber schließen, damit er erst morgen früh bemerkt, dass der Hund weg ist.«

»Das ist eine metaphorische Geste«, erklärt Casper und beschleunigt seinen Schritt, um aufzuholen.

»Eine was?«, fragt Ilona, und ihre Stimme klingt dabei genervter, als sie eigentlich beabsichtigt hat. Er kann ja nichts dafür, dass er so viele Worte benutzt, die keiner versteht.

»Es ist eine Geste, nimm es so.«

»Und wofür bitte? Damit Szábor gleich kapiert, dass er ausgeraubt wurde und sofort die Polizei ruft, wenn er nach Hause kommt?«

»Damit Szábors Frau den Wink mit dem Zaunpfahl versteht. Wenn der Hund abhauen kann, dann kann sie es auch. Sie muss nur aus der Türe gehen«, erklärt Casper mit überzeugtem Gesichtsausdruck. Im Laternenlicht sieht er aus wie ein entschlossener Krieger, mit dreckiger Hose und diesen schwarzen Streifen auf den Wangen, die er sich ins Gesicht gerieben hat. Der freie Oberkörper, der zornige Gesichtsausdruck, der Hund an seiner Seite – all das steht ihm gut. Dann ertappt sich Ilona bei einem ganz neuen Gedanken. Er ist gar nicht schlecht gebaut. Sie versucht, die Idee gleich wieder abzuschütteln. Er hat nicht mal den bescheuerten Holzpflock aus der Erde bekommen. Wahrscheinlich wird sie verrückt, das ist ja auch gar kein Wunder nach all dem, was heute passiert ist. Dass sie sich jetzt plötzlich zu ihm hingezogen fühlt, muss ein schlechter Scherz ihrer mitgenommenen Psyche sein.

»Bin gespannt, wie wir den Hund in den Öffentlichen ruhig halten wollen«, murmelt Ilona, um sich selbst abzulenken.

»Das bekommen wir schon hin«, sagt Casper mit fester Stimme.

Ilona beschließt, ihm zu vertrauen. Was soll sie auch sonst

machen? Jetzt, wo er der Einzige ist, auf den sie noch bauen kann. Aber immerhin einer mehr als sonst, denkt sie, und ihr Gesicht nimmt einen grimmig-entschlossenen Ausdruck an.

CASPER

»Sollen wir vielleicht doch lieber laufen?«, fragt Casper, kurz bevor sie die Tram-Station erreichen. Wenn er schon Probleme mit den Fahrten in den Öffentlichen hat, kann er es dem Hund nicht zumuten. Aber in der Trambahn wäre es wärmer. Er sieht prüfend zu Ilona, um sich davon zu überzeugen, ob sie noch zittert.

»Wir haben ja keine Eile, oder?«, fragt Ilona.

»Ich spüre die Kälte nicht mehr«, erklärt Casper und sieht Ilona fragend an. »Wie ist es bei dir?«

»Ich will auch lieber laufen«, sagt sie. Mit jedem Schritt klacken ihre Absätze auf den Asphalt. Seitdem sie auf der Straße sind, hat sie sich die Schuhe wieder angezogen.

»Möchtest du vielleicht meine Schuhe haben? Ich laufe gern barfuß, und meine Füße sind nicht so groß, die passen dir sicher …«, sagt Casper und schlüpft aus seinen Segeltuchschuhen, während ihn der Hund weiter nach vorne zieht. Ilona schüttelt den Kopf, aber Casper steht schon barfuß da.

»Komm, versuch es wenigstens«, sagt er.

Zögernd betrachtet Ilona seine Schuhe. Casper nickt ihr aufmunternd zu. Die Sohle ist durchgelaufen und der Stoff ausgeblichen. Insgesamt sind sie ein bisschen staubig, aber sicher immer noch bequemer als einschneidende Riemen und handspannengroße Stelzen.

Casper kann Ilonas Gesicht nicht lesen. An allen anderen Tagen hätte sie sich wahrscheinlich darüber lustig gemacht. Aber heute geht sie in die Hocke und beginnt, die Schnallen an den Riemen der Stilettos zu öffnen. Behutsam schiebt sie ihre lackierten Zehen in die Stoffkappe von Caspers Schuhen. So viel kleiner sind ihre Füße gar nicht, nur etwas schmaler als seine. Mit Daumen und Zeigefinger zieht sie den Stoff über die Fersen und geht ein paar Schritte, die Füße rutschen manchmal aus dem Schuh, aber es funktioniert.

»Besser?«, fragt Casper, und Ilona nickt.

»Wenn das nicht meine einzigen Schuhe wären, würde ich sie wegschmeißen«, erklärt sie und hält das ausgezogene Paar hoch, das in ihrer Hand baumelt. »Weißt du eigentlich, wo wir hinmüssen?«

Casper nickt.

»Wir brauchen sicher eine Stunde«, erklärt er und beschreibt den Weg, den er normalerweise mit der Tram fährt. Ilona runzelt die Stirn.

»Du weißt schon, dass du so im Kreis fährst, oder?«

Casper schüttelt den Kopf.

»Lass uns lieber hier lang, dann meiden wir die Partygänger und Menschenmassen, und außerdem geht es schneller, als den Gleisen zu folgen.«

Ilona zeigt auf eine Abbiegung, und Casper nickt dankbar. Wenn es schneller geht, soll es ihm recht sein.

»Hey, kannst du mal kurz zu den Mülleimern gehen und nachsehen, ob irgendwas drin ist, das wir zu einer Art Leine umfunktionieren können?«, fragt Casper und reibt sich die Armbeuge.

Ilona rümpft die Nase, geht dann aber doch auf die andere Straßenseite. Sie kommt mit einer Plastiktüte zurück.

Als er sie am Halsband befestigt, atmet Casper erleichtert

auf. Sie nähern sich dem Zentrum, den Bars, Lokalen und Menschen. Aus den Seitenstraßen dringen Geräusche, ab und zu fährt ein Auto an ihnen vorbei. Ilona gelingt es, den Partymeilen auszuweichen, durch die dunkleren Gassen, vorbei an Müll und Graffiti. Casper will gar nicht wissen, wie seine Fußsohlen aussehen.

Sie kommen an einen Hauseingang, in dem ein nuschelnder Typ mit glasigen Augen liegt, umgeben von verfärbten Handtüchern, dreckigen Flaschen und Scherben.

Auf einmal will Casper doch wissen, wie seine Fußsohlen aussehen. Was, wenn er schon in eine kleine Scherbe, eine Spritze oder sonst was getreten ist und es nicht gespürt hat? Beim Gehen wirft er einen unauffälligen Blick nach hinten, damit es Ilona nicht bemerkt. Sie soll sich darüber keine Gedanken machen.

»Wie geht es dir mit der Kälte?«, fragt Casper, um Ilona abzulenken. Seine Füße sehen in Ordnung aus. Kohlrabenschwarz, aber keine Schnitte.

»Kalt ist mir nicht«, sagt Ilona, und Casper bemerkt die Bissspuren auf ihrer Lippe. »Aber wir müssen irgendwo noch mal abbiegen.« Sie sieht sich um.

»Da lang!«, sagt sie und zeigt auf eine Seitenstraße, die in die andere Richtung führt. »Wenn wir so weiterlaufen, landen wir direkt im achten Bezirk«, sagt sie. »Lass uns einen Bogen darum machen, so kommen wir auch in den fünfzehnten.«

Casper sieht sie fragend an.

»Warum?«

»Da sollten wir um die Uhrzeit einfach nicht durchlaufen. Zumindest nicht, wenn wir die fünf Sachen behalten wollen, die wir noch besitzen.«

»Trotz des Hundes?«

Sie wirft ihm einen düsteren Blick zu und nickt.

Nach einer Weile meldet sich Ilona wieder zu Wort.

»Gut, dass du mich hast«, erklärt sie würdevoll. »Sonst würdest du längst ausgeraubt in der Gosse liegen.«

»Und du?«, lacht Casper neckisch und stemmt den freien Arm in die Seite.

»Ich würde ab spätestens heute auch da sein«, sagt Ilona traurig. Sofort tut es ihm leid.

»Oh Mann, ich wollte nicht ...«, fängt Casper an. Dann hört er sie glucksen. Weint sie jetzt? Er macht einen Schritt auf sie zu, will sie umarmen, bis er dann merkt, dass sie nicht weint. Sie lacht. Japst nach Luft, hält sich die Seite, lacht weiter. Ihr Gesicht ist zu einer beängstigenden Fratze verzogen, sie greift mit einer Hand nach Caspers Schulter, bevor sie in die Hocke geht, sich die Finger vors Gesicht reißt und plötzlich wimmert. Casper kniet schon neben ihr und legt seine Hand auf ihren Rücken, streicht ihr übers Haar.

Der Hund schnuppert zwischen ihren Füßen, fiept, legt den Kopf schief und setzt sich mit hängenden Ohren neben sie auf den Boden. Casper legt seinen freien Arm um Ilonas Schulter.

Was soll er noch sagen? Dass alles gut wird?

»Bald sind wir in Istanbul«, flüstert er.

Ilona nimmt die Hände vom Gesicht. Für einen Moment sieht sie wütend aus, aber dann wird ihr Ausdruck weich.

»Wahnsinn«, haucht sie, und Casper nickt.

»Wenn wir nur schon da wären.«

Sie wechseln einen müden Blick.

»Komm, weiter.«

Casper hilft Ilona auf die Füße, dann setzen sie sich wieder in Bewegung. Wenn sie gewusst hätten, was im Laufe eines Tages noch passieren würde, wären sie wahrscheinlich einfach so sitzen geblieben.

ILONA

Sie stehen vor einem trostlosen Plattenbau im fünfzehnten Bezirk.

Hier wohnt also der Lastwagenfahrer, denkt Ilona und rümpft die Nase. Immerhin hat er ein Dach über dem Kopf, meldet sich die hämische Stimme in ihrem Inneren. Jetzt wo sie obdachlos ist, steht sie auf der sozialen Leiter definitiv unter einem Lastwagenfahrer aus dem fünfzehnten Bezirk. Während ihr das klar wird, hat Casper bereits mehrmals auf die Klingel gedrückt. Es gibt keine Freisprechanlage, aber oben wird ein Fenster geöffnet. Ein rundes bärtiges Gesicht schiebt sich aus der Luke.

»Cazspa?«

»Hey«, begrüßt ihn Casper und sagt dann ein paar Sätze auf Deutsch. Deswegen verstehen sie sich so gut, denkt Ilona. Der Lastwagenfahrer spricht Deutsch. Ist mit Gutmenschen und der Rechthaberei vertraut. Wahrscheinlich sind einfach alle Deutschen so wie Casper.

Nachdem sie ein paar Sätze gewechselt haben, knallt der Lastwagenfahrer das Fenster zu und kommt sofort runter. Seine schweren Schritte hallen im Hausflur, dann sperrt er die Tür auf und tritt auf die Straße.

»Jó estét«, begrüßt er Ilona auf Ungarisch, streckt ihr die riesige Hand hin und stellt sich als János vor. Ilona wünscht auch ihm einen guten Abend, inspiziert seine kurz geschnittenen Fingernägel, bevor sie ihm ihre Hand reicht, die in seiner verschwindet und sich danach recht nass anfühlt. Unauffällig streicht sie den Handschweiß ins Hundefell. János sagt noch etwas zu Casper, der antwortet. Keiner von beiden röhrt wie der Diktator, obwohl Caspers Stimme auf Deutsch plötzlich anders ist. Irgendwie tiefer. Klingt gar nicht schlecht. János kniet sich vor den Hund und begrüßt ihn auf Ungarisch.

»Na, mein Freund? Wie heißt du?«

Er lässt seine Hand auf den Kopf des Hundes sinken. Das eigentlich große Tier sieht plötzlich wie ein Schoßhund aus.

»Glaube nicht, dass er einen Namen hat«, erklärt Ilona.

Casper sagt etwas auf Deutsch. János nimmt ihm den Hund ab, geht zum Eingang, hält die Tür auf. »Bitte sehr«, sagt er zu Ilona, als sie ihm im Vorbeigehen zunickt. Ein muffiger Geruch hängt im Treppenhaus, die Wände haben Flecken, der Putz bröckelt, eben typisch für die Gegend hier. János sperrt seine Tür auf, dreht den Schlüssel mindestens drei Mal im Schloss. Die Wohnung riecht besser als der Flur draußen, ein bisschen nach alter Fritteuse, aber zumindest nach etwas Essbarem, Knoblauch, Fett und Gebratenem.

Vielleicht steht ihr der Hunger in den Augen, vielleicht ist er ein guter Gastgeber, aber János' erste Eingebung ist, in die Küche zu gehen und den Kühlschrank zu öffnen.

»Ich hab nicht viel da. Kann dir ein paar Würste braten. Der Vegetarier soll Brot essen«, grinst er unbeholfen und zuckt bedauernd mit den Schultern. Ilona versucht zu lächeln, aber es gelingt ihr nicht. Casper deutet auf die schmutzige gelbe Couch, auf der sie sich dankbar niederlässt. Als sie auf die harte Polsterung sinkt, merkt sie, dass ihre Beine schmerzen. Sie reibt sich die Knie, die Fußknöchel, aber es wird schlimmer. Als ob die Kälte das Stechen in den Fesseln nur betäubt hätte.

»Das Bad ist hier links!«, sagt Casper und stellt sich zu János in die Küche. Der Hund schnuppert aufgeregt unter dem

Esstisch herum, schiebt die Nase über den Boden, kauert sich schließlich zwischen die Brotbrösel und macht sich daran, aufzuschlecken, was sonst noch herumliegt.

János und Casper verschwinden in ein anderes Zimmer, ganz hinten im Flur. Ob sie über Ilona reden? Sie versteht kein Wort, aber hört ihren Namen. Dann kommen sie zurück, Casper hat einen riesigen Kapuzenpullover an, über seinem Arm liegen Freizeithosen und ein weiterer Pullover. Sein T-Shirt hängt immer noch über Ilonas Schultern. »Zieh dich um«, sagt Casper. »Wir können ein paar alte Sachen von János behalten, morgen gehen wir neue kaufen. Sicher ist alles zu weit … Aber vielleicht passt dir mein T-Shirt einigermaßen, und du kannst den Rest drüberziehen?« Ilona nickt. In ihrer Situation muss sie dankbar für jeden Fetzen sein.

Etwas später steht sie auf der Fußmatte im Bad, die Spiegel sind beschlagen vom Dampf in der Luft, eine heiße Dusche würde guttun, hat Casper gesagt. Vorsichtig hält sie ihre Zehen unter den Wasserstrahl. In der Mitte der Dusche ist ein Fleck, der fast sauber aussieht. Da könnte sie sich hinstellen. Seufzend sieht sie sich um. Der Staub auf dem Waschbecken, das schwarze Haarknäuel vor der Dusche, die gelben Streifen neben dem Spülkasten. Wenn sie frisch geduscht in diesem Bad steht, wird sie sich dreckiger fühlen als davor. Sie könnte einfach so tun, als ob sie geduscht hätte. Andererseits spürt sie die Kälte mittlerweile wirklich in allen Gliedern.

»Was soll's«, sagt sie zu sich selbst. Wärme hilft gegen Schmerzen. Langsam öffnet sie den Reißverschluss, schält das enge Kleid ab, das wie eine zweite Haut klebt. Auf den Flanken bleibt ein roter Abdruck von den Nähten. Vorsichtig hängt sie das Glitzerteil an den Haken, auf dem schon die verbeulten Wechselklamotten baumeln. Dann tritt sie auf den fast weißen Fleck in der Dusche, zuerst ein Bein, dann das andere.

Heiß und schwer prasselt das Wasser auf ihre Haare. Ilona schließt die Augen, dreht sich, stellt sich direkt unter den Strahl, mit dem Gesicht nach vorne. Wenn sie den Tag nur einfach abwaschen könnte. Eine Minute konzentriert sie sich auf das heiße Wasser, dreht sich wieder um und greift nach der einzigen Shampooflasche. Während sie sich von Kopf bis Fuß einschäumt, versucht sie an nichts anderes zu denken, als den Schmutz loszuwerden, der seit heute Morgen an ihr kleben geblieben ist. Die gierigen Blicke des Widerlings im Café New York, der Ruß all ihres verbrannten Besitzes, das Wissen, ihren besten Freund in den Flammen verloren zu haben. Der Geruch der Gosse, halb nackt durch Budapest. All das haftet noch an ihr, all das muss weggeschrubbt werden. Ihre Fingernägel kratzen über ihre Oberarme, das Shampoo brennt in den Augen, gut so. Alles muss weg. Das Wasser, das in den Ausguss sickert, ist so schwarz, wie sie erwartet hat. Genauso schwarz, wie Zeus gewesen ist. Mit einem Schluchzer bricht sie zusammen, kauert sich auf den dreckigen Duschboden. Sie versucht, leise zu weinen. Aber immer wieder kommen Geräusche aus ihrem Mund. Sie wimmert noch ein bisschen vor sich hin, dann ist sie leer geheult, das kennt sie schon. Wenn alle Tränen verbraucht sind, kommt eine Erleichterungswelle und es fühlt sich erst mal besser an. Natürlich nur für eine Weile. Aber immerhin. Sie rappelt sich auf, stellt sich wieder unter den Wasserstrahl und spritzt sich Wasser ins Gesicht.

»Wird schon«, sagt sie zu sich selbst. »Irgendwie überleb ich das.«

CASPER

Zwei Stunden noch, bevor sie zum Bahnhof aufbrechen. Casper kann die Uhrzeit nicht ignorieren. Die Stundenanzeige blinkt auf einem der kleinen Kästen unter János' Fernseher.

Er liegt im Dunkeln auf dem Teppich, Ilona hat er nur zu gerne die Couch überlassen. Es ist lächerlich, aber vorher war er so müde, dass er dachte, er könne nach der heißen Dusche sicher ein bisschen schlafen. Aber jetzt liegt er da und starrt an die Decke, auf der sich ab und zu weiße Streifen abzeichnen, wenn es blitzt.

Gewitter ist für Casper immer etwas Tröstliches gewesen. Je lauter der Donner, umso heller der Blitz, desto stärker die Erinnerung, dass es etwas gibt, das mächtiger ist als der Mensch. Aber heute fühlt es sich nicht gut an, ganz und gar nicht tröstlich. Vielleicht, weil sich die Perspektive ändert, wenn einem das Haus abfackelt und man alles verliert, was drinnen ist.

Vorsichtig hebt er den Kopf, will nachsehen, ob Ilona schläft oder auch an die Decke starrt. Sie liegt auf der Seite. Er könnte flüstern und fragen, ob es ihr gerade ähnlich geht, aber er will sie auf keinen Fall aufwecken.

Als Kind haben sie ihm zum Einschlafen Smetanas Moldau vorgespielt. Es war eine ältere Aufnahme, von irgendeinem Kammerorchester. Seine Mutter hat den Regler möglichst weit unten gelassen, »ganz leise«, hat sie geflüstert. Caspers Vater hat den Kopf zur Tür hereingesteckt und ihm zugenickt, die Mutter mit der Hand seine Augen geschlossen, vielleicht sind die beiden dann noch eine Weile so dagestanden. Genau sagen kann er es nicht.

Casper versucht in seinem Kopf die Streicher nachzubilden, kurz bevor das Thema kommt, gleich nach den Flöten. Das Anschwellen und Abschwellen der Töne hat er noch im Ohr, das Weiche, das Schwere, das Traurige, es liegt ihm auf den Lippen, fast summt er mit. Ein Blitz statt des Paukenschlags, die Zimmerdecke hell erleuchtet, mindestens für drei Sekunden. Casper könnte schwören, dass sich in der Küche etwas bewegt hat. Als er sich aufrichtet, bemerkt er ihren Schatten.

»Mama?«, flüstert Casper.

Sie tritt über die Türschwelle und sieht ihn vorwurfsvoll an. Ihre Augen wandern vom geöffneten Fenster zu den schlecht verputzen Wänden, bleiben schließlich an der schlafenden Ilona hängen.

»Nur Mist habt ihr im Kühlschrank«, sagt sie und verschränkt die Arme vor der Brust. Ihre Stimme ist leer, sie lässt die Schultern hängen, als sei der Inhalt des Kühlschranks die größte Enttäuschung ihres Lebens.

Casper rappelt sich hoch, will auf sie zugehen, sich dafür entschuldigen, dass nur Mist im Kühlschrank ist. Ihm fällt auf, dass sie kaum etwas anhat, nur das weiße, weite Nachthemd mit der Spitzenbordüre am Kragen. Sie sieht so klein aus in dem großen Hemd, so alt und verloren. Er will sie in den Arm nehmen, aber kurz bevor er sie erreicht hat, dreht sie sich von ihm weg, geht zurück in die Küche und klettert auf die Anrichte neben dem Kühlschrank.

»Ich geh deinen Vater suchen«, zischt sie und steigt dann in die Spüle. Während sie im Abfluss verschwindet, wird Casper klar, dass er wohl doch schon schläft.

»Pfannenkuchen.« János' Stimme. Zu laut.

Welche Pfannkuchen? Rätsel im Halbschlaf.

Casper öffnet die Augen, der Kopf dröhnt, irgendwas ist eng. Nachdem er sich aus dem Teppich gewickelt hat, fröstelt er.

Mit Kaffee wird alles besser, versucht sich Casper zum Aufstehen zu zwingen.

»Gut geschlafen?«, brummt János. Casper schüttelt den Kopf.

»Guter Schlaf ist teuer«, sagt er, und Casper zuckt mit den Schultern.

»Guter Schlaf ist länger.«

Gähnend kommt er in den Schneidersitz. Ilonas Rücken bewegt sich mit ihrem Atem, sanft und regelmäßig. Nur zu gern würde er ihr die Tortur ersparen, jetzt aufzustehen.

»Ich war schon mit Hund für Klo draußen«, erzählt János munter.

»Brauch ich andere Leine, irgendwann. Wir verstehen uns gut.« Er beugt sich zu dem Hund, der hechelnd neben der Türschwelle liegt.

»Gib Pfote, Gib! Pacsi!«, sagt János und streckt ihm die Hand hin. Verständnislos legt das Tier den Kopf schief.

»Wir werden schon schaffen, irgendwann«, brummt János und tätschelt mit seiner Pranke den Kopf des Hundes. Dann macht er sich an den Küchenschränken zu schaffen.

»Kann ich Kaffee kochen?«, fragt Casper, aber János ist schon dabei. Dann bleibt ihm wohl nichts anderes übrig, als Ilona zu wecken. Er hat den Anstand zu warten, bis es nach Kaffee riecht. Seufzend legt Casper eine Hand auf ihre Schulter, setzt sich neben sie auf den Boden.

»Ich würde dich so gern schlafen lassen«, flüstert er und mustert ihren friedlichen Gesichtsausdruck. Diese Wärme, die von ihrem ruhenden Körper ausgeht, wird gleich verschwinden. Ilona wird zittern vor Müdigkeit, genauso wie er selbst. Vorsichtig rutscht er näher an sie heran. Er könnte sich einfach kurz an ihren Rücken lehnen, das Gesicht auf ihre Schulter legen. Langsam schiebt er seinen Kopf nach vorne. Legt das Kinn auf der Couchkante ab. Seine Stirn liegt zwischen ihren Schulterblättern, die Nase an der Wirbelsäule.

»Was machst du da?« Ilona dreht sich irritiert um.

»Ich weiß nicht«, sagt Casper und zuckt mit den Schultern. »T-t-t-tut mir leid.«

»Spinner.« Dann schenkt sie ihm ein müdes Lächeln.

Casper sieht peinlich berührt auf den verdrehten Teppich am Boden. Eigentlich stottert er schon lang nicht mehr.

Schweigend laufen sie nebeneinander her. Der Hund neben dem Bär, Ilona neben Casper. Beide stecken in János überdimensionalen Klamotten, die kleine, elegante Handtasche baumelt über Ilonas Schulter, glitzert spöttisch neben dem graugrünen Pullover. Casper kreist mit den Schultern, versucht seine schmerzenden Glieder aufzulockern.

Die ersten hellen Flecken zeichnen sich am Horizont ab, irgendwann wird es wärmer. Budapest schläft noch, aber Casper ist endlich wach. Vielleicht wegen des Kaffees, vielleicht wegen der frischen Luft, die immer noch nach kalter Nacht schmeckt. Vielleicht, weil er gleich wieder in einen Zug steigt.

»Wir sind pünktlich«, sagt János zufrieden.

Je mehr sie sich dem Bahnhof nähern, desto lebendiger wirkt die Stadt. Vor dem Markt in der Nähe der Haupthalle werden die ersten Stände beliefert. Offene Lastwägen, gestapelte Gemüsekisten und fluchende Marktarbeiter, der erste Atemzug der Stadt. Noch ein Stück, dann sehen sie den

Bahnhof, der sich stolz in den Himmel reckt, riechen die ersten süßen Schwaden, die aus den Kürtöskalács-Buden wabern.

Caspers Magen knurrt, aber er könnte nichts essen, vor allem keinen Baumkuchen. Keinen Bissen bekäme er herunter vor Aufregung.

Auf den Stufen vor der Haupthalle sitzen ein paar Touristen neben ihren Rucksäcken, einer der Backpacker streckt seine Hand aus, um den Hund zu streicheln, seine Augen leuchten, sicher ist er gerade erst vor Kurzem angekommen. Casper erinnert sich an das Gefühl, hier aus dem Zug zu steigen, »Budapest-Keleti Pályaudvar« zu lesen, die Worte mit den Lippen zu formen, aber keine Vorstellung vom Klang zu haben.

Mittlerweile weiß er, wie Pályaudvar klingt, kann den Singsang imitieren, mit dem sich János oder Ilona verständigen. Als sie durch die Torbögen in die Haupthalle treten, wird das mulmige Gefühl in seinem Magen stärker.

Vier blaue Züge stehen auf den Gleisen, werden von Scheinwerfern an den Wänden der Halle angeleuchtet. Ilona deutet auf die Anzeigetafel ganz links, auf der in großen weißen Lettern Istanbul steht, darunter kleiner Videle, Çerkezköy.

»Noch fünf Minuten«, sagt János.

Sie gehen am Zug entlang, in der Mitte bleiben sie stehen.

»Sollen wir hier einsteigen?«, fragt Casper. Ilona nickt.

Er wendet sich zu János, sieht in sein freundliches Gesicht, ein wehmütiger Blick eingerahmt von rotbraunem Bart.

»Rufst du an, wenn du da bist?«, fragt er und breitet die Arme aus.

»Ja«, verspricht Casper und geht einen Schritt auf János zu. Er verschwindet in der Umarmung, lässt sich an die warme Bärenbrust drücken, spürt, wie seine Beine wieder fast vom Boden abheben. Der Geruch nach Schweiß und Wurstfett ist da, aber es ist nicht schlimm, überhaupt nicht. Es riecht vertraut, denkt Casper und schwebt noch ein paar Sekunden, bevor seine Sohlen wieder auf den Boden kommen. Dann hört er, wie sich die Zugtüren rauschend öffnen.

Ilona steht schon mit einem Fuß auf der Treppe.

»Komm!«, sagt sie.

Casper streicht dem Hund über den Kopf.

»Du bist in besten Händen«, flüstert er, steigt die Treppe hoch, hebt einen Arm und winkt János zu.

»Danke. Für alles.«

Während sich die Türen schließen und János' Bärengesicht hinter dem milchigen Glas verschwimmt, spürt Casper wieder das Ziehen in der Magengegend. So fühlt es sich also an, einen Freund zurückzulassen, den man vermissen wird. Vielleicht wäre es schön, das einmal ehrlich auszusprechen. Einfach, weil das Gefühl vorher nicht da war, einfach, weil er es bisher nicht kannte. Schnell betätigt er den automatischen Türgriff. János und der Hund sind noch nicht weg, nur zwei Schritte weiter.

»Ich werde dich immer wieder besuchen kommen«, schreit Casper durch die Öffnung, muss grinsen. Obwohl er nicht die Worte findet, die er eigentlich sagen will. Er reißt seine Hand noch mal nach oben und winkt. Winkt und lacht dabei wie blöd. Ist doch egal, wenn er jetzt wegfährt. Wenn er Budapest verlässt und wo anders aussteigt. Er hat einen Freund gewonnen, der ihn versteht. Der irgendwo auf der Welt ist und Casper versteht.

ILONA

Caspers Abschied von János berührt sie, das muss sie zugeben. Wie er da steht und winkt und diesen Lastwagenfahrer mit den speckigen Unterhemden anstrahlt. Ilona hat fast das Gefühl, dass er eigentlich gar nicht weg will. Aber Ilona will es so sehr, dass es für beide ausreicht.

Als sich der Zug in Bewegung setzt, beschleunigt sich ihr Herzschlag. Endlich geht es los. Sie ist nicht oft Zug gefahren. Nur einmal für einen Tag an den Plattensee. Damals waren die Züge noch langsam und alt. Sie haben staubig gerochen, aufgeheizt von der Sonne im Hochsommer. So, dass man seinen Kopf während der Fahrt durchs Fenster stecken musste, um ein bisschen frische Luft abzubekommen.

»Kaffee?«, fragt Casper und gähnt, während er die Schilder neben der Waggontüre absucht.

»Können wir machen. Aber ich hab kein Geld«, erklärt Ilona schulterzuckend.

»So siehst du auch aus«, grinst Casper.

Ilona sieht an sich herunter, der grüne Pullover geht ihr fast bis zu den Kniekehlen. Er verdeckt, dass sie die Jogginghose vom Lastwagenfahrer mit einer Wäscheklammer am Bund fixiert haben. Casper schwimmt nicht so sehr in János' Anziehsachen wie Ilona, aber ein bisschen blöd sieht auch er aus. Ein blonder Junge, der sich als Rapper verkleidet hat.

»Vielleicht können wir wirklich bald irgendwo neue Klamotten kaufen«, sagt Casper, der ihren Blick bemerkt.

»Ich werde dir alles zurückgeben«, schwört Ilona mit fester Stimme. Sie weiß zwar noch nicht wie, aber irgendwie wird sie es schaffen.

»Vielleicht finde ich ja einen Goldbarren in Istanbul«, lacht sie. Wieder spürt sie ihr Herz gegen die Brust springen. Während sie hinter Casper durch den Zug läuft, hat sie weiße Minarette vor Augen, die sich an den Seiten des Bosporus erheben. Sie riecht das süße Gebäck und den türkischen Honig, sieht sich selbst in einem Geschäft voller Gold stehen. Als sie im Bordrestaurant ankommen, hat sie nicht einen Fahrgast wirklich angesehen. Gut, dass ihr Casper die Türen aufhält, sonst wäre sie sicher gegen eine geknallt.

»Setz dich ruhig schon mal«, sagt er und geht zur Ausgabe.

Ilona sichert sich einen Fensterplatz an einem der leeren Tische, legt ihre glitzernde Handtasche auf das blütenweiße Tischtuch. Dann fällt ihr ein, dass dort noch ein paar Forints drin sind. Schnell steht sie auf und beeilt sich, damit sie Casper noch vor dem Bezahlen abfängt.

»Hey, ich zahle!«, ruft sie und legt ihre letzten Forints auf den Tisch. Casper schüttelt den Kopf, schiebt ihre Münzen zurück. »Vergiss es«, lacht er.

Dann gehen sie zu ihrem Platz, Casper stellt die Tassen ab.

»Zucker hilft beim Wachwerden«, erklärt er Ilona, während er das Papierpäckchen neben seiner Tasse aufreißt. »So gelangt das Koffein schneller ins Blut.«

»Ach?«, fragt Ilona höflich. »Eigentlich bin ich schon wach genug.«

»Das dachte ich vorher auch«, grinst Casper. »Aber das Tief kommt noch, glaub mir.«

Ilona nickt, aber glauben will sie es nicht.

Lieber denkt sie noch ein bisschen an Istanbul, das ist besser als Zucker im Kaffee.

»In Istanbul gibt es doch ziemlich viele Touristen, oder?«, fragt Ilona, während sie an ihrem Kaffee nippt.

Casper nickt.

»Denk schon«, sagt er und zuckt mit den Schultern. »Wahrscheinlich mehr als in Budapest.«

Nachdenklich streicht sich Ilona eine Haarsträhne hinters Ohr.

»Istanbul ist eine Weltstadt. Budapest versucht, eine Weltstadt zu sein«, erklärt sie, und Casper lacht.

»Na ja. Also ich weiß nicht«, sagt er und kratzt sich am Kopf. »Ich finde Budapest hat etwas Echtes. So einen ganz speziellen Charme. Leicht antiquiert, aber offen. Hart, aber herzlich. Ich weiß nicht, ob Istanbul da wirklich mithalten kann. Das ist doch auch nichts anderes als Venedig im Orient.«

»Ja, und? Die ganze Welt will nach Venedig. Budapest kann doch nicht mit Venedig mithalten.«

Ilona winkt ab. Sie versucht, ihren Faden wieder aufzunehmen.

»Egal. Also, was ich mich gefragt habe. Wenn es in Istanbul viele Touristen gibt, dann gibt es doch sicher auch viele Läden für Touristen, oder?«

Casper nickt.

»Davon geh ich aus.«

Ilona spürt, wie ihre Mundwinkel zucken. Sie kann sich das Strahlen nicht verkneifen.

»Dann gibt es sicher auch Läden, die Gold verkaufen, nur für Touristen«, erklärt sie feierlich. Sie stellt sich vor, wie sie in so einen Laden tritt, wie es von allen Seiten funkelt. Dicke und dünne Armreifen, lange Ketten, in verschiedenen Legierungen, Münzen aus purem Gold. Kurz ist sie geblendet von der eigenen Vorstellung, dann bemerkt sie Caspers fragenden Blick. Verschwörerisch beugt sie sich ein Stück nach vorne und senkt ihre Stimme, bevor sie ihm ihren Plan mitteilt.

»Ich werde Goldverkäuferin.«

Für einen Moment sieht er verdattert aus, dann verdreht er die Augen und lacht. Als ob sie einen Witz gemacht hätte. Beleidigt verschränkt Ilona die Arme vor der Brust.

»Warum denn nicht? Was ist denn daran so lustig?«

Abwehrend hebt Casper die Hände.

»Irgendwie hatte ich damit einfach nicht gerechnet.« Er zuckt die Schultern und widmet sich wieder seiner Kaffeetasse. »Aber als du es sagtest, fiel mir auf, dass es doch irgendwie eine ganz typische Äußerung war.«

Sein Löffel klappert in der Tasse. Man sieht ihm an, wie er sich das Lachen verkneift. Ilona spürt auf einmal, wie ihr Hals eng wird. Ist es denn wirklich so lustig, dass sie über eine bessere Zukunft nachdenkt, nachdem ihr altes Leben buchstäblich in Flammen aufgegangen ist? Ist sie nicht hart genug getroffen? Muss er sich jetzt auch noch über sie lustig machen? Sie merkt, dass ihr linkes Auge anfängt zu tränen. Achtlos wischt sie sich mit dem Handrücken über die Wange.

Sie weint, und er merkt es nicht mal, sieht aus dem Fenster. Zu Hause würde sie sich jetzt den Kater schnappen, ihn unter den Arm klemmen und in ein anderes Zimmer verschwinden. Aber da ist kein Zuhause. Und auch kein Kater. Da ist nur dieses Stechen in der Brust.

»Ich finde es schön, dass du Pläne schmiedest.«

Caspers Stimme ist sanft. Er sieht immer noch nach draußen.

Ilona versucht, den Schmerz herunterzuschlucken. Übrig

bleibt nur die Wut auf Casper. Sie leert ihre Tasse in einem Zug und funkelt ihn zornig an.

»Dann kannst du mir meine Hoffnung ja lassen, anstatt sie kaputt zu machen.«

Verwundert löst er seinen Blick vom Fenster.

»Das wollte ich doch gar nicht.«

Jetzt sieht Ilona aus dem Fenster. Sie kann seine aufgerissenen blauen Augen nicht ertragen, kämpft schon wieder mit den Tränen. Sie blinzelt, versucht sich auf den Sonnenaufgang zu konzentrieren.

Aus dem Augenwinkel sieht sie, dass Casper seinen Mund öffnet, ihn dann wieder schließt. Niedergeschlagen starrt er in seine Tasse.

»Tut mir leid.«

Ilona nickt.

»Ist ja nichts Neues«, zischt sie. »Wollen wir unsere Sitzplätze suchen? Wird 'ne lange Fahrt.«

CASPER

Sie sitzen sich gegenüber, zwischen ihnen klappert der Mülleimer im Takt des Zuges. Casper konzentriert sich auf das Ächzen der Gleise, das Quietschen der Räder. Er erinnert sich an das leise Brummen des Zuges, mit dem er nach Budapest gekommen ist. Die neuen Züge fahren wieder nach Deutschland, die alten, in die Jahre gekommenen nach Istanbul.

Mit der Morgenröte hat Casper seinen Pullover ausgezogen. Nicht weil ihm schon warm ist, sondern weil es irgendwann wieder kalt wird.

Ilona sieht schmollend aus dem Fenster. Mit den Fingern fährt sie über die Pailletten ihrer Abendtasche. Seitdem sie sitzen, hat sie nichts mehr gesagt.

Vielleicht träumt sie noch vom Gold in Istanbul, vielleicht denkt sie an das, was in den Flammen verbrannt ist.

Ilona hat ihr altes Leben wirklich verloren. Seines ist immer noch da, wo es vorher war. Es liegt zwischen München und Berlin, wie die Wollfäden eines halben Schals, der irgendwann weitergestrickt werden kann. Aber Ilona hat keine Fäden mehr, sie muss ganz neu anfangen. Ist doch klar, dass sie nicht von Sehenswürdigkeiten, sondern einem richtigen Lebensinhalt träumt. Auch wenn Casper es ziemlich langweilig findet, Gold zu verkaufen – für Ilona ist es eben eine Perspektive.

Traurig sieht er sie an. Eine richtige Entschuldigung ist fällig. Mehr als das, was er vorher zustande gebracht hat.

»Ich bin ein richtiger Idiot, Ilona.«

Ilona sieht kurz verwirrt aus, aber nickt dann und zieht eine Augenbraue nach oben.

»Schon irgendwie.«

»Wie hältst du es nur mit mir aus?«

Halb im Spaß, halb im Ernst zieht er eine gequälte Grimasse und legt sich dann beide Hände um den Hals.

»Also für die nächsten Male, wenn ich so dumme Sachen sage oder mache, hast du ganz offiziell meine Erlaubnis, mich zu würgen. So …«, er drückt die Hände fester an seinen Hals, bis es ein bisschen wehtut.

»Jetzt übertreib mal nicht.« Ilona lacht und schüttelt den Kopf.

»Ich meine das ganz ernst.«

Sie zuckt die Schultern und nickt.

»Ich merke es mir fürs nächste Mal.«

Dann lehnt sie sich zurück, legt ihren Kopf auf die harten blauen Polster aus Kunstleder. Casper tut es ihr gleich.

»Vielleicht muss ich doch ein bisschen schlafen«, sagt sie und gähnt.

»In Ordnung. Ich bleibe wach und pass auf dich auf.«

Es ist zwar nicht besonders deutlich, aber sie lächelt.

Ilonas Atem wird immer langsamer, irgendwann öffnen sich ihre Lippen. Als Casper sich sicher ist, dass sie eingeschlafen ist, beginnt er zu lächeln. Er stellt sich vor, wie er im Schatten eines Baumes am Bosporus sitzt, eine Seite datiert und »Istanbul« daneben schreibt. Ilona lässt die Füße im Wasser baumeln, die Haare leuchten in der Sonne, die rechte Ohrenspitze blitzt zwischen den Strähnen durch.

Casper weiß nicht, ob er eingeschlafen ist oder ob er so tief in Gedanken war, dass er alles um sich herum vergessen hat. Er wird von einer knisternden, blechernen Stimme aus der Zwischenwelt gerissen. Die Sonne brennt auf den Klapptisch, Casper klebt an seinem Sitz, er spürt den Schweiß auf dem Rücken, die Hitze, die sich unter dem Tisch staut. Hat er nicht gerade noch die Morgenröte vor den geschlossenen Augen gehabt? Ilona gähnt, reibt sich die Augen.

»Was sagt er?«, fragt Casper und deutet auf die Lautsprecher über ihnen. Ilona schüttelt den Kopf.

»Weiß nicht, ist kein Ungarisch.«

»Moment …«

Casper versucht, die englische Version zu verstehen, einzelne Worte aus dem knisternden Schwall herauszuziehen, der über die Lautsprecherboxen heruntergebetet wird. Immer wieder heißt es »Stop«. Sie fahren an einem mehrgleisigen Bahnhof ein, werden langsamer, der Zug hält, die Türen öffnen sich.

»Ich glaube, dass wir außerplanmäßig anhalten.«

»Timisoara Nord«, liest Ilona. »Mit kleinem Komma unterm s. Wir sind definitiv raus aus Ungarn.«

Sie zieht sich den Hoodie über ihren Kopf, greift sich in die Haare, der Geruch von János' Shampoo liegt in der Luft. Nachdem sie sich mit den Fingern durch die verschwitzten Strähnen gefahren ist, dreht sie mehrmals einen Dutt, der nicht halten will. Grimmig verzieht sie ihr Gesicht, wickelt das Haar zu einem Knoten und zieht ihn fest.

»Scheiße, ist das heiß.«

»Lass uns aussteigen und Wasser kaufen.«

◇

Sie stehen auf einem schlecht gepflasterten Bahnsteig, vor ihnen ein Bahnhofsgebäude in sozialistischem Architekturstil.

»Der Schaffner sagt, wir müssen noch zweieinhalb Stunden in diesem Kaff bleiben, dann geht es weiter«, knurrt Ilona, der es gelungen ist, sich auf Ungarisch zu verständigen.

Sie wirft einen bitterbösen Blick zu dem wartenden Schaffner, der auf einer Bahnsteigbank sitzt und nach und nach eine Papiertüte, ein Buttermesser, ein Glas Mayonnaise und eine kleine Weinflasche aus seiner Tasche zieht.

»Wo sind wir hier nur gelandet«, zischt Ilona und fasst sich mit der Hand an die Stirn.

»In Rumänien«, erklärt Casper und deutet auf die blau-gelb-rote Flagge am Bahnhofsgebäude.

»Können wir trotzdem irgendwo ein paar Anziehsachen kaufen?«

Ilona trägt noch ihr goldenes Minikleid unter János' weiten Hosen. Zuerst zieht sie das T-Shirt aus, dann die Jogginghose. »Oder wenigstens einen billigen Rucksack, in dem wir das Zeug transportieren können?«

Sie schultert den Pullover und klemmt sich die anderen Sachen unter den Arm. Casper nickt, kneift die Augen zusammen, das Kleid reflektiert wie eine Diskokugel in der Sonne.

»Gib mir ruhig die Sachen, ich nehm sie dir ab.«

Casper greift nach der Jogginghose. Hinter Ilona schleicht ein ausgemergelter Typ heran, schiebt sich an ihr vorbei, etwas zu nah, macht dabei Stielaugen und pfeift.

»Das Kleid ist wirklich zu kurz«, schimpft Casper und wirft dem Typ einen vernichtenden Blick zu. »Wir suchen dir was Neues, nachdem wir Wasser gekauft haben.«

◇

Im Bahnhofsgebäude selbst gibt es keine Geschäfte, hier kann man sich die Zeit wirklich nur auf alten Holzbänken vertreiben. Es gibt einen Ticketschalter und einen Kiosk, an dem sie Wasser kaufen. Draußen müssen sie noch ein Stück an der Straße entlanglaufen, vorbei an trockenen Wiesen in Richtung der Plattenbauten, die in der Ferne wie eine Oase glitzern.

»Wir hätten mehr Wasser kaufen sollen. Ich habe fast alles ausgeschwitzt«, jammert Ilona. Casper hält ihr seinen Rest hin. »Wann sind wir endlich da? Von da vorne sah es viel näher aus.«

Auch Casper kommt es so vor, als würden die Gebäude immer weiter wegrutschen. Beide verfallen in Schweigen, ab und zu stoßen sie Luft aus, um die Mücken zu vertreiben, die von ihrem Schweiß angezogen werden.

»Schau mal, da …«, sagt Ilona plötzlich mit schwacher Stimme. Sie deutet auf ein Einkaufszentrum.

Im Eingangsbereich schlägt ihnen klimatisierte Luft entgegen, sie treten durch die Schiebetüren in eine andere Welt. Casper muss kurz durchatmen und sich zuerst orientieren.

»Da können wir es versuchen«, sagt Ilona, deren Gesicht auf einmal lebendig wirkt. Sie zieht ihn in einen Laden.

Rote »Oferte«-Schilder leuchten von den Wänden, die Luft ist noch kälter als im Eingangsbereich. Eine gelangweilte Kassiererin hebt ihren Kopf am anderen Ende des Raumes, nimmt die Kundschaft zur Kenntnis, sieht dann wieder auf ihr Smartphone und kaut weiter auf ihrem Kaugummi.

Während Casper sich umsieht, ist Ilona schon auf die Auslage zugegangen. »Wir brauchen etwas Luftiges«, sagt sie und zieht ein T-Shirt aus einem zusammengelegten Stapel. Casper nickt. Wenigstens muss er die Preise nicht mehr umrechnen. Dann sieht er auf einen Tisch voller Textilien und seufzt. Er zieht bunte Shorts aus einem Stapel, in grellem Blau, Rosa und Gelb. Dreht sie in seinen Händen hin und her. Er stellt sich das Gefühl vor, beim Zurücklaufen in kurzen Shorts zu stecken anstatt in János' gefütterter Jogginghose. Wie der Wind beim Gehen seine schwitzenden Beine trocknet. Das ist ein guter Preis für so ein Gefühl. Oder?

In der Nacht vor seiner Abreise aus Berlin hat er eine Dokumentation über die Textilindustrie gesehen. Er denkt an die Bleichmittel in den Flüssen, die Kinderhände, die Ruine in Bangladesch.

»Ist ja eine coole Hose«, jauchzt Ilona, die strahlend neben ihn tritt. Über ihren Arm hat sie einen Stapel Klamotten gelegt.

»Ich suche noch nach einem Rucksack, damit wir die anderen Klamotten verstauen können, in Ordnung?«

Ihre Augen leuchten, aus jeder Pore strahlt die Erleichterung. Casper lässt die Schultern hängen, aber nickt wieder. Dann ist sie weg, in den Laden hineingesogen.

Er betrachtet noch mal die Shorts in seinen Händen, zieht das Etikett am Bund heraus. Hundert Prozent Viskose, Halbsynthetik. Hätte er die Doku nicht gesehen, könnte er sich selbst anlügen. Wenigstens vegan, kein Baumwollraubbau.

Aber er weiß es besser. »Ich finanziere keinen Giftsee«, flüstert er und legt die Shorts weg.

Ilona taucht wieder vor ihm auf, wedelt mit einem hellblauen Stoffrucksack. »Der ist doch eigentlich ganz schön«, strahlt sie und hält ihm den Rucksack hin. »Der passt auch farblich zu den Shorts«

Fragend sieht sie ihn an.

»Ich kaufe diese Shorts nicht«, erklärt er ruhig. Ilona kann er ihren Kleiderstapel nicht verwehren. Dann macht sie sich eben die Hände schmutzig. Aber ihr Strahlen bleibt.

»Kann ich die Sachen dann gleich anziehen?«, fragt Ilona die Kassiererin. Die zuckt nur mit den Schultern und deutet auf die Kabine hinter sich.

Als sie das Einkaufszentrum verlassen, schlägt sein Entschluss in Frust um. Die Hitze ist nicht mal kurz angenehm, sofort spürt er wieder den Schweiß an seinen Beinen herunterlaufen.

Ilona wirft ihm einen mitleidigen Blick zu. Ihr neuer Rock hat zwei Schlitze an den Seiten, er bewegt sich beim Gehen, die gelbe Kunstseide flattert um ihre gebräunten Beine.

»Du machst es dir nicht leicht«, sagt sie und schüttelt den Kopf.

»Als Konsument trage ich Mitverantwortung.«

»Aha«, seufzt Ilona und wirft einen traurigen Blick in ihre Papiertüte, die sie im Laden noch glücklich entgegengenommen hat. »So macht das keinen Spaß«, murrt sie. »Ich kann meinen luftigen Rock nicht genießen, wenn ich dich in dieser Winterhose schwitzen sehe.« Wütend stemmt sie ihre Hände in die Seiten. Dann zuckt sie mit den Schultern.

»Tut mir leid, aber ich kann das nicht akzeptieren.«

»Was?«

Ilona ist schon wieder umgekehrt, geht mit großen Schritten über den Parkplatz zurück ins Einkaufszentrum. Am Eingang wirft sie Casper einen bitterbösen Blick zu.

Casper läuft ihr hinterher, kann nicht Schritt halten, ist in einem Ballon aus Hitze und nassem Stoff gefangen.

Er sieht, wie Ilona in dem Laden verschwindet. Erst im Eingangsbereich bekommt er wieder Luft. Mit einem Seufzer der Erleichterung lehnt er sich gegen die Glaswand neben die automatischen Türen. Als Ilona wieder aus dem Laden tritt, hält sie ihm die knallbunten Shorts hin.

»Zieh sie lieber gleich an«, sagt sie.

Casper nickt. Es ist ihm unangenehm, aber Ilona hat recht.

»Was hast du dafür umgetauscht?«

»Eine Strickjacke, die ich gar nicht wirklich brauche.«

»In Ordnung.« Casper geht zurück in den Laden. Nicht nur um sich umzuziehen. Sondern auch um die blöde Strickjacke noch mal zu kaufen.

ILONA

»Du wirst einen Sonnenbrand an den Beinen bekommen.«

Seine Beine sind so weiß, dass seine Arme auf einmal braun wirken. Casper nickt.

»Ich trage normalerweise keine Shorts.«

»Ja, das sieht man«, grinst Ilona.

Die bunten Shorts sehen wirklich bescheuert aus. Sie sind definitiv zu kurz. Aber wenigstens kann sie jetzt den Flatterrock genießen. Auch Casper sieht vitaler aus.

»Warum nicht gleich so?«, fragt sie ihn.

Casper schweigt, sieht auf seine staubigen Schuhe, als ob es irgendwas zu sehen gäbe. Ilona kapiert es einfach nicht. Wie kann man sich nur so anstellen? Kinderarbeit, Umwelt, all das sind gute Gründe, um unter normalen Umständen nicht in so einem Laden einzukaufen. Aber wenn man arm ist, von der Sonne gekocht wird oder später erfriert, muss man eben Kompromisse machen.

»Deine Prinzipien werden dich noch ins Grab bringen«, zischt sie. »Was bringt deine Mitverantwortung als Konsument, wenn du sie als Einziger trägst?«

Casper hebt seinen Blick nicht vom Boden.

»Es ist schön und gut, das Richtige zu tun. Aber es bringt niemandem was, wenn du dabei draufgehst.«

Immer noch keine Reaktion von Casper.

»Du weißt doch selbst, dass du so ziemlich der Einzige bist auf der Welt, der die Welt so ernst nimmt …«

»Ich bin überhaupt nicht der Einzige!« Für einen kurzen Moment sieht er wütend aus. »Wir sind vielleicht in der Unterzahl, aber es gibt mehr von meiner Sorte.«

Eine große Mücke setzt sich auf seinen Arm.

»Und was ist das überhaupt für ein Argument? Tu nicht das Richtige, weil außer dir keiner das Richtige tut?«

Das Ding sieht fies aus. Vielleicht eine Bremse oder tropische Stechmücke. Ilona kann ihren zuckenden Rüssel sehen. Gleich wird sie Casper stechen.

»Warum sollte ich mich davon beirren lassen, dass es …«

»Warte.«

Klatsch. Mit der flachen Hand hat sie die Mücke auf Caspers Oberarm erledigt. Zufrieden sieht sie Casper an, wischt die zerquetschte Mücke von der Handinnenfläche.

»Spinnst du?« Casper starrt sie mit aufgerissenen blauen Augen an. »Das ist Vogelfutter! Die Dinger sind wichtig fürs Ökosystem.«

Ilona öffnet den Mund und schließt ihn wieder. Dann bricht es aus ihr heraus, das irre Lachen. Ilona hat sich selbst immer für geisteskrank gehalten. Aber wenn einer von beiden in die Klapse muss, dann ist er es. Zweifelsohne.

»Du bist wirklich nicht ganz dicht.«

CASPER

»Manchmal habe ich das Gefühl, du willst dich selbst bestrafen.«

Ilonas Worte verpesten die Luft. Schweigend laufen sie in der Hitze, der Bahnhof kommt näher, zumindest hat er das Gefühl, dass es so ist.

»Glaubst du wirklich, du kannst die Welt verändern, während du dich selbst quälst?«

Caspers Puls ist schnell genug. Er hat doch schon diese dumme Hose an. Was will sie jetzt noch von ihm?

»Wie gesagt, wenn es alle täten, hätten wir ganz andere Strukturen auf der Welt«, knurrt er.

»Ja, aber es tun eben nicht alle!«

Ihre Stimme wird lauter.

»Kapier es doch endlich! Du trägst die Welt nicht alleine auf deinen Schultern!«

Der Staub vom Asphalt bleibt an Caspers nassen Beinen kleben. Sein Hals kratzt. Ein Schluck Wasser wäre toll. Hoffentlich gibt es Glasflaschen am Kiosk.

»Weißt du, was ich nicht verstehe?«, pampt Ilona von der Seite.

»Sag's mir.«

»Wenn du ganz genau weißt, dass auf deinen Kopf mindestens hundert Menschen kommen, denen die Welt scheißegal ist, warum versuchst du es dann überhaupt nur mit deinem Konsum auszubügeln? Warum machst du nichts Größeres?«

»Was zum Beispiel?«

»Keine Ahnung! Sag du es mir, du weißt doch sonst alles!«, faucht sie. »Vielleicht eine große Protestaktion vor den Fleischfabriken. Eine Verpackung, die sich selbst zersetzt. Ein Modelabel ohne Kinderarbeit. Irgendwas.«

»Wenn das so einfach wäre.«

Casper seufzt. Es wäre leichter, wenn Ilona nicht recht hätte.

ILONA

Casper kauft mit finsterer Miene zwei 1,5-Liter-Wasserflaschen am Kiosk. Zum Frühstück stehen Süßkram und Minisalamis zur Auswahl. Als sie wieder am Bahnsteig stehen, hat der Zugführer sein Picknick verspeist und die Weinflasche geleert.

Ilona öffnet das Papier ihrer Schokoladenwaffel, stellt sich aber vor, in die geräucherte, weiche, vor Fett triefende Wurst zu beißen. »Scheiße, ist das süß«, sagt Casper, der ebenfalls an seiner Waffel knabbert. Er verzieht sein Gesicht. Ob er sich auch gerade die Salami wünscht? Träumt ein Vegetarier nicht doch manchmal heimlich von Fleisch, zumindest dann, wenn er unglaublich großen Hunger hat?

»Vielleicht finden wir was Besseres, wenn wir das nächste Mal umsteigen«, sagt Casper kauend.

Nachdem sie gegessen haben, bleibt noch eine viertel Stunde, bis der Zug losfährt. Casper dreht sich eine, und Ilona zieht eine ordentliche Zigarette aus der Packung. Irgendwann muss sie vielleicht auch diese Pennerzigaretten rauchen. Mit ihren wird sie erst mal sparsam umgehen.

Sie wartet, bis Casper fertig ist, lässt sich dann von ihm Feuer geben. Als sie hochsieht, entdeckt sie ihn sofort.

Für den Bruchteil einer Sekunde hält sie den Atem an. Der Typ hinter Casper sieht wirklich gut aus! Ist groß, stolz und stramm, trägt eine Pilotenbrille, schultert seine teuer aussehende Reisetasche, seine Haut und Haare sind dunkel. Sieht er zu ihr rüber? Sofort bringt sich Ilona in Position. Zum Glück hat sie das neue Outfit an, da fällt es ihr nicht schwer, gut auszusehen.

»Wegen dem, was du vorher gesagt hast …«, beginnt Casper.

»Ja?«

»Irgendwie meintest du ja, ich bräuchte einen größeren Hebel, um die Welt zu verändern.«

»Genau.«

Sie schenkt Casper ihr charmantestes Lächeln. Schließlich ist sie gerade im Präsentationsmodus. Aus dem Augenwinkel sieht Ilona ihren gelben Rock in den Gläsern der Pilotenbrille aufblitzen. Sie versucht, sich auf Casper zu konzentrieren, der ein ernstes Gesicht macht. Der Typ hinter ihnen soll denken, dass sie ins Gespräch vertieft ist. Vielleicht kommt er dann rüber, um sich bemerkbar zu machen.

»Also ich denke, du triffst damit leider ins Schwarze.«

Casper setzt einen gequälten Blick auf, und Ilona lacht, als ob er etwas Witziges gesagt hätte.

»Ja, ich weiß, bei mir dauert das immer ein bisschen«, grinst Casper. Ilona streicht ihr Haar zurück, geht einen Schritt auf den Aschenbecher zu, bemüht sich, ihre Zigarette anmutig auszudrücken.

»Na klar«, sagt Ilona und versucht, eine verständnisvolle Miene aufzusetzen.

Der Typ ist definitiv an ihr interessiert. Er fährt sich mit den Händen durch die Lockenpracht. Es sind keine Arbeiterhände, aber doch groß … Warum kommt er nicht rüber?

»Weißt du, es fällt mir nicht leicht, darüber zu reden, aber es gab ein Projekt, mit dem wollte ich auf meine Art und Weise etwas verändern. Man kann eine Menge krasse Sachen damit anstellen. Aber irgendwie bin ich davor abgehauen.« Nervös zieht Casper Luft ein, als ob ihm das jetzt wirklich schwerfällt. »Und das ist der wahre Grund, wieso ich in Budapest gelandet bin.«

Ilona nickt. Aha, also gibt es eine schmerzhafte Story hinter der Reise. Na, wer hätte das gedacht. Kurz ist sie angehalten, eine Rückfrage zu stellen. Bevor sie sich etwas aus den Fingern saugen kann, hat der gut aussehende Typ hinter Casper sich aber schon in Bewegung gesetzt. Ilona beginnt in ihrem Kopf einen Freudentanz aufzuführen. Auch Casper hat mittlerweile bemerkt, dass Ilona hinter ihn sieht.

Mit fragendem Gesichtsausdruck dreht er sich um.

»Entschuldigung, wissen Sie, wann der Zug nach Istanbul fährt?« Aus der Nähe sieht der Typ noch viel besser aus als von Weitem. Sein Englisch klingt nach Ostblock, die tiefe sonore Stimme lässt Ilona einen kleinen Schauer über den Rücken laufen. Vielleicht ist er es? Der, auf den sie immer gewartet hat? Wie ein Blitz trifft sie die Erkenntnis, dass jetzt endlich ihr Schicksal zugeschlagen hat. Sie hebt ihren Kopf und setzt ihr schönstes Lächeln auf.

»Ungefähr zehn Minuten noch. Wir fahren auch nach Istanbul.«

CASPER

Gerade als er sich öffnen wollte, gerade jetzt, wo er Ilona von der Formel erzählen wollte, kommt dieser Kerl und sucht das Gespräch. Casper wirft ihm einen genervten Blick zu, damit er schnell wieder abdampft, aber das scheint ihn nicht zu interessieren.

»Was macht ihr in Istanbul?«, fragt er, deutlich nur an Ilona gewandt.

»Ehrlich gesagt wissen wir es noch nicht genau. Ich wollte schon immer mal nach Istanbul«, strahlt sie. »Und Sie?«

»Ich treffe einen Geschäftspartner.«

Ilona zündet sich ihre zweite Zigarette an.

»Wir haben nur noch ein paar Minuten, der Zug steht schon da«, drängt Casper, aber Ilona hat nur Augen für den geschniegelten Typen, der offensichtlich ganz genau weiß, wann der Zug nach Istanbul abfährt.

Ein Vorwand, um sie anzusprechen, denkt Casper. Bitter ist, dass ihr seine Aufmerksamkeit scheinbar gefällt.

Während Ilona nachhakt, um herauszufinden, was er beruflich macht, analysiert Casper ihre Körperhaltung. Der Kopf ist nach links geneigt, die Lippen leicht geöffnet. Casper kennt diesen Blick nicht, ihn hat sie noch nie so angesehen. Mit den Händen fährt sie sich immer wieder durchs Haar.

»Sagen wir mal, ich bin im Dienstleistungssektor beschäftigt.«

Ilona kichert amüsiert, und Casper wirft ihr einen fragenden Blick zu. Was ist denn daran lustig?

Jetzt bleib mal locker und kümmere dich um deinen eigenen Scheiß, sagen ihre Augen, bevor sie süßlich flötet, »um was für Dienstleistungen handelt es sich denn?« und dann mehrmals blinzelt. »Falls Sie im Goldgeschäft tätig sind, wäre ich nämlich stark interessiert.«

»Eine Goldhändlerin also? So, so.« Er lacht dreckig und hält ihr die Hand hin.

»Tibor Ciobanu«, sagt er, »freut mich, Sie kennenzulernen.«

»Ilona Illés.«

Was für ein schöner Name, denkt Casper, aber steht doch nur zwischen den beiden.

Als sie endlich in den Zug steigen, atmet er klimatisierte Luft ein. Erst jetzt fällt ihm auf, dass der Zug moderner ist als der vorige. Er möchte sich darüber freuen, aber es gelingt ihm nicht. Ilona versteht sich zu gut mit dem Fremden und bietet ihm sogar an, mit ihnen zu sitzen. Caspers Ablehnung bemerkt sie nicht mal. Er kann nicht sagen, was es ist, aber irgendwas gefällt ihm nicht an Tibor. Wie er lacht, wie er sie ansieht. Wie sie ihn ansieht. Casper spürt ein Ziehen in der Magengegend. Was soll die Eifersucht? Ilona gehört dir doch nicht, sagt er zu sich selbst. Aber ihn hat sie noch nie so angesehen. Und wahrscheinlich wird sie ihn auch nie so ansehen. Weil er eben kein mysteriöser Tibor mit verspiegelter Sonnenbrille in der Dienstleistungsbranche ist. Casper ist ein langweiliger blonder Physik-Doktorand, der immer versucht, das Richtige zu tun. Der seinen Geldbeutel aufmacht und die ganze Welt auf seinen Schultern trägt.

Plötzlich kommt er sich nicht nur langweilig, sondern auch dumm vor. Sie ist wie alle anderen, sagt eine kalte Stimme in seinem Inneren. Sie nutzt dich doch nur aus.

»Erzähl mir was von Istanbul«, flötet Ilona, und Tibor schwafelt von den besten Clubs am Taksim Platz.

»Der Laden ist weltberühmt, alle waren da, Beyoncé, Jay-Z.«

»Oh!« Ilona macht große Augen.

»Manchmal sind wir mit den Kollegen dort, dann mieten wir uns eine Area und bestellen ein paar Flaschen Moët, manchmal kommt jemand rüber aus der VIP-Zone, und dann feiern wir zusammen.«

Ilonas Begeisterung für seine Wichtigtuerei ist fast schon peinlich. Casper würde ihm gerne vor die Füße kotzen oder noch besser ins Gesicht, als ehrliche Reaktion auf diesen oberflächlichen Scheiß.

»Wen habt ihr schon alles getroffen?«, quietscht Ilona aufgeregt.

»Ein paar Models, Fußballspieler«, er beugt sich verschwörerisch vor und senkt die Stimme, »… einmal sogar einen Prinzen.«

»Nein!« Erschrocken hält sich Ilona die Hand vor den Mund. »Wer war es?«

»Kann ich leider nicht sagen.« Bedauernd verschränkt er die Arme vor der Brust.

Casper kann es nicht für sich behalten. Das Lachen rutscht ihm einfach so raus. Aber wie könnte er auch anders, das ganze Gehabe ist einfach zu lächerlich. Er fängt sich einen säuerlichen Blick von Ilona ein.

»Wir könnten mal zusammen hingehen«, sagt Tibor und zeigt seine blitzenden Bleichzähne. »Hier«, schon zieht er eine Visitenkarte aus der Brusttasche und schiebt sie über den Tisch. Was für ein Trottel. Traurig, dass Ilona es einfach nicht begreift. Sie reißt die Visitenkarte an sich, als wäre das die goldene Eintrittskarte in die Schokoladenfabrik. Mit den Fingern tippt sie auf ihrem Smartphone herum, damit die Nummer ja nicht verloren geht, damit sie diesen wertvollen Kontakt zu diesem tollen Typen nicht verliert. Casper spürt einen Stich in der Brust.

»Vielleicht können wir gleich morgen Abend zusammen feiern gehen?«, raunt Tibor und wirft Casper einen ungemütlichen Blick zu. Casper meint, es hinter seinen Augen arbeiten zu sehen. »Falls *du* Zeit hast.«

Casper kapiert, wenn er ausgeladen wird.

»Also ich hab nichts vor«, gurrt Ilona, zwinkert ihm zu.

Verdammt! Kann man sich eigentlich noch ignoranter und asozialer verhalten? Sich zuerst von ihm eine Reise und ein neues Outfit spendieren lassen und dann bei der erstbesten Gelegenheit die Gleise wechseln? Casper versucht gar nicht erst, sich selbst zu beruhigen. Sein Zorn kocht hoch, und das ist auch gut so. Sein Kopf explodiert gleich. Er spürt, wie ihm die Sicherung durchbrennt. Ruckartig steht er auf.

»Top. Dann könnt ihr jetzt ja schon mal anfangen zu feiern. Da will ich gar nicht weiter stören.«

Zielgerade verlässt er das Abteil, dreht sich im Gehen nicht mehr um. Soll sie doch sehen, wie sie alleine klarkommt.

Mal sehen, ob sich die Pissnelke genauso gut um Ilona kümmert, wie Casper es tun würde.

◇

Wie betrunken torkelt Casper durch den fahrenden Zug. Immer wieder stößt er gegen ein Bein eines Fahrgastes, manchmal nuschelt er eine Entschuldigung. In einem leeren Abteil am Ende des Zuges sinkt er schließlich auf einen freien Sitz.

Alles ist ihm lieber, als neben Ilona zu sein und zu sehen, wie sie sich diesem absolut lächerlichen Typen an den Hals wirft. Wie kann es sein, dass sie auf diese abgedroschene Art hereinfällt? Sie ist doch sonst nicht so dumm. Oder?

Hättest du die Formel nur mal von Anfang an benutzt, sagt die fiese Stimme in seinem Hinterkopf. Aber Casper hat sich lieber ausnutzen lassen. Ist ja nicht das erste Mal. Verzweifelt lässt er seinen Kopf in die Hände sinken. Du Trottel, du riesengroßer, nie dazulernender Blödmann, beschimpft er sich selbst. Er muss einfach der größte Depp auf Erden sein, dass ihm das immer wieder passiert. Und jetzt sitzt er im Zug nach Istanbul, ist durch halb Europa gefahren, um sich genauso hilflos zu fühlen wie früher. Die beste Formel bringt nichts, wenn Casper – der Idiot – sie nicht benutzt.

Casper hat Kopfschmerzen, das Rauschen seiner eigenen Gedanken macht ihn fertig. Wenn er nur eine beschissene Kopfschmerztablette hätte, oder was Härteres, am besten irgendwas, das ihn für die nächsten paar Stunden ausknockt. Oder warum nicht gleich für die nächsten paar Jahre? Was verpasst er schon von diesem Trauerspiel, das sich Leben schimpft? Er selbst in der Hauptrolle, nein, das kann kein gutes Stück sein.

Er lässt den Blick verschwimmen. Irgendwo hat er mal gelesen, dass es angeblich Menschen gibt, die ewig lang so dasitzen können. Die so hardcore meditieren, dass sie sich selbst auflösen. Während er versucht, ein Nichts zu sein, tröpfeln seine Gedanken immer wieder zu Ilona, die im anderen Abteil sitzt und versucht, vieles zu sein. Wenn sie nur durch die Tür spazieren und sich neben ihn setzen würde. Er wünscht es sich so sehr, dass er sie fast riechen kann. Ein bisschen Karamell, billiges Shampoo und Zigarette, vermischt mit etwas Floralem. Er schließt die Augen und sieht sie im Garten vor dem Schuppen stehen. Wie die Sonnenstrahlen auf ihre Schultern fallen, wie sie nach einem der rotbackigen Pfirsiche greift. Zuerst sieht sie ihn nicht. Dann dreht sie sich um. Casper ist sich nicht sicher, ob sie ihn wirklich jemals so angelächelt hat.

◇

Als er wieder aufwacht, schmeckt er noch den Schlaf. Sein ganzer Mund ist taub und die Zunge schwer. Er wischt sich den Sand aus den Augen, fährt sich durchs Haar, steht auf, um den Restaurant-Waggon zu suchen. Casper ist noch zu müde, um geradeaus zu laufen, versucht einfach nur mit niemandem zu kollidieren. Die Essensausgabe im Restaurant-Waggon ist genauso eng wie ein Fahrkartenschalter, es duftet nach Kaffee.

Die Dame am Tresen legt ihm das Menü hin, der Espresso kostet 2,90, das Wasser 2,70, und er rundet beim Bezahlen auf. Dann sieht er sich um, der Speisewagen ist fast leer. Er muss seinen Kaffee auf dem Rückweg nicht über die Schuhe eines drängelnden Passanten schütten. Erleichtert steuert er auf den erstbesten freien Tisch zu, stellt den Pappbecher auf das blütenweiße Tischtuch. Jetzt hätte er gern eine Zigarette. Betreten mustert er die durchgestrichene Kippe auf der Metallklappe neben ihm, die früher mal ein Aschenbecher war.

Hätte er, wie geplant, vor seiner Reise aufgehört zu rauchen, hätte er Ilona nie getroffen. Hätte, hätte, Fahrradkette. Jetzt sitzt er hier und wird sich einfach ablenken. Von der Lust, Rauch in die Luft zu qualmen, vom Verlangen, ein bisschen Ilona auszuatmen. Casper versucht, sich auf die Fahrgäste zu konzentrieren. Mustert die vornehm wirkende Reisende mit Perl-Ohrringen zwei Tische weiter, die aus dem Fenster starrt. Dann den hageren Typen in der Ecke, der über ein Notizbuch gebeugt ist. Dann wieder die Dame in der Essensausgabe. Moment.

Plötzlich hält er inne. Sein Blick wandert wieder zu dem hageren Typen in der Ecke. Wie kann das …? Casper mustert den weiten Trenchcoat, der längst im Schuppen verbrannt ist. Dann das blasse Gesicht. Die gebückte Haltung. Wie sich die blutleeren Finger um den Fineliner klammern. Kurz hält er die Luft an. Das kann doch nicht wahr sein. Casper blinzelt einmal, blinzelt noch mal. Starrt immer noch sich selbst an. Der andere Casper sieht nicht vom Papier hoch, schreibt und schreibt, enge schwarze, geschwungene Letter auf das weiße Blatt. Schnell zwingt sich Casper wegzusehen, zu den Perl-Ohrringen. Er nimmt einen Schluck wässrigen Kaffee, schielt aus dem Augenwinkel zu dem anderen Casper in der Ecke. Er ist immer noch da. Versunken in der Welt, die vor ihm liegt, schwarze Teilformeln auf Papier. Casper spürt, wie er in Schweiß ausbricht. Spürt, wie sich seine eigenen Finger verkrampfen, als würden sie selbst den Stift umklammern.

Er weiß genau, was der andere tut. Weiß, dass er zuerst alle Variablen, über die er eine Schätzung anstellen kann, untereinander schreibt. Dass er nach und nach seine Schätzungswerte notiert. Caspers Blick verschwimmt, es ist, als ob er das Blatt vor sich sehen kann, immer deutlicher werden die geschwungenen schwarzen Buchstaben, bis er sie lesen kann. Er weiß ganz genau, wen er da beschreibt.

Ein geringer Wert für die Position im Sozialgefüge, ein noch geringerer für die verfügbaren Mittel, um den Alltag zu bestreiten. Ein niedriger Wert für die Allgemeinbildung, ein noch niedrigerer in Naturwissenschaften. Ein hoher Wert für Egoismus und Oberflächlichkeit, plus den Relativierungs-Modifikator für die stark ausgeprägte Empathie. Familie gegen null, Freunde gegen null, Irrationalität gleich hundert. Mit zitternden Fingern blättert er zurück, um die Standardwerte nachzuschlagen. Eigentlich dürfte er nur das halbe Notizbuch in der Hand haben. Aber dieses ist noch ganz. Er braucht nur drei Konstanten, notiert sie sich unter den Variablen. Caspers Finger zittern immer mehr, jetzt ist er dran. Seine eigene Beschreibung kann er auswendig, die Umstellung, die er braucht, auch. Auf der nächsten Seite isoliert er die Teilformeln, die ihm den gewünschten Wert liefern. Dann fängt er an zu rechnen. Die Zahlen beginnen auf dem Papier zu tanzen, sich in seinem Kopf zu überschlagen, werden zu einem Sog, der sich kaum aufhalten lässt. Will er es wirklich wissen? Nein. Er will nicht wissen, ob eine Beziehung mit Ilona rein rechnerisch Sinn macht. Warum tut er es dann? Er lässt seinen Blick verschwimmen, genau in dem Moment, der alles entscheidet.

»Nein«, sagt Casper laut und reißt sich los. Presst die Augenlider aufeinander, zwingt sich, seinem Herzschlag zu lauschen. Atmen, einfach atmen, sagt er sich immer wieder.

Ruckartig steht er auf, dreht sich um, ohne noch mal in die Ecke zu sehen. Soll der andere Casper rechnen und dabei unglücklich werden. Soll er im Zug sitzen und die Situation totanalysieren, bis er selbst tot ist. Aber dieser Casper, der Casper, der er jetzt ist, der will leben. Der möchte sich die Spannung nicht nehmen. Als er in die Zugtoilette torkelt, wundert sich Casper bereits nicht mehr über den Entschluss, so weiterzumachen wie bisher. Er spritzt sich kaltes Wasser ins Gesicht, ist jetzt wirklich wach. Statt erneut zurück in den Waggon zu gehen und seinen Kaffee zu holen, sollte er zusehen, dass er die Situation jetzt und hier wieder in den Griff bekommt.

◇

Nachdem er sich die Hände ordentlich gewaschen hat, zögert er kurz. Soll er wirklich gleich zurück zu Ilona? Dann sieht er sich selbst im Spiegel. Seine Haare sind zerzaust, die Aufregung leuchtet aus seinen Augen, darunter zieht die Müdigkeit der letzten Nächte ihre Schatten. Diese ganze Lebendigkeit kennt er gar nicht aus seinem Gesicht. So kann er also auch aussehen.

»Natürlich sollst du«, sagt Casper und nickt sich selbst bekräftigend zu. Entschlossen reißt er die Tür auf, macht sich auf den Weg in das Abteil, in dem er vorher noch mit Ilona gesessen hat.

Er könnte ihr einfach sagen, was er fühlt.

»Hey Ilona, tut mir leid, ich hatte einen krassen Eifersuchtsanfall, als ich dich beim Flirten mit dem fremden Angeber sehen musste. Aber jetzt, nachdem ich mich selbst im Zug getroffen habe, da kann ich auf einmal wieder klar denken.«

Nein, so kann er es nicht sagen. Vielleicht ein bisschen kryptischer?

»Ilona, ich kann es nicht erklären, aber du machst mich einfach irrational.«

Während er durch die Waggons geht, legt er sich immer wieder Sätze zurecht, stellt sie um, wirft sie durcheinander.

Am Ende bleiben nur »Ilona« und »Ich«.

Er wird vor Ilona stehen und gar nichts sagen.

Als er sich damit abgefunden hat, fällt ihm auf, dass er schon fast im letzten Waggon ist. Wie kann das sein? War er so sehr in seine Gedanken vertieft, dass er sie übersehen hat?

Auch im letzten Abteil findet er weder Ilona noch Tibor. Er geht ein weiteres Mal durch den Zug. Sieht sich diesmal die Fahrgäste genauer an. Keine Spur von Ilona. Er spürt, wie sein Herz immer schneller pocht. Wo ist sie hin?

Immer schneller wird sein Schritt, er rennt fast durch die Waggons. Als der Zug an einem Bahnhof hält, übersieht er den Koffer an der Seite einer Sitzgruppe, bleibt an ihm hängen.

Der Koffer kippt und schlittert ein paar Meter nach vorne, Casper liegt bäuchlings darüber. Er entschuldigt sich auf Englisch, schiebt den Koffer wieder zurück, ein paar der Fahrgäste lachen. Das rechte Knie sticht bei jedem Schritt, er lässt sich nichts anmerken. Muss weiter ins nächste Abteil.

Was ist, wenn der Typ Ilona etwas angetan hat? Wie konnte er sie nur mit ihm allein lassen? Er hatte von Anfang an dieses komische Gefühl. Und das Knie fühlt sich ausgerenkt an. Egal, Casper geht weiter, sieht jedem Fahrgast ganz genau ins Gesicht. Erst als der Zug sich wieder in Bewegung setzt, denkt er darüber nach, dass Ilona vielleicht ausgestiegen ist. Der Bahnhof zieht an den Fenstern vorüber, angestrengt sieht er nach draußen, versucht jede Person am Gleis zu scannen.

Da sind sie, ganz sicher. Er kann ihren flatternden Rock sehen, ihr wehendes Haar. Die große dunkle Gestalt neben ihr. Casper wirft sich an die Scheiben, hämmert dagegen, aber der Zug ist zu schnell, schon abgefahren. Er kann nicht fassen, dass er jetzt alleine nach Istanbul fahren soll. Was denkt sich Ilona dabei, einfach so abzuhauen? Dann kommt ihm ein anderer Gedanke. Was ist, wenn der Typ sie gezwungen hat auszusteigen? Wenn sie es gar nicht wollte? Wenn das, was er gerade beobachtet hat, eine Entführung ist?

Er muss schnellstens hier raus. Mit zitternden Fingern zieht er sein Mobiltelefon aus der Tasche. Hat er überhaupt Ilonas Nummer? Enttäuscht lässt er es zurückgleiten, es ist zwecklos. Jànos' Nummer ist die einzige, die er neu abgespeichert hat. Wie konnte er nur so dumm sein und sich darauf verlassen, in der modernen Welt ohne Telefon zurechtzukommen? Die nächsten Minuten sind eine Zitterpartie. Casper hat Glück, der Zug hält auch am nächsten Bahnhof. Es dauert eine Ewigkeit, bis sich die Türen öffnen. Ohne zurückzusehen, springt Casper mit einem Satz aus dem Zug nach Istanbul. Jetzt muss er rennen.

◇

»Big Taxi?«, fragt der Mann mit der Schirmmütze, der als Einziger aus der Gruppe gestikulierender Taxifahrer ein einigermaßen verständliches Englisch spricht. Casper will ein ganz normales Taxi, er zeigt immer wieder auf den Pkw, aber die ganze Truppe schreit, als ob es um einen Jahrmarktgewinn gehen würde.

»No, this one please.«

»Better price for you«, wiederholt ein großer energischer Mann und wedelt mit seinem Schlüsselbund in der Luft. Ein anderer, kleinerer springt immer wieder vor Caspers Nase, wenn er sich wegdreht. Um der Reizüberflutung zu entkommen, geht Casper auf das Auto zu, auf das er schon gedeutet hat. Dazu gehört der Schlüsselbundschwinger, der wie ein Blitz zum Auto schießt und Casper die Tür aufhält.

Während Casper einsteigt, zeigt einer der Fahrer auf die bunten Shorts und beginnt zu lachen. Noch bevor er die Tür schließen kann, stimmt der Chor mit ein und der Motor springt an. Im Auto riecht es nach ausgedrückter Zigarette und Schwarztee.

»Where go?«, fragt der Fahrer und zeigt seine kaffeebraunen Zahnreihen.

»Last train station.« Casper macht Zuggeräusche und deutet schließlich in die Richtung, aus der er mit dem Zug gekommen ist. »Gara«, sagt er, das hat er oft am Bahnhof gelesen. Der Fahrer nickt und dreht am Radio-Knopf, die Musik wird lauter, es läuft Folklore im schnellen Takt, Klarinetten spielen lange bukolische Läufe. Der Klang passt zum Tempo der Fahrt, die Einöde fliegt an den Scheiben vorbei, Häuserblocks auf ausgetrockneter Steppe, ein leerer Spielplatz dazwischen. Sie kreiseln im Kreisverkehr, dann ein Kleinbus, der aus einer Seitenstraße schießt. Quietschende Bremsen, ein plötzlicher Ruck, Caspers Gurt hält seinen Körper nicht, aber er kann sich am Armaturenbrett abstützen. Er sieht sie im Kleinbus sitzen. Das Karamellhaar, das spitze Ohr, das zwischen den Strähnen hervorblitzt. Er sieht sie nur von der Seite, aber es ist ihr Ohr, eindeutig ihres. Der Fahrer hat eine Sonnenbrille auf, Tibor der Entführer. Könnte von der Statur her hinkommen.

»Verfolgen Sie den Kleinbus!«, schreit Casper, fuchtelt mit den Händen. Er wiederholt es schrill, kreischt den Befehl in jeder Sprache, die ihm einfällt. Der Fahrer sieht verwirrt aus und reißt die Augen auf. Er zuckt mit den Schultern und biegt ab, anstatt umzudrehen. Casper explodiert fast, er hüpft auf seinem Sitz auf und ab.

»Umdrehen!«

Aber der Fahrer dreht nicht um, sondern rollt seelenruhig vor das Bahnhofsgebäude. Er streckt seine flache Hand aus, will bezahlt werden. Fluchend schüttelt Casper ein paar Scheine aus der Geldbörse, der Schuldiger sieht zufrieden aus. Was kümmert es Casper, ob er alle goldenen Regeln des Reisens auf einmal gebrochen hat, ob er noch mal abgezockt wird. Er stolpert aus dem Auto und steht im Nichts aus Sandstein.

Wie soll er Ilona finden? Wie kann er herausbekommen, wo Tibor mit ihr hingefahren ist? Schnell zieht er das Handy aus der Hosentasche. Er wird ihn googeln, einfach mal Tibor Ciobanu eingeben und sehen, ob er eine Adresse findet. Mit zitternden Fingern drückt er auf den Startknopf. Alles dauert viel zu lange. Die Kurzmitteilungen und E-Mails ploppen nacheinander auf dem Display auf, er wischt sie weg, endlich öffnet sich der Browser. Dann taucht die Meldung auf.

»Akku aufladen.«

Nur noch fünf Prozent, das wird nicht reichen. Während die Suchmaschine geladen wird, springt die Anzeige auf vier und dann auf drei Prozent. Verflucht! Er gibt die Buchstaben ein, sein Puls rast. Noch bevor er fertig mit dem Namen ist, wird der Display schwarz. Casper würde das nutzlose Teil am liebsten auf den Boden schmeißen und darauf herumspringen. Das Ladekabel ist mit dem Schuppen verbrannt. Er versucht sich zu beruhigen. Selbst am Ende der Welt gibt es Ladekabel, er ist ja nicht auf dem Mond. Suchend sieht er sich um, erkundet die Einöde aus Sandstein das erste Mal genauer.

Schräg hinter dem Bahnhofsgebäude sieht er ein paar Tische, die zu einer verfallenen Kneipe gehören. Er rennt die Treppen zur Unterführung hinunter, hat keine Zeit zum Nachdenken.

Vor dem Laden lehnt ein kräftig aussehender Typ mit Schürze, der gerade seine ausgedrückte Zigarette wegschnippt. Seine Unterarme sind tätowiert und breiter als Caspers Oberarme. Die dunklen Haare kurz geschoren, die Augen verengt, seine Haltung lauernd. Etwas zu lange ruht sein Blick auf Caspers Shorts. Normalerweise würde er ihn eher nicht ansprechen. Aber jetzt hat er keine Wahl. Entschlossen geht er auf den Mann mit Schürze zu.

»Ich brauche ein Ladegerät.«

Casper holt sein Handy aus der Tasche, versucht es anzuschalten und zeigt ihm das Symbol.

»No battery?«, fragt der Typ. Seine Stimme ist rau, klingt wie Bimsstein, der über ein Waschbrett gezogen wird. Casper nickt, der Typ winkt ihn in den Laden und geht vor. Bevor Casper ihm folgt, wirft er noch einen Blick zurück nach draußen. Die untergehende Sonne flutet die Terrasse. Bald wird Ilona wieder frieren. Die warmen Anziehsachen stecken im Rucksack auf Caspers Rücken, er muss sich beeilen.

Drinnen vermischen sich die Gerüche von Moder und Bier.

Die Wände sind unverputzt, die Luft fühlt sich aus irgendeinem Grund feucht an. Als die Tür hinter ihm zufällt, ist es fast ganz dunkel um ihn herum, es gibt nur eine Lichtquelle im Raum. Die einzelne Glühbirne hängt über dem Holztresen am Ende des Ladens, beleuchtet drei Zapfhähne und ein paar frei liegende Rohre. Casper erkennt einen weiteren Typ mit Schürze und Glatze, der gebückt hinter der Bar steht. Als er sich aufrichtet, gelangt sein Hinterkopf kurz in den Kegel der Lampe. Während Casper sich noch fragt, ob er sich das tätowierte Gesicht auf der hinteren Schädelseite nur einbildet, krächzt der Typ von draußen mit der Bimsstein-Stimme abgehackte Silben. Casper hätte gern mehr auf den Klang geachtet, aber kann seinen Blick nicht von der Kiste abwenden, die der Mann hinter der Bar auf den Tresen stellt.

Zwischen ausgebleichtem Holz liegt ein abgetrennter Schweinekopf. Da, wo die Augen sein müssten, klaffen zwei Löcher. Blutige Verfärbungen auf der Haut reichen bis zur Schnauze. Casper dreht sich der Magen um. Er tritt einen Schritt zurück, stößt mit dem Rücken gegen die Tür, der Typ von draußen zieht ihm das Handy aus der Hand.

»No, it's o. k.«, stammelt Casper und greift nach seinem Mobiltelefon. Er erwischt es nicht mehr. Der Tätowierte ist mit ein paar schnellen Schritten am Tresen und legt das Gerät neben den Schweinekopf. Der andere greift danach und brummt irgendwas, verschwindet durch die Tür hinter der Bar. Casper kann seine schweren Schritte auf der Treppe hören, die wohl in den Keller führt.

»Will load«, sagt der Typ von draußen und zeigt mit beiden Händen etwas, das wohl »anstecken« bedeuten soll.

»Sit«, sagt er und deutet auf einen Tisch im Dunkeln.

Casper lässt sich auf dem wackeligen Holzstuhl nieder, ohne den Schweinekopf aus den Augen zu lassen. Der Halsschnitt muss so groß wie ein Teller sein, mindestens zweiundzwanzig Zentimeter im Durchmesser. Wo der Körper wohl geblieben ist? Der Typ von draußen zündet sich eine neue Zigarette an und wendet sich rauchend an Casper.

»Drink?«, fragt er. Casper schüttelt den Kopf.

»Drink«, sagt er noch mal. Dann tritt er hinter die Bar, langt unter den Tresen und stellt ein Schnapsglas auf die Anrichte.

Die Tür schwingt auf, und der andere Mann kommt zurück. Von der Seite sieht Casper das Tattoo auf seinem Hinterkopf deutlicher. Ist das …? Casper will den Satz gar nicht zu Ende denken. Das bildet er sich doch nur ein. Der Typ hinter der Bar nickt mit dem Kopf auf das Glas, sagt etwas, dann lachen beide. Während der eine durchsichtige Flüssigkeit ins Glas kippt, greift der andere nach der Kiste mit dem Schweinekopf, trägt sie an Casper vorbei, öffnet die Tür und stellt ihn nach draußen.

»Oink, oink«, macht er, als er direkt neben Casper ist. Fast kann er das Tote riechen, das Metallische, Blutige. Nur ganz kurz, bevor sich die Tür öffnet. Etwas frische Luft gelangt in den Laden, dann fällt die Tür wieder zu. Eigentlich wollte er gerade fragen, ob er draußen warten kann. Aber die Vorstellung, alleine mit dem Schweinekopf in der Abendröte zu sitzen, ist ein bisschen zu seltsam.

Der Glatzkopf mit der Bimsstein-Stimme stellt das Glas auf seinen Tisch und setzt sich gegenüber.

»Sliwowitza«, sagt er und zeigt, dass er den Schnaps hinunterkippen soll. Casper riecht zuerst an der fruchtig-scharfen Flüssigkeit, nimmt dann einen kleinen Schluck. Der Obstbrand sticht auf der Zunge, Casper verzieht das Gesicht. Wieder lachen beide. Der Typ mit dem Tattoo am Hinterkopf stellt sich mit verschränkten Armen hinter seinen Kollegen.

»Where are you come from?«

Casper überlegt kurz, ob er sich eine ganz neue Identität zulegen soll, bleibt dann aber bei der Wahrheit.

»Berlin, Berlin«, sagt der sitzende Glatzkopf anerkennend und krempelt einen Ärmel hoch, um stolz seine nach rechts geneigte Swastika zu präsentieren.

Scheiße, denkt Casper. Stimmt es also doch. Das tätowierte Gesicht auf dem Hinterkopf ist Adolf. Jetzt sitzt er neben zwei Rechtsradikalen und trinkt Schnaps in einem Laden, vor dem ein Schweinekopf steht. Wie hoch ist die Chance, im rumänischen Hinterland in ein Nazi-Nest zu geraten? Das muss einem mal passiert sein. Ohne es zu wollen, prustet Casper los, hebt aber gleich beschwichtigend die Hände. Die Glatzköpfe werfen sich einen fragenden Blick zu, Casper sieht seinen eigenen Kopf schon neben dem des Schweins in der Palettenkiste liegen. Schnell kippt er den Schnaps hinunter.

Alle beide lachen wieder. Der stehende Glatzkopf holt die Flasche mit der klaren Flüssigkeit und schenkt Casper erneut ein. Während Casper überlegt, wie er das nächste Glas verschwinden lassen kann, ohne es zu trinken, kommt ein dritter Mann in den Laden. Keine Glatze, dafür ein Arbeitsanzug. Die Männer beginnen eine Unterhaltung, spucken Silben hin und her, die nach einer erfundenen Sprache klingen. Irgendwas zwischen Portugiesisch, Italienisch und vielleicht Kroatisch. Dann gehen sie in den dunklen Teil des Ladens und steigen eine Holztreppe hoch, die Casper bisher noch nicht mal bemerkt hat. Das ist der Moment, schreit irgendwas in Casper. Er kann hören, wie die Männer ein Stockwerk über ihm reden, der dumpfe Klang wabert durch die Decke. Ehe er sich versieht, ist er aufgesprungen, rennt hinter die Bar, stößt die Tür auf. Kahle Mauern neben einer langen, schmalen Treppe, unten brennt eine Glühbirne. Dann steht Casper in einem dunklen Raum. Die Luft ist trocken, alle Feuchtigkeit staut sich oben. In der hinteren Ecke leuchtet sein Mobiltelefon.

Es liegt in einem Regal, zwischen Klopapier und leeren Flaschen, das Kabel steckt in der Steckdose darunter. Der Akku ist zu vierundzwanzig Prozent geladen. Casper macht sein Freudengeräusch, zieht das Handy jauchzend vom Strom und ist die Treppe schon wieder halb hochgespurtet, nimmt zwei Stufen auf einmal.

Er drückt die Klinke herunter, lehnt sich gegen die schwere Türe und nichts. Sie bleibt zu. Mit aller Kraft drückt er dagegen, aber sie bewegt sich keinen Millimeter. Fluchend sinkt er auf die Treppe. Sein Handy hat keinen Empfang, Casper ist verloren. Wenn die Männer zurückkommen und ihn hier unten finden … Er will lieber nicht darüber nachdenken.

Plötzlich hört er die schweren Schritte auf der Treppe. Zitternd kauert er in der Ecke, die Tür geht auf. Casper ist sofort auf den Beinen, weicht einen Schritt zurück, hält die Luft an. Der Bimsstein-Typ stemmt seine Hände in die Seiten und sieht ihn vorwurfsvoll an. Dann macht er den Weg frei und hält Casper die Tür auf. Caspers Herz klopft upbeat. Soll er rennen? Hat er überhaupt eine Chance, wenn der zweite Typ vielleicht schon draußen vor dem Laden wartet, um ihm den Hals umzudrehen? Zögernd tritt Casper hinter die Bar, hebt sein Handy, verliert sich in Erklärungsversuchen.

»I wanted to fetch this …«

Der Typ nickt und klopft ihm auf die Schulter.

»Can I pay?«, fragt Casper und zieht seinen Geldbeutel aus der Hosentasche. Der Typ schüttelt den Kopf.

»Is free«, sagt er und grinst.

»Don't forget«, sagt er, als Casper fast aus dem Laden ist. Casper dreht sich um, der Typ hält ihm den Rucksack hin, den Ilona ausgesucht hat. Den hätte er beinahe vergessen. Dankend nimmt er den Rucksack und geht, schneller, als es sein müsste.

Glück gehabt, denkt Casper, wirft noch einen letzten Blick über die Schulter und verabschiedet sich vom Schweinekopf.

◇

Casper kann nicht fassen, wie viele Sucheinträge es zu Tibor Ciobanu gibt. Er findet einen Marathonläufer, einen Zahnseidehersteller und dann einen Tanzclubbesitzer. Letzteres könnte passen. Er klickt auf die Website des Tanzclubs. Die Sonne ist schon fast untergegangen. Während die Seite lädt, streift er durch die Dämmerung. Keine Ahnung wohin, warum auch darüber nachdenken. Hauptsache in Bewegung bleiben. Als er kurz vor dem Kreisverkehr ist, an dem er Ilona in dem Kleintransporter gesehen hat, lädt die Seite des »Diamond Club« endlich. Der Tanzclub ist wohl eher ein Strip-Club. Casper klickt sich durch die Galerie, findet hauptsächlich Fotos von leicht bekleideten Tänzerinnen, die viel zu stark geschminkt sind. Alle so in Ilonas Alter, denkt er, und sein Puls beschleunigt sich.

Es gibt kein Foto von Tibor, aber eine Adresse des Ladens. Casper kopiert die Anschrift und sucht den Weg dorthin. Der Club ist in nur zwanzig Minuten zu Fuß zu erreichen. Das muss es sein! Hier hat er Ilona also hin verschleppt. Casper lädt die Route und folgt ihr. Je näher er dem Club kommt, desto stärker wird das flaue Gefühl in seinem Magen. Was ist, wenn sie Ilona nicht herausgeben? Wenn er sie nicht findet, weil Tibor sie irgendwo versteckt hat und nicht gehen lässt? Casper stellt sich Ilona in ihrem viel zu kurzen Glitzerkleid vor, festgekettet an ein Heizungsrohr, neben ihr tropft es von der Decke. Er beschleunigt seinen Schritt, rennt fast.

Die Bilder in seinem Kopf werden immer lebhafter. Die Fantasie ist beflügelt von Angst und Obstbrand, der Schweiß steht ihm auf der Stirn. Er stellt sich vor, wie Ilona an der Stange tanzt. Dann dreht sie sich zu Casper. »Was willst du von mir? Ich finde es gut hier«, sagt sie und zündet sich eine lange, dünne Zigarette an. Sie schnippt die Asche in eine leere Augenhöhle, der Schweinekopf liegt zu ihren Füßen. Casper merkt, dass er sprintet. Den Weg von zwanzig Minuten hat er in sieben zurückgelegt. Irgendwo in der Nähe muss der Club sein. Er liest mehrmals den Straßennamen auf dem Display, Strada Carol Davila. Angeblich befindet er sich schon mitten drin. Casper sucht ein Straßenschild, Strada Ion Roată. Also ist er falsch.

Ein paar Schritte weiter in Richtung der Straßenmitte kann er Musik und Gelächter hören, eine Traube von Männern steht vor einer Bar. Vielleicht ist es doch die richtige Straße, nur der Name hat sich geändert? Casper rennt vor den Laden, aber hält enttäuscht an. Das ist definitiv nicht der Diamond Club.

Er sieht sich zwischen den Herumstehenden auf der Straße um. Irgendeiner wird sich schon auskennen in der Gegend. Casper sondiert, mit wem er reden möchte. Seine Wahl fällt auf einen herausgeputzten Jüngling im Anzug mit kurzen blonden Locken.

»Hallo, kannst du mir helfen? Ich suche diese Straße hier …«, Casper zeigt dem nickenden Jungen die Karte auf dem Smartphone.

»Ahh!«, macht dieser. »Ich bring dich schnell hin.«

Sein Englisch ist gut, die Augen sind freundlich, mit einer winkenden Geste gebietet er Casper, ihm zu folgen.

»Es ist ganz in der Nähe, glaube ich«, sagt der junge Mann, der seine Bierflasche immer noch in der Hand hat. Sie laufen ein Stück zu zweit nebeneinander her. »Woher kommst du?«, fragt er lächelnd, und Casper sagt seinen Standardsatz.

»Aus Berlin über Budapest nach Istanbul.«

»Oh, Deutschland?« Der junge Mann scheint sich zu freuen, aber Casper wundert sich überhaupt nicht mehr. Der eine mag den Euro, der andere die Nazis, hier haben wir wahrscheinlich einen BMW-Liebhaber.

Die Straße verengt sich, Casper wirft einen Blick auf die Karte, er sieht, dass sie sich vom Ziel wegbewegen. Und außerdem ist sein Akku bald wieder leer. Er will gerade nachfragen, da biegt der junge Mann in die nächste dunkle Seitenstraße ein. »Kann ich noch mal sehen …?«, fragt er, dreht sich um. Casper nickt, wirft einen Blick nach unten aufs Display, hebt das Handy ein Stück nach oben. Da trifft ihn der erste Schlag im Gesicht. Seine Nase knackt, als die Faust aufprallt. Der stechende Schmerz zieht sich bis in sein Auge. Casper taumelt, hält sich das Gesicht. Goldlöckchen hat ihn ordentlich erwischt.

»Bist du bescheu …«, presst er hinter der vorgehaltenen Hand hervor, da zerberstet die Flasche mit voller Wucht auf seinem Schädel. Er hört das Glas platzen, spürt die scharfen Kanten auf dem Kopf. Kann gerade noch lang genug sehen, um sich über den freundlichen Ausdruck in Goldlöckchens Gesicht zu wundern. Dann läuft das Blut in seine Augen, der Blick verschwimmt. Das Pochen seiner Schädeldecke vermischt sich mit dem Stechen im Gesicht, er bekommt keine Luft mehr. Während er auf den Boden sinkt, wird alles um ihn herum schwarz.

ILONA

»Wir finden ihn nicht mehr«, sagt Tibor gelangweilt. Wahrscheinlich laufen sie gerade das siebte Mal durch den Zug. Ilona sieht jeden Fahrgast zwei Mal an. Keine Spur von Casper.

»Süße, ich glaub du musst dir über eines bewusst werden: Er hat dich versetzt.«

»Du kennst Casper nicht«, schnaubt Ilona. »Der versetzt niemanden.«

»Was ist das überhaupt für ein Name, Caspr?«

Nach dem achten Mal muss Ilona aufgeben. So lange kann kein Mensch auf den engen, stinkenden Zugtoiletten bleiben. Nicht mal Casper.

»Ich hab keine Lust mehr. Komm Süße, gehen wir was essen.«

Ilona nickt und trottet hinter Tibor her, der plötzlich im Durchgang zwischen zwei Waggons stehen bleibt und sich neben die Tür lehnt.

»Gehen wir nicht in den Restaurant-Waggon?«, fragt Ilona, während der Zug in einen Bahnhof einrollt, der genauso aussieht wie der, an dem sie vorher so lange warten mussten.

»Nein, vergiss es. Eine wie du muss ausgeführt werden. Wir wollen uns doch was gönnen.«

Er schiebt seine Sonnenbrille nach oben. Zum ersten Mal kann Ilona ihm ins Gesicht sehen. Lange Wimpern umrahmen seine schwarzen Augen. Dann legt er den Kopf schief.

»Wir steigen aus, fahren in die nächste Stadt, suchen uns

ein schickes Hotel aus und fahren morgen weiter nach Istanbul. Mit dem Zug, der dafür vorgesehen ist. Dann müssen wir auch nicht so oft umsteigen, du wirst sehen, das ist angenehmer …«

Kurz ist Ilona hypnotisiert von der Vorstellung, dann fällt ihr Casper wieder ein.

»Ich würde ja gerne …«, sagt sie.

Was, wenn Casper etwas zugestoßen ist? Wenn er plötzlich einen Herzinfarkt bekommen hat? Zumindest würde er dann noch bewusstlos im Zug liegen.

Tibor nimmt ihre Hand, dann öffnen sich die Türen.

»Heute Nacht greifen wir nach den Sternen.«

Mit einem Ruck hat er Ilona aufs Gleis befördert.

Die Türen schließen sich und der Zug fährt weiter. Wie in Trance sieht sie ihm hinterher. Morgen wird er in Istanbul ankommen, aber Ilona wird nicht dabei sein.

Tibor hat einen Fahrer zum Bahnhof bestellt, der auf sie wartet.

Wie kann das sein?, denkt sich Ilona, während sie in den Kleintransporter einsteigt. An jedem anderen Tag hätte sie sich zurückgelehnt, aus dem Fenster gesehen und den Fußgängern ab und an einen stolzen Blick zugeworfen. Sieh her, ich werde chauffiert, ich bin wichtiger als du. Sie kann das Gefühl nicht auskosten, starrt aus dem Fenster, spiegelt sich im Glas, aber sieht nicht in die eigenen, sondern in Caspers müde, blauen Augen. Dass er sie so im Stich lässt, hätte sie nicht gedacht. Einfach so den Zug zu verlassen, ohne Bescheid zu geben. So hat sie ihn nicht eingeschätzt. Dass er überhaupt so ausrasten kann, wie vorhin im Zug. Verliebte Männer sind zu allem fähig, das hat ihre Mutter immer wieder gesagt. Gestern Nacht hat er noch sein Gesicht an ihren

Rücken gelegt, heute lässt er sie in einem fremden Land zurück.

Wenn das Liebe ist, kann Ilona gerne darauf verzichten.

»In ungefähr einer Stunde sind wir da«, sagt Tibor und reißt Ilona aus ihren Gedanken.

»Wir fahren in eine schicke Gegend in der Stadt, setzen uns schön auf die Terrasse, trinken ein paar Aperitifs und dann sehen wir schon, was passiert.«

Ilona nickt und lächelt. Was soll schon passieren? Jetzt, wo Casper weg ist, ist sie frei. Sie wird ihre Zigarettenstummel in den Abfluss werfen, sich Geschmortes vom Steppenrind bestellen, den Rest von der Soße mit weichem Weißbrot auftunken, dazu mehrere Flaschen Rotwein trinken. Leicht bekleidet tanzen, singen, vielleicht mit Tibor schlafen, wer weiß. Alles kann passieren.

Die Terrasse ist wirklich malerisch schön. Große Blumenkübel stehen neben mediterranen Pflanzen in Keramiktöpfen, die ihre Sommersüße unter den letzten Sonnenstrahlen verströmen. Ilona lässt sich auf einen weißen Gartenstuhl sinken, der zwar sehr stilvoll aussieht, aber nicht besonders bequem ist.

Nach einem Glas Wein legt Tibor ihr die Hand auf den Oberschenkel. Ilona bestellt sich ein zweites und eine Packung Zigaretten dazu. Sie versucht gar nicht erst, ihr Bein wegzuziehen. Heute hat sie keine Grenzen, das spürt auch Tibor. Nach einer ausgiebigen Mahlzeit und zwei Flaschen Wein bestellen sie die dritte. Zwischendrin gibt es Schnaps. Ilona hätte auch zu ein bisschen Koks nicht Nein gesagt, alles, nur um Casper zu vergessen. Immer wieder muss sie an ihn denken, auch als sie Tibor zusichert, sich ein Zimmer mit ihm zu teilen. Als sie ihm über die Treppe nach oben folgt, stellt sie sich vor, was Casper jetzt sagen würde. Wenn er sie nur sehen könnte! Das würde ihn zum Toben bringen.

Sie kann sich nicht dagegen wehren: Die Vorstellung, dass es ihm wehtun würde, gefällt ihr.

Das Zimmer ist elegant eingerichtet, die Lichter lassen sich dimmen. Ilona ist ziemlich betrunken, als sie vor dem Bett steht und Tibor plötzlich hinter ihr ist. Er küsst ihren Nacken, fasst in ihren Schritt. Sie schließt die Augen, während sie versucht, nicht an Casper zu denken. Keine Sekunde kann sie ihn vergessen. Nicht als Tibor sich über ihr aufbäumt, nicht als er ihre Strumpfhose zerreißt. Casper ist weg, das wiederholt sie in Gedanken, wieder und wieder, bis sich Tibor entlädt und wie ein nasser Sack von ihr herunterrollt. Es war ziemlich schnell vorbei. Ilona liegt in einer nassen Pfütze, lauscht seinem röchelnden Atem. Hoffentlich hat er ein Kondom benutzt. Als sie die Augen schließt, dreht sich Caspers Gesicht vor ihren Augen. Sie reißt die Lider wieder auf, als sie merkt, dass ihr wirklich übel ist. Während sie mit dem Würgereiz kämpft und versucht, sich im Bett aufzusetzen, sieht sie, dass Tibor schon wieder angezogen neben dem Bett steht.

»Wie viel?«, fragt er.

Ilona ist für einen kurzen Moment verwirrt. Sie möchte ihn fragen, wie er das meint, bringt aber kein Wort heraus. Mühsam dreht sie sich ein bisschen näher zum Bettrand, gleich wird sie sich übergeben, das spürt sie. Sie sieht, dass Tibor ein paar bunte Scheine auf die Decke legt. Die Zahlen tanzen, die Euros verschwimmen vor ihren Augen.

»Das wird reichen, oder?«, grinst er und geht vor ihr in die Hocke. Sein Gesicht flimmert, seine Stimme hallt. Da ist etwas Spöttisches in seinem Blick.

»Du hast dich ja ordentlich verköstigen lassen und auch sonst gut zugelangt«, lacht er, während er wieder aufsteht.

»Das Zimmer kannst du heute Nacht behalten. Das Licht lass ich wohl lieber an.«

Ilona hört noch, wie er die Tür hinter sich schließt. Dann bricht ein saurer Schwall aus ihr heraus.

CASPER

Beurteile nie ein Buch nach seinem Einband. Die Floskel hat sein Vater gern verwendet. Casper hat es immer wieder versucht. Viele Male hat er Büchern eine Chance gegeben, obwohl der Einband hässlich oder der Titel langweilig war. Jetzt hat er kapiert, dass es nicht um die nichtssagenden, sondern um die vielversprechenden Einbände geht. Goldlöckchen hat wirklich nett gewirkt.

Als Casper seine Augen öffnet, liegt er in einem stinkenden Haufen, irgendwo in einer dunklen Straßenecke. Es riecht nach altem Fisch, Urin oder beidem. Er versucht sich zu bewegen, aber es ist, als ob hundert Nadeln in seine Kopfhaut stechen. Das schmerzhafte Kribbeln wird immer stärker. Casper versucht sich aufzurappeln, stützt sich auf Mülltüten ab. Der Geruch nach Fäule wird stärker, bringt ihn zum Würgen. Etwas Nasses klebt an seinem Rücken. Casper wischt sich mit der Hand über den Nacken, fasst in eine widerliche, dickflüssige Soße. Blut? Vorsichtig tastet er seinen Kopf ab. Auch seine Haare sind klebrig. Er erinnert sich an das Geräusch, als die Bierflasche über seinem Schädel zerbrochen ist. Dann fasst er sich an die Nase, zuckt unter dem Schmerz zusammen. Selbst leichter Druck ist unerträglich. Casper kriecht nach vorne zum Straßenrand und sieht sich suchend um. Der Rucksack ist weg. Mit ihm alle Anziehsachen. Casper fasst in beide Taschen der Shorts. Die beiden Hälften des Notizbuches hat er noch. Aber natürlich hat Goldlöckchen auch Geldbeutel und Handy mitgenommen. Das Einzige, was er sonst noch findet, ist ein kleines Stück hartes Plastik, das er aus der Tasche zieht. Hat der Typ also wirklich …?

Prüfend hält er seine deutsche SIM-Karte unters Licht einer Laterne. Sie hat ein paar Kratzer abbekommen. Die Flasche über den Kopf geht klar, das Ausrauben auch und den bewusstlosen Körper des Fremden danach in einen Müllhaufen zu ziehen, kein Ding. Ihn aber dann ohne seine Kontakte zurückzulassen, das ging wohl zu weit. Fast muss Casper lachen, hustet aber nur. Sein Speichel schmeckt nach Blut, er schluckt es runter. Noch schwebt seine Hand in der Luft, der Chip glänzt, hinter der SIM-Karte zeichnet sich ein Schriftzug ab. Casper muss mehrmals blinzeln. Er lässt die Hand sinken.

Seine müden Augen starren auf die geschwungenen Buchstaben. »Diamond Club«. Er steht direkt vor dem Schuppen, den er gesucht hat. Nur ist er anders, als Casper erwartet hat. Verlassen nämlich, mit ein paar alten Holzbrettern zugenagelt. Casper ballt die Hand zur Faust, schüttelt sie zitternd in der Luft. Ein langer Schrei entfährt ihm, der im Kopf und in den Ohren wehtut. Heute Morgen war er noch mit Ilona auf dem Weg in ein neues Leben. Jetzt hat er nichts mehr außer das, was er am Körper trägt und eine sinnlose SIM-Karte. An Ilona erinnert nur noch das Paar bunte Shorts. Wäre er bloß einfach nach Venedig gefahren. Aber jetzt ist es zu spät. Er hat sich für die schwarze Piste entschieden und ist im Tiefschnee stecken geblieben. Casper weiß, wann er verloren hat.

◇

Der Kopf dröhnt, das Blut rauscht mit wahrscheinlich 1,3 Metern pro Sekunde durch seine Venen. Er steht auf dem Seitenstreifen der Autobahnbrücke, klammert sich an die Brüstung und starrt nach unten in die Dunkelheit. Hier ist er wieder. Der Moment, an dem sich alles verflüchtigt und zu einem wird. Der Abgrund zieht ihn in die Tiefe, Caspers Beine zittern. Er hat das Gefühl, schon jetzt zu fallen, aber Lust, sich noch weiter vorzubeugen. Irgendwo da unten ist Boden. Kiesel, Schotter, Geröll oder Wasser, vielleicht ein Nadelwald, der das Mondlicht schluckt. Die Höhenmeter lassen sich nicht abschätzen, der Sog ist trotzdem da.

»Wer Angst hat, zu springen, der tut es nicht.«

Das hat er einmal gelesen. Sich selbst zu misstrauen sei eine vernünftige Eigenschaft. Jetzt, wo es keine Hoffnung mehr gibt, wo sein ganzer Körper ein Bündel aus Schmerz und Versagen ist, misstraut er sich wirklich. Er wirft noch einen Blick in den Abgrund und weicht einen Schritt zurück, steht zwischen dem Rauschen der Autobahn und dem Sog in die Tiefe. Dann dreht er sich um. Ein Schritt nach vorne, er stünde inmitten der rechten Spur. Autos und Lastwagen rasen an ihm vorbei. Wenn er nur den Lärm und die Scheinwerfer ausblenden könnte. Mit jedem Fahrzeug explodiert ein Bild in seinem Kopf. Der Fahrkartenschalter in Berlin, die Bukowski Bar in Budapest, Jànos' Couch. Der Schuppen, das umgegrabene Gartenbeet, Ilonas spitze Ohren im Mondlicht. Ilona eingenebelt in Rauchschwaden. Ihre schmutzigen Füße auf dem Kiesweg, die Sandalen baumeln in ihrer Rechten, schleifen fast auf dem Boden. Der fliegende gelbe Rock am Bahnsteig, ihr Rücken neben seinem Rücken, Ilona Hand in Hand mit einem Fremden. Dann kein Bild mehr.

Casper schließt die Augen und breitet die Arme aus. Hinter ihm liegt der Fall, vor ihm das Rauschen. Er atmet langsam ein und aus. Es ist Zeit aufzugeben, loszulassen. Wenn dieser Moment der eine ist, lohnt es sich, auf einen besseren zu warten? Er muss es tun. Casper fasst den Entschluss. Dann schiebt er beide Daumen heraus.

Was bleibt ihm auch anderes übrig?

Bereits nach ein paar Minuten schert ein graugrüner Passat ungefähr fünfzig Meter weiter auf dem Seitenstreifen aus. Casper rennt in Richtung des Autos, bei jedem Schritt spürt er seine Schädeldecke, die kleinen Nadeln, die sich in seine Kopfhaut bohren. Sein Atem rasselt, noch sitzt der Druck auf den Lungen, bald ist es geschafft. Immer näher kommt der Passat. Er wirft einen Blick aufs Kennzeichen, traut seinen Augen nicht. BA, Bamberg, Bayern, Deutschland. Er zögert, taumelt, muss verarbeiten, dass er Glück hat. Aber halt. Vielleicht hat er gar kein Glück? Hoffentlich kann er trotz seines Aufzugs mitfahren. Die kurzen, engen Shorts muss der Fahrer schon gesehen haben. Aber dass er dreckig und verklebt ist, ihm eventuell noch Blutreste im Gesicht hängen, das wird er erst aus der Nähe feststellen. Ob er gleich wieder wegfährt?

Casper wirft einen Blick durch die hintere Scheibe. Der Fahrer lässt die Fensterscheibe herunter, winkt Casper nach vorne.

»Danke fürs Anhalten.« Caspers Stimme überschlägt sich fast. »Ich hatte einen echt beschissenen Abend …« Schnell versucht er seinen Aufzug zu erklären, verhaspelt sich immer wieder, schnappt nach Luft. Der Fahrer nickt. Er klopft auf seinen Nebensitz.

»Ist o.k.«, sagt er und zuckt die Schultern. »Steig einfach ein.«

Erst auf dem Beifahrersitz kommen die Schmerzen wieder. Das Pochen unter dem rechten Auge, der Druck auf der Nase, das Nadelkissen auf der Kopfhaut. Casper hat jeden Zentimeter abgetastet und keinen Splitter gefunden. Ein bisschen Blut auf der Fingerkuppe, ansonsten nur nasser Schweiß, mehr war da nicht. Casper lehnt sich an den schaumigen Schonbezug, der Boden vibriert unter seinen Füßen. Das Auto riecht nach künstlichem Pinienwald.

»Danke fürs Mitnehmen«, sagt Casper, bevor er sich den Fahrer genauer ansieht. Er ist noch jung, hat einen vollen rotblonden Haarschopf und trägt eine bunte Trainingsjacke, die gut zu Caspers kurzer Hose passt.

»Wie könnte ich auch Nein sagen bei diesen Beinen?«, fragt der Junge und wirft Casper einen neckischen Blick zu.

»Ist nur Spaß.« Er grinst. »Deine Beine gehen mir am Arsch vorbei, keine Sorge.«

»Das hätte mir auch gerade noch gefehlt«, entgegnet Casper und zieht den Mund schief. Mit Mühe bekommt er ein halbes Lächeln zustande.

»Denk ich mir schon. Bin selbst so dagestanden vor ein paar Wochen, weil sich mein Kumpel bei unserem Trip durch Tschechien verliebt hat. Paar Tage war ich noch geduldet, aber dann war ich einer zu viel.«

»Bist ist du gut nach Hause gekommen?«

»Ja, war witzig. Bin auf jeden Fall rumgekommen.«

»Cool.«

»Und du?«

»Ich bin Casper. Aus Berlin über Budapest nach vor Kurzem mal Istanbul, aber hoffentlich bald München.«

Der Junge lacht.

»Ich wollte eigentlich wissen, warum du auf der Autobahn herumstehst.« Dann grinst er wieder neckisch zur Seite. »Ich bin Dani und höre gerne Techno«, sagt er und dreht den blechernen Radiosound etwas lauter.

»Jetzt erzähl mal!«, brüllt Dani gegen den Beat an.

Auch Casper muss fast schreien. Er versucht die wichtigsten Stationen seiner Reise zusammenzufassen, Ilona dabei so oft wie möglich auszulassen. Allein ihren Namen zu denken tut weh. Mehr als die Nadeln im Kopf. »Mit einer Freundin zusammen«, beginnt er. Er versucht, es nicht zu oft zu sagen, auch das brennt im Magen wie heiße Säure, die immer weiter hochsteigt. Ob sie auch an Casper denkt? Eigentlich ist es ja auch egal. Solang es ihr gut geht. Soll sie ihn hassen, verfluchen, solange sie in Ordnung ist.

»Und die Nazis waren nett, aber der blond gelockte Anzugtyp hat dir die Fresse poliert?«, lacht Dani in den Techno hinein. »Ist ja hart.«

»Voll.«

»Und jetzt geht's dir beschissen?«

»Ziemlich«, sagt Casper. »Alles tut weh. Selbst der Beat sticht irgendwie … aber trotzdem hab ich wahrscheinlich relativ viel Glück gehabt. Eine Flasche über den Kopf, das hätte auch anders ausgehen können.«

Dani pfeift anerkennend durch die Vorderzähne, wirft ihm einen nachdenklichen Blick zu. Dann kratzt er sich fragend am Kopf und dreht die Musik leiser. »Könnte sein, dass ich was für dich hab. Kuck mal ins Handschuhfach, da müsste irgendwo 'ne Schmerztablette liegen.«

Casper öffnet das Handschuhfach, tastet zwischen Lappen, Papieren, Taschentüchern und Halspastillen herum.

»Ne, da ist nichts …«

»Schau bisschen genauer, da muss irgendwo so 'ne einzelne, runde Tablette liegen …«

»Ohne Verpackung oder was?«

»Ja.«

Casper seufzt, tastet mit den Fingerspitzen die Ecken ab. Stift, Kopfhörer, eine Brille ohne Etui, dann rutscht sie ihm zwischen die Finger, klein und glatt.

»Hab sie!«

Casper zieht die Pille ohne Blister aus dem Handschuhfach.

»Was ist das?«, fragt Casper und dreht die Tablette hin und her.

»Tilidin, Tramal oder so was in der Richtung. Auf jeden Fall was Starkes.« Dani zwinkert ihm verschwörerisch zu.

»Nimmst du das sonst immer, wenn du Kopfschmerzen hast?«

Dani schüttelt den Kopf.

»Nö. Aber wenn ich ganz arge Langeweile habe«, grinst er.

»Ach so.«

Casper legt das weiße, glatte Ding in die Mitte seiner Handfläche. Da liegt sie, zwischen Hautfurchen und Linien. Caspers Herzschlag beschleunigt sich, die Ohren werden heiß, die Kopfhaut sticht, als das Blut nach oben rauscht. Kommen die Autotüren näher? Es ist ein bisschen wie Platzangst. Die Pille pulsiert mit dem Beat, ist der helle Notausgang in einem dunklen, engen Schacht.

»Wohl doch nich so starke Schmerzen?«, fragt Dani herausfordernd.

»Doch.« Casper seufzt. Opium stand bisher einfach noch nicht auf seinem Speiseplan. Casper sieht die unscheinbare weiße Pille noch einen Moment in der Hand pochen, bevor er die Entscheidung trifft. Was spießt er so rum? Das Zeug gibt's doch in jeder Apotheke.

»Ich bräuchte bisschen Wasser dazu.«

»Ist hinten auf dem Rücksitz.«

»Und du weißt wirklich nicht, was das für 'ne Pille ist?«

»Ne.«

»Dann kann ich mir ja alles Mögliche wünschen.«

Noch einmal sieht er in seine Handfläche. Stellt sich vor, dass er ein seltenes Wundermittel schluckt. Eines, das ihn nicht nur für immer von körperlichem Schmerz heilt, sondern auch Ilona vergessen lässt. Das ihn am besten alles vergessen lässt. Die Hoffnung, die Reise und vor allem sich selbst.

Er legt die Pille auf seine Zunge, spült sie mit einem Schluck Wasser hinunter. Zuerst passiert nichts.

»Danke«, sagt Casper und lehnt sich im Beifahrersitz zurück. »Jetzt ist wohl erst mal Warten angesagt.«

»Versuch einfach zu chillen.«

Casper nickt, lässt ein paar Minuten verstreichen, bevor er die Augen schließt. Er kann das Pochen in seinem Kopf hören, das Dröhnen vom Beat. Er nimmt noch einen Schluck Wasser.

»Eigentlich hasse ich Techno«, sagt er. »Aber ich mag, dass es so vorhersehbar ist, wann es wehtut.«

Dani nickt, macht die Musik ein bisschen lauter.

»Ist gleich vorbei.«

Casper versucht ganz genau darauf zu achten, wann der Schmerz aufhört. Zuerst fällt ihm auf, dass der Sitz warm wird. Nach und nach fängt er an, seine Arme zu entspannen. Dann die Schultern, danach kommt der Kopf.

»Hast du Sitzheizung?«, fragt er Dani, aber der verneint. »Cool.«

Casper stellt sich vor, wie sein Hirn heruntergefahren wird. Immer mehr und mehr Areale ausgehen. Bis es keinen Strom mehr hat. Dann spürt er, wie es die Verbindung zu seinem Körper kappt.

»Ich glaub, der Schmerz ist weg.«

Endlich ist er in Sicherheit, das spürt er. Der Technopuls tut plötzlich nicht mehr weh. Der Autositz ist bequemer, als ein Bett je sein könnte. Ist doch egal, wie es weitergeht. Irgendwie ist es okay, hier zu sein.

Er merkt, wie sich alle Anspannung lösen will. Soll sie von ihm wegfallen und an irgendwem anders kleben bleiben. Die Mundwinkel wollen nach oben. Es fühlt sich ganz natürlich an.

»Das Zeug ist super.«

»Schau noch mal ins Handschuhfach. Ich hätte jetzt auch gern eine.«

◇

Casper kann nicht sagen, wann er eingeschlafen ist. Aber als er aufwacht, sieht er den Sonnenaufgang.

»Wir sind bald da.« Dani gähnt. »Du hast stundenlang geschlafen. Gekichert und so.«

Casper fühlt sich schwer. Bewegt sich nur langsam.

Es ist, als ob er in einer warmen, feuchten Wabe aufwacht, aus der er schlüpft.

»Ich glaub, du hast dir in die Hose gemacht.«

»Oh.« Mehr denkt Casper nicht.

Und wenn schon. Ihm ist jetzt einfach alles egal. So egal, dass er nicht mal checkt, dass sie angekommen sind.

»Du solltest besser noch 'ne Runde spazieren gehen, bevor du nach Hause kommst«, grinst Dani und winkt ihm zum Abschied.

Casper hebt die Hand.

»Komm gut nach Bamberg!« So steht er noch eine Weile an der Straßenecke, bis er die Hand herunternimmt. Ganz schön schnell, diese Autos. Er geht lieber erst dann über die

Straße, wenn es sicher ist. Mehrmals vergewissert er sich, dass auch wirklich kein Auto kommt, bevor er zur anderen Seite sprintet. Drüben muss er kurz verschnaufen. Langsam kommt das Bewusstsein zurück. Er kennt die Gegend viel zu gut. Er ist zu Hause. Noch ein paar Schritte weiter und Casper steht vor der Haustür seiner Mutter. Er braucht eine Weile, um sich das klarzumachen. Er setzt sich auf den Bordstein. Vielleicht sollte er wirklich noch ein bisschen spazieren gehen.

◇

Casper läuft eine große Runde ums Haus, biegt in das Waldstück ein. Wenn er nicht wüsste, dass er nur ein paar Hundert Meter von der Autobahn entfernt ist, könnte er sich einreden, er wäre in der Natur.

Langsam schlendert er den Waldweg entlang, der Morgentau hängt noch an den Nadeln. Casper bleibt stehen, will den Waldduft einsaugen. Es riecht nach Moos, aber mehr ist da nicht. Da fehlt die warme Erde, der scharfe Harzgeruch, die Kräuter, Süßgräser. Wo ist das ganze Zirpen, Brummen, Schnattern, das er in Ungarn gehört hat? Er spürt den Stich im Herz. Die Trauer ist wieder da, wo sie hingehört, mitten in der Brust. Seine Wundertablette hat sie nur betäubt. Nicht mal die Erinnerungen hat sie ausgelöscht. Ilona ist mit dem Typen weg, János irgendwo in den Bergen, der Schuppen abgefackelt. Wenn er nach Budapest zurückkehrt, ist er wieder fremd. Als wäre er nie dort gewesen. Casper sieht die ersten Häuser durch die Baumkronen blitzen. Gleich ist er wieder an der Straße. Sein Herzschlag beschleunigt sich. Nur noch durch die Kastanienallee muss er. Dann steht er vor dem Haus.

»Fröhlich soll es aussehen, ein bisschen aus der Reihe tanzen«, meinte seine Mutter, als sie sich für die kräftig blaue Fassade entschieden haben. Mit den gelben Primeln im Beet neben dem Hauseingang hatte es tatsächlich etwas von einem Osterei mit gelben Punkten. So sieht für meine Eltern also fröhlich aus, hat Casper gedacht, mit den Schultern gezuckt und »joa, nett« gesagt. Das Haus tanzt immer noch aus der Reihe, steht zwischen weißen, grauen und braunen Fassaden, eingerahmt von Buchsbaumkugeln vor den Hauseingängen.

Aber das Fröhliche hat der Regen nach und nach aus dem Blau gewaschen. Von Kupfersulfatblau zu Kobaltblau, seitdem der Vater weg ist. Schon bevor die Primeln vertrocknet sind, kam das Unkraut.

Casper braucht noch einen Moment, bevor er auf die Türklingel drücken kann, starrt auf das weiße Schild aus Keramik, auf dem nur noch der Name seiner Mutter steht. Dann tut er es. Er hört das Schrillen von außen. Hoffentlich öffnet sie schnell genug, bevor die Nachbarn durchs Küchenfenster winken.

»Moment!«

Die Stimme seiner Mutter kommt aus dem Flur. Casper stellt sich vor, wie sie die selbst getöpferte, bunt bemalte Kaffeetasse auf die Kommode im Flur absetzt. Wie sie sich den Morgenmantel über den Pyjama wickelt, damit sie dem Postboten gegenübertreten kann. Er hört ihre Schritte und wie sich der Schlüssel im Schloss dreht. Die Tür geht auf, und ihre Augen weiten sich.

»Oh, Casper. Was …?«

Zitternd schlägt sie sich die Hände vor den Mund. Im nächsten Moment hat sie ihn umklammert, fest in die Arme eingespannt, wie ein zitternder Schraubstock. Casper spürt, dass sein Hals nass wird. Auch er legt die Arme um seine Mutter, sieht auf den grauen Kopf, betrachtet das leicht zerzauste Haar, das sie schon vor Monaten kurz geschnitten hat. Dann löst sie sich aus der Umarmung, tritt einen Schritt zurück. Casper liest die Verwirrung in ihrem Gesicht. Merkt, wie die Erleichterung zu Zorn wird und der Zorn zu Verwunderung.

»Wie siehst du überhaupt aus?«, fragt sie.

Casper ist sich sicher, dass die Nachbarn gerade dasselbe denken.

Nachdem er geduscht und seine Anziehsachen gewechselt hat, bekommt er Rührei mit Schnittlauch und Rauchsalz.

»Freilandeier isst du ja«, sagt seine Mutter, bevor sie ihm den Teller hinstellt. »Das Rauchsalz soll ein bisschen nach Speck schmecken«, seufzt sie.

»Danke Mama.«

Caspers Körper hat Hunger, aber der Geist keinen Appetit. Er spießt die Gabel in die gelbe, fluffige Eiermasse. Der erste Bissen ist unwirklich, der zweite schon viel echter, der dritte schmeckt.

»Ist wirklich lecker, Mama.«

Casper nimmt immer größere Bissen, hat den Teller fast leer geputzt. Erst jetzt merkt er, dass er großen Hunger hatte.

Seine Mutter sieht kurz zufrieden aus. Dann legt sie ihre Stirn wieder in Falten. Mit verschränkten Armen sitzt sie ihm gegenüber. Beobachtet ihren Sohn wie einen seltenen Vogel, der gleich wieder wegfliegt, wenn man das falsche Geräusch macht.

»Und?«, sagt sie. Mehr nicht.

»Hmm«, macht Casper. Er hat keine Lust zu erzählen. Kann er nicht einfach nur da sein? Langsam kaut und schluckt er, versucht ein bisschen Zeit hinauszuzögern. Er lässt den Blick durch das Wohnzimmer gleiten. Die Terrassentür ist einen Spalt geöffnet.

»Die Vorhänge sind neu.«

Ein Luftzug lässt den dünnen blauen Stoff um den Türrahmen tanzen. Seine Mutter nickt. Und dahinter? Was ist mit dem Garten? Casper legt seine Gabel weg, steht auf und schiebt die Gardine beiseite.

Draußen auf der Terrasse hält er die Luft an. Mit allem hat er gerechnet, aber damit nicht. Der Schreck pulsiert in seinen Adern. Er blinzelt ein paar Mal, aber täuscht sich nicht.

Casper starrt auf den toten Stumpf. Wo früher mal die Weide stand, klafft jetzt ein Loch. Der vertrocknete Wurzelstock steht aus der Erde wie ein kranker, fauliger Zahn, dahinter spotten adrette Rosenstöcke. Im Schutz der Hecke kichern und tuscheln sie. »Endlich haben wir genug Sonne«, flüstern die kugeligen pinken Blütenköpfe.

Er hört die Hausschuhe seiner Mutter hinter sich auf die Terrasse tappen. »Warum hast du …?« Casper braucht den Satz nicht zu beenden. Ihre Lippen werden schmal, sie hebt die zitternden Hände abwehrend nach oben. Er kennt den Ausdruck in ihrem Gesicht. Es ist derselbe Blick, mit dem sie »leider ist das Kaninchen in den Gartenteich gefallen« gesagt hat. Und: »Sie haben deinen Vater noch nicht gefunden.«

»Der Baum ist von innen heraus verfault«, presst sie zwischen den Zähnen hervor. »Ich habe ihn nicht einfach so abholzen lassen, was denkst du von mir.« Sie schlingt die Arme um ihre Brust, es dauert, zweimal schiebt sie den einen unter den anderen, bis sie endlich mit verschränkten Armen dasteht. »Zieh dir Hausschuhe oder Socken an.« Dann dreht sie sich um und lässt Casper auf der Terrasse stehen.

◇

Der Boden ist noch kalt, die Sonne kriecht langsam über die Hecke. Ihre blassen Strahlen klettern von hinten über den Stumpf, der früher mal die Weide getragen hat.

»Sie wird den Teich beschatten, dann haben die Fische mehr Sauerstoff«, hat sein Vater gesagt, als sie den Jungbaum in das Erdloch gehoben haben.

»Sie wird schnell wachsen, groß werden, vielleicht schneller als du.«

»Aber sie bleibt mein Baum«, hat Casper vor Aufregung gequiekt und den Spaten in einen Erdhügel geschoben. Damals hat er sich groß gefühlt. Dachte wirklich, er würde seinem Vater zur Hand gehen. In Wahrheit ist er um das Erdloch gehüpft, hat sich die schmutzigen Finger an der sauberen Hose abgerieben, ist ab und zu in den Schuppen gerannt und hat das falsche Werkzeug gebracht.

»Wir halten sie klein und flechten einen Sichtschutz«, hat der Vater beim Abendessen gesagt. Casper verbrachte den ganzen nächsten Tag damit, Zöpfe in die Zweige zu flechten, bis der Vater aus der Arbeit kam und sie nach und nach wieder öffnen musste.

Als sie die Mutter aus der Klinik holten, war die Weide da und sie musste sich mit ihr abfinden. »Die Rosen werden irgendwann keine Sonne mehr haben«, hat sie vor sich hingemurmelt. Mehr gesagt hat sie aber nicht.

◇

Als Casper wieder ins Wohnzimmer kommt, steht die Mutter in der Küche, räumt klappernd die Spülmaschine aus. Caspers Teller ist noch halb voll, aber er hat keinen Hunger mehr.

»Die Rosen da draußen sind ganz und gar unnütz«, sagt Casper. Er steht mit verschränkten Armen neben der Küchenschwelle, wie vorher die Mutter im Garten.

»Sie sind gefüllte Zierpflanzen. Haben keinen Stempel. Keine Biene kann etwas damit anfangen«, zischt er.

»Sie sind hübsch anzusehen«, sagt sie. »Ich mache Sellerieschnitzel zum Abendessen.« Sie legt zwei große weiße Knollen auf ein Holzbrett. Casper kann sehen, dass sie vorerst nichts mehr von Bienen wissen will. Er fragt noch, ob er helfen kann, aber sie schüttelt den Kopf.

»Wenn dir langweilig ist, kannst du ein paar Umzugskartons in deinem Zimmer durchsehen. Ich weiß nicht, ob du wirklich noch all diese Bücher behalten musst. Wir könnten ein paar verschenken oder spenden. Irgendjemand freut sich sicher drüber.«

Caspers altes Zimmer ist noch bewohnbar. Es steht alles noch genauso wie vor seinem Auszug da, damit er jederzeit hätte zurückkommen können. Der massive Schreibtisch aus glattem dunklen Holz, die passende Kommode daneben, das selbst gebaute Bett aus Palettenkisten, der Pappmaché-Pilz, der darüber klebt. Seine alten Möbel haben auf ihn gewartet, geduldig staubige Luft geatmet. Ein paar Umzugskartons stehen auf dem Schreibtisch, das ist neu. Casper legt sich auf sein früheres Bett, das frisch bezogen wirkt. Ob sie das wohl regelmäßig macht? Nicht nur dann, wenn er sich ankündigt? Vielleicht hat sie auch gestärkte Hemden für Papa am Schrank hängen, falls er doch noch irgendwann spontan vor der Türe steht.

Casper kuschelt sich unter dem Pilz zusammen, gähnt. Schon wieder müde. Sein Körper ist es nicht mehr gewohnt, satt zu sein, verlangt einen Verdauungsschlaf. Vielleicht sind es aber auch Nachwirkungen der Pille. Casper gähnt erneut, sieht nach oben, folgt den Pappmaché-Lamellen auf der Unterseite der Pilzkappe. Wie in einem Strudel wird sein

Blick in die Mitte gezogen, wo der Stiel des Pilzes abgeht, immer dicker wird und schließlich mit der Wand verschmilzt. Sein Vater hat mehr als zwei Tage gebraucht, um ihn anzubringen. Damit es wirklich ganz genauso aussieht, als ob der Pilz aus der Wand wächst.

»Ich weiß nicht, was der Junge die ganze Nacht über macht«, hat seine Mutter auf dem Gang geflüstert. »Jeden Tag werden seine Augen müder und die Ringe darunter schwärzer.«

»Ich forsche«, hat Casper seinem Vater später erklärt. Und dass er auch morgens den Schlaf nicht nachholen kann.

»Die Sonne fällt vom Dachschrägenfenster voll in mein Gesicht. Die brennt mich wach. Und mit geschlossenen Jalousien bin ich eingesperrt. Wie in einem Hamsterkäfig«, hat Casper gemurrt. Die Lösung seines Vaters war besser als jede Standpauke. Casper durfte die Nacht weiter nutzen.

»Schau, dann rollst du dich unter deinem Fliegenpilz zusammen, wie eine kleine Weinbergschnecke«, hat sein Vater gesagt und dabei die Kappe gestreichelt. Dank des Pilzes konnte Casper wenigstens am Wochenende ausschlafen.

Den ersten Entwurf hat sein Vater mit Bleistift gezeichnet. Casper hat das Blatt später in eines der kleinen Notizbücher gelegt. Die Skizze müsste irgendwo im Reisekoffer zwischen den anderen Büchern zu finden sein.

Er könnte nach oben gehen und nachsehen. Er könnte in das Büro seines Vaters gehen und gucken, ob es noch genauso aussieht wie früher. Ob der Globus mit der goldenen Einfassung noch auf dem Massivholzschreibtisch steht, der fast doppelt so groß wie Caspers Schreibtisch ist. Ob der braune Ledersessel noch genauso riecht wie damals? Ob in der obersten Schreibtischschublade noch steinharte Karamellbonbons liegen? Es wäre schön, wenn alles beim Alten wäre. Aber das ist es nicht. Plötzlich hat er das dringende Bedürfnis aufzustehen. Er muss hochgehen und nachsehen, ob der Globus verfault ist. Ob auch im Büro seines Vaters eine Lücke klafft. Casper stellt sich vor, wie er auf den Flur tappt, die Stufen zum Büro des Vaters hochsteigt. Aber schon die Vorstellung ist anstrengend. Casper gähnt noch mal, spürt, wie seine Arme und Beine schwer, die Hände und Füße taub werden. Nur kurz die Augen schließen, nur ganz kurz. Dann kann er immer noch in alten Kisten wühlen.

Als Casper wieder aufwacht, kriecht der Geruch von gekochten Kartoffeln unter der Türschwelle durch und verteilt sich im Zimmer. Schlaftrunken reibt er sich die Augen, schiebt sich auf den Bettrand und stößt sich ab, bleibt neben den Kisten stehen. Seine Augen sind noch müde, trotzdem öffnet er einen Karton. Sauber gestapelt liegen die Bücher, Filme, CDs und sogar ein paar Kassetten nebeneinander. Sind bislang auch gut ohne ihn ausgekommen. Er klappt den Karton zu und sieht in den nächsten, auf dem »Krimskrams« steht. Casper hat das Wort schon immer gehasst. »Krimskrams«, was soll das sein. Aber seine Mutter schreibt es auf alle möglichen Dinge. In der Kiste liegen Zirkel, Taschenrechner, eine Fernbedienung, ein Schraubenzieher und mehrere Kleinteile. Casper schiebt ein paar Teile zur Seite, um den Kompass zu befreien. Als ob er es geahnt hätte, dass er genau da begraben liegt. Vorsichtig zieht er ihn aus der Kiste. Das alte Ding ist ein Erbstück seines Großvaters, wie auch der Globus im Büro seines Vaters. Schön anzusehen, früher mal nützlich, heute überflüssig. Ein Instrument, um sich an etwas zu erinnern. Er schließt seine Finger um das kalte Ding, ein bisschen Wärme kann nicht schaden. Dann lässt er den Kompass in seine Tasche gleiten. Das reicht erst mal, denkt Casper. Jetzt kann er sich vielleicht noch ein bisschen nützlich machen und seiner Mutter beim Abendessen helfen.

Als Casper ins Esszimmer geht, ist der Tisch schon gedeckt. Es riecht nach gebratener Panade und den würzigen Knollen, die seine Mutter wahrscheinlich gestern auf dem Wochenmarkt gekauft hat.

»Danke«, sagt Casper, als sie die Schüssel mit Kartoffelstampf auf den Tisch stellt.

»Hast du ein paar Sachen aussortiert?«, fragt sie, während sie mit zitternden Fingern versucht, ein Sellerieschnitzel auf seinen Teller zu legen. Schnell greift er nach der Gabel und nimmt das größte Stück entgegen.

»Ein bisschen.« Casper überlegt einen Moment. »Da kann wahrscheinlich alles weg.«

Irritiert sieht sie ihn an.

»Wirklich alles?«

Er nickt und beginnt, auch seiner Mutter aufzutun. Sie schiebt seine Hand weg, wirft ihm noch einen verwunderten Blick zu.

»Bist du dir sicher? Wirklich alles?«

»Wirklich alles, Mama. Danke.«

»Und was ist mit deinen kleinen schwarzen Büchern? Da sind doch sicher noch ein paar dazwischen.«

»Die kleinen schwarzen Bücher brauche ich nicht mehr.«

Casper sticht in das saftige, panierte Gemüseschnitzel und beginnt, es in gleichmäßige Stücke zu schneiden.

»Bitte?« Seine Mutter sieht so verwirrt aus, dass sie einem fast leidtun kann. »Deine Notizbücher sind dir doch sonst immer heilig gewesen.«

Er schiebt sich ein Stück Sellerie in den Mund, beginnt zu

kauen. Es schmeckt würzig, erdig, knollig und paniert. Zusammen mit dem mehlig-weichen Stampf eine echte Geschmacksexplosion. Er schließt die Augen und genießt. Endlich etwas auf der Zunge, das nicht frittiert wurde.

»Ist sehr lecker. Warum isst du nicht, Mama?«

Seine Mutter kratzt sich am Kopf.

»Du, ich bin grad einfach noch unter Schock. Deswegen.«

Langsam beginnt sie, mit der Gabel ihren Stampf aufzulockern. Sie türmt ihn, drückt ihn platt, schiebt ein Häufchen drüber, macht ein unglückliches Gesicht.

»Das war doch so wichtig für dich!«, sagt sie und legt die Gabel wieder weg. »Diese kleinen schwarzen Notizbücher, die hast du überall hin mitgenommen. Die durfte keiner von uns anfassen. Irgendwann hat dein Vater einen Blick reingeworfen, dann bist du komplett an die Decke gegangen.«

Casper nickt.

»Ja. Ich erinnere mich.«

»Er musste in dein Zimmer kommen und einen Schwur leisten, keiner Menschenseele von deinem Projekt zu erzählen, weißt du noch?« Langsam zieht sie die Mundwinkel nach oben, fast lächelt sie. »Ich hab ihn tagelang gelöchert, damit ich auch verstehe, was da vor sich geht. Ob du versuchst, eine chemische Bombe zu entwickeln oder sonst irgendwas Verrücktes anstellst, so wie du dich aufgeführt hast.« Jetzt ist das Lächeln da, wo es hingehört. Ganz in der Mitte ihres Gesichts. Verträumt schüttelt sie den Kopf.

»Du warst wirklich ein ganz außergewöhnliches Kind.«

»Denken das nicht alle Eltern?«

»Ja, das mag sein.« Auch sie beginnt, das Sellerieschnitzel klein zu schneiden. Gabel und Messer klappern gegen den Teller. »Aber über dich haben das auch die anderen Eltern gesagt. Die Nachbarn, die Fremden. Und wirklich fassen konnte dich keiner, obwohl du ziemlich viel geplappert hast«, lacht sie.

Casper nickt. Er kaut, aber schmeckt nichts mehr, also legt er die Gabel beiseite und nimmt einen Schluck Wasser, um das Gefühl herunterzuspülen, das seine Kehle so eng macht. Er weiß, was sie als Nächstes sagt.

»Wirklich reden konnte nur einer mit dir.«

Casper schluckt und schluckt, aber bekommt ihn nicht herunter. Der Kloß ist zu groß geworden. Er schiebt sein Glas weg, hebt den Blick, trifft die Augen der Mutter. Muss das jetzt sein? Sie kapiert es nicht.

»Dein Vater würde wissen, was zu tun ist.«

Das Lächeln auf ihrem Gesicht ist weg, übrig bleibt nur dieser schiefe Blick, das Zittern ihrer Hände, der schmale, zuckende Mund.

»Ich weiß, dass er dir jetzt als Einziger helfen könnte.«

Ihm als Einziger helfen, was soll das heißen? Casper sieht sie einfach nur an. Kneift die Augen zusammen, um ganz genau zu analysieren, was jetzt passiert.

»Mir helfen bei was?«, knurrt er und schiebt seinen Teller weg.

»Dir helfen, dein Leben wieder in den Griff zu bekommen.«

Seufzend verschränkt sie ihre Arme, wirft ihm wieder diesen Blick zu. Er hat sein Leben nicht im Griff? So einfach ist das also. Diagnose: Bringt nichts auf die Reihe, verschläft zu oft, promoviert zu lang, ernährt sich seltsam, keiner versteht, warum er so traurig ist und warum er nicht funktioniert, der Junge. Casper würde ihr gerne den Vogel zeigen. Lachen, heulen, schreien, auf den Teller spucken, ihn vom Tisch fegen, auf den Scherben herumtanzen, den Kartoffelbrei an den Wänden verschmieren. Sich verhalten wie einer, der das Leben nicht im Griff hat. Aber er verschränkt nur die Hände vor der Brust und lehnt sich zurück.

»Und du hast das Leben wirklich an den Eiern, was?«

Sie reißt die Augen auf, erstaunt über seinen Ausdruck. Casper kann es fast hören. Was er sich erlaubt und so weiter. Man kann halt nicht alles in schönen Worten sagen.

Verärgert sieht er sich im Wohnzimmer um. Alles ist zum Kotzen sauber. Der ganze Raum wirkt komponiert. Die Vorhänge und die Decken auf der Kommode, die Bücher nach Farbe geordnet, die Büste neben dem Stillleben. Leere Augen neben totem Fisch und Obst.

»Ist dir jemals der Gedanke gekommen, dass auch Papa keine Lust mehr auf all das hier hatte?« Er hebt die Hand und macht eine ausladende Geste. »Glaubst du wirklich, er verschwindet einfach so, obwohl er glücklich und zufrieden mit seinem Leben ist?« Er schnaubt abfällig.

Die Bemerkung ist nicht fair, das ist schon klar. Aber ist es fair, dass Casper sein Leben nur im Griff hat, wenn er bestimmte Stichpunkte auf einer Checkliste abhaken kann? Und dass er ein hoffnungsloser Fall ist, nur weil er ein bisschen komisch und sein Vater weg ist? Casper hat sich zu oft gedacht, dass er es genauso gemacht hätte. Wenn er Papas Leben hätte führen müssen, dann wäre er auch bei der erstbesten Gelegenheit abgehauen. Hätte sich von der Klippe gestürzt oder sonst was. Wenn Casper wie geplant auf die Tour mitgefahren wäre, wäre jetzt vielleicht alles anders. Sein Vater hätte dann nämlich überhaupt keine Gelegenheit gehabt zu verschwinden. Manchmal stellt Casper sich vor, wie sein Vater absichtlich den Karabiner aushakt. Manchmal ist er ungesichert und rutscht aus Versehen ab. Parallel dazu liegt Casper unter seiner Bettdecke, fröstelnd, in Unterhosen. Kultiviert seine Blässe vor dem Laptop, bis die Sonne aufgeht, bis die Augenringe unter die Wangenknochen reichen.

Der Moment, in dem Papa in die Schlucht hinunterstürzt, ist genau der, in dem Caspers Laptop einfriert und neu gestartet werden muss. Auf dem Bildschirm lächeln Vater, Mutter und Kind einen Sahnejoghurt an. Während dieser Werbung hat Casper immer gedacht, dass er eigentlich gar keinen Bock auf seine Einzelkind-Eltern hat.

»Wenn er sich umgebracht hätte, hätte man uns schon längst informiert.« Als ob sie seine Gedanken erraten hätte. Die Stimme seiner Mutter zittert stärker als ihre Hand.

Casper nickt. Solange sie ihn nicht finden, ist er nicht tot.

»Manchmal stelle ich mir vor, dass Papa irgendwo versteckt in den Bergen lebt, in einer verlassenen Hütte. Dass er in den umliegenden Wäldern Beeren und Kräuter sammelt, Wurzeln ausgräbt, sie putzt und wäscht, klein schneidet und einmacht. Vielleicht hat er sogar schon selber Kartoffeln ausgesät und geerntet. Sie in eine Erdmiete gelegt, damit sie überwintern. Weißt du?«

Da ist wieder dieser Kloß. Seine Mutter starrt auf die Serviette neben ihrem Teller, ihre Augen sind glasig. Sie öffnet den Mund und schließt ihn wieder, glotzt, als wäre sie ein weiterer Karpfen im Stillleben.

»Kann doch sein. Sie haben ihn ja noch nicht gefunden«, flüstert sie.

Armer Mensch, Mama.

Keiner von beiden hat wirklich viel gegessen. Die Reste füllen sie in Aufbewahrungsdosen. Schweigend werden die Plastikbehälter geschlossen, in den Kühlschrank geschoben. Casper wischt die Tischplatte sauber, spült den Lappen aus. Dann geht er nach draußen, setzt sich auf einen der Gartenstühle und starrt in die Mitte, wo das Loch klafft. In der Dunkelheit sieht man die Lücke gar nicht mehr so sehr. Man könnte meinen, dass sie da hingehört. Während er sich eine Zigarette dreht, tapsen die Hausschuhe seine Mutter auf die Terrasse. Sie räuspert sich nervös.

»Möchtest du ein Glas Weißwein?«

Casper nickt.

»Okay.«

Er wird einen Schluck trinken, aus Höflichkeit. Sie setzt sich gegenüber, schenkt ein. Sein Tabak reicht noch für eine letzte Zigarette. Diese eine noch, jetzt und hier, denkt Casper. Danach wird er aufhören. Eigentlich raucht er nicht vor seiner Mutter.

»Hast du einen Aschenbecher?«

»Nein.«

»Dann nehme ich ein Wasserglas.«

Sie nippt an ihrem Weißwein, es sind nur zwei Schluck im Glas. Ilonas Gläser waren bis zum Rand gefüllt. Wenn man eines hochgehoben hat, ist es übergeschwappt. Er setzt sein eigenes Glas an die Lippen, spürt wieder den Stich in seiner Brust, das Ziehen im Magen. Der Schluck ist für Ilona, auf dass es ihr gut geht. Ob sie ihn auch vermisst, ist doch egal.

»Wie lange wirst du bleiben?«

Seine Mutter lächelt gequält. Was will sie hören? Ein paar Tage? Wochen? Für immer? Es muss hart für sie sein, ganz alleine mit den Blicken der Nachbarn zu leben. Mit dem Loch im Garten, dem Büro des Vaters, dem Zimmer des Sohnes, alles wie damals, als sie noch zu dritt waren. Weil beide zurückkommen könnten. Abends sitzt sie an dem langen, polierten Tisch. Nur ein Gedeck, daneben Leere. Wenn sie das Besteck weglegt, platziert sie zwei blaue, eine gelbe, drei rosa Pillen auf ihrem Tellerrand. Greift mit zitternden Händen nach jeder einzelnen, bevor sie heruntergespült wird. Dabei schließt sie die Augen, wie zum Gebet. Vielleicht setzt sie sich danach auf die Couch, sieht zum Telefon und fragt sich, wann es das nächste Mal klingelt.

Caspers Wut von vorhin ist wie weggeblasen. Armer Mensch, Mama. Er holt tief Luft und sagt:

»Ich weiß es noch nicht.«

◇

Während er seine letzte Zigarette raucht, versucht seine Mutter keine Miene zu verziehen. Als das Glas leer ist, verschwindet sie recht schnell ins Bett.

»Ich räume auf, kein Problem«, sagt Casper und wartet, bis er ihre Schritte nicht mehr hört. Es sind vielleicht noch zehn Minuten, bis sie im Bad fertig ist. Casper wartet sicherheitshalber etwas länger, bis er beginnt, leise aufzuräumen. Er knipst alle Lichter aus und lauscht am Fuß der Treppe, um sicherzugehen, dass sie schon im Bett ist.

Dann geht er leise in sein Zimmer. Zieht die zwei Hälften des Notizbuches unter seinem Bett hervor, schiebt sich je eine Hälfte in die Hosentaschen, tritt dann wieder auf den Flur.

Stufe für Stufe steigt er nach oben, achtet darauf, kein Geräusch zu verursachen. Andächtig bleibt er vor der Bürotür stehen. Drückt dann vorsichtig die Klinke herunter, schiebt die Tür auf und tritt einen Schritt in den dunklen Raum. Es riecht immer noch nach Papier. Tag für Tag wärmt die Sonne es auf. Casper atmet ein, der Duft gehört zum Raum, wie früher. Nachdem sich seine Augen an die Dunkelheit gewöhnt haben, streicht er mit der Hand die Aktenschränke entlang, über die Ordnerrücken bis zum Lichtschalter neben dem Regal.

Als das Licht angeht, atmet er erleichtert auf.

Alles ist noch da. Der riesige Schreibtisch aus Massivholz,

der Globus, der braune Sessel. Casper fährt mit den Fingern über den Tisch, berührt das glatte, kalte Holz. Dann lässt er sich in den Ledersessel sinken und legt den Kopf auf der Tischplatte ab. Entweder riecht es immer noch nach seinem Vater, oder der Geruch des Raumes ist für Casper zu dem seines Vaters geworden. Er bleibt noch ein bisschen sitzen, dann hebt er seinen Kopf wieder und sieht sich im Büro um.

Im untersten Fach des Bücherregals steht der Koffer. Casper hat ihn hier vor seinem Auszug in Sicherheit gebracht. Seine Intuition war richtig. Die Sachen seines Vaters sind gänzlich unberührt geblieben. Sicherlich wurde geputzt. Aber mehr wird hier auch in den nächsten Jahren nicht passieren.

Casper steht auf, geht auf das Bücherregal zu, setzt sich vor den Koffer in die Hocke. Liebevoll streichen seine Finger über die Schnallen aus kaltem Metall. Er hat den Koffer unter seinem Bett aufbewahrt, jahrelang. Sein Vater hat sich gefreut, dass man noch etwas anfangen konnte mit dem alten Ding. Casper findet noch immer, dass er etwas Besonderes ist. Die geschwungenen Ecken, das harte Leder, das metallische »Pling«, wenn die Scharniere aufspringen.

Behutsam legt er seine Finger an die Seiten des Koffers, fasst ihn und zieht ihn mit einem Ruck heraus. Unglaublich, wie schwer das Ding ist. Casper fragt sich immer wieder, wie ein Haufen kleiner Notizbücher so viel wiegen kann. Vorsichtig stellt er den Koffer auf dem Tisch ab. Er knipst die alte Schreibtischlampe an, sofort riecht es nach heißem Staub, im Lichtkegel tanzen Flusen. Casper legt die Hände an die Kofferschnallen, streicht andächtig mit den Daumen über die Scharniere. Pling, er hebt den Kofferdeckel nach oben. Dann greift er eines der Notizbücher, blättert es durch. Eng stehende Lettern,Teilformeln, Listen, Tabellen auf jeder

Seite. Das nächste Buch sieht genauso aus, innen wie außen. Er lässt es zurück in den Koffer gleiten.

Kopfschüttelnd greift er in die linke Hosentasche und zieht die erste Notizbuchhälfte heraus. Langsam blättert er um, sieht sich jede Notiz an. Seite für Seite sieht gleich aus. Oberflächlich betrachtet, sind sie sogar fast identisch mit denen in den anderen Büchern. Säuberliche Bleistiftnotizen, dann Fineliner, gleichmäßige Abstände, immer dieselbe Schriftgröße. Variablen, Teilformeln, Listen über alle möglichen Vorkommnisse des tristen, gleichförmigen Alltags eines bemitleidenswerten Akademikers in Berlin.

Das alles kommt Casper verdammt weit weg vor.

Es ist, als ob er die Schriftzeugnisse eines fremden Lebens durchblättern würde. Ein immer gleiches Leiern mit abruptem Ende. Sanft streicht er über den Abriss an der Falz. Fäden hängen an der Seite heraus. Unordentlich, aber wegweisend. Vorsichtig zieht er die zweite Hälfte des Notizbuches aus der Hosentasche. Schon auf der ersten Seite weicht das Schriftbild von dem aus der anderen Hälfte ab. Und je weiter er blättert, desto wilder wird es. Er findet ein fast schon verwirrendes Sammelsurium an Kritzeleien vor. Da sind die Freiheitsstatue und der Drachentöter. Planzeichnungen des Gartenbeetes, Skizzen von Pflanzen, ihre Namen und außen herum, selbst wie Kraut und Rüben, kleine Notizen zu ihrer Wirkung. Mal schräg, mal seitlich, ohne Zusammenhang ist alles Mögliche auf eine Seite gequetscht. Ein paar Sätze klein, dann wieder in riesiger Schrift mit mehreren Zeilen Abstand, da hat sich Casper offensichtlich öfter keine Mühe gegeben. Vielleicht, weil er eigentlich gar keine Zeit für Notizen hatte?

Irgendwo steht, dass Weinen guttut, weil man die Welt danach mit anderen Augen sieht. Dann liest er, dass wahrer Minimalismus nur auf gefestigtem Wohlstand aufgebaut werden kann. Zwischendrin findet er auch ein paar Berechnungen, aber alle halbherzig, schnell hingekritzelt.

Casper erinnert sich an jede Notiz, jeden Moment, in dem er entschieden hat, etwas aufzuschreiben. Eigentlich hat er seinen Vorsatz vom Anfang der Reise doch ziemlich gut umgesetzt. Beim Blättern wird es deutlicher, als es ihm währenddessen bewusst gewesen wäre. Die Formel war die ganze Zeit da, aber hat sein Leben nicht mehr eingeschränkt. Er hat gelacht, geweint, gelitten. Nicht mehr nur beobachtet, analysiert und notiert. Er wurde ausgenutzt, hatte Angst, war wütend, wurde verprügelt, abgezogen und überhaupt hat er ein Mädchen verloren. Gerade als er bemerkt hat, dass er es gern hat. Aber irgendwie hat er auch etwas dazugewonnen, das vorher nicht da war. Er hat gelebt und dabei etwas riskiert. Anstatt sich hinter seiner Formel zu verstecken, hat er es in Kauf genommen, verletzt zu werden. Es akzeptiert, eben nicht vorher zu wissen, wie alles ausgehen würde. Dass es passiert ist, wie es passiert ist, war ein Teil der statistischen Möglichkeiten.

Plötzlich merkt Casper, dass ein wohliges Gefühl in ihm hochsteigt. Seine Finger kribbeln, während er über das Papier streicht. Es ist, als würden seine Erinnerungen lebendig werden. Der Geruch von frischem Baumkuchen. Der erste warme Bissen Lángos, der Rahm, Knoblauch, Käse, die bunten Schmierereien an den Ruinen in der Innenstadt, die lauten Ungarn, das ganze wilde Budapest. Was hat er für ein Glück gehabt, diesen beknackten Zug nach München zu verpassen! Und jetzt sitzt er hier und müsste sich eigentlich darüber ärgern. Aber ganz im Gegenteil, es fühlt sich gut an. Der Druck auf seiner Brust wird zu süßem Schmerz, der sich mit der Dankbarkeit für all das vermischt, was er in den letzten Wochen erleben durfte. Es fühlt sich an, als ob er gerade begriffen hätte, dass er sein Leben zurückgewonnen hat. So ganz nebenbei. Aber Casper realisiert erst jetzt, dass er lebendig ist, wo alles in ihm kribbelt.

Zuerst muss er grinsen. Dann kichern. Und plötzlich lachen. Verletzt werden bedeutet, wirklich lebendig zu sein. Was für eine befreiende Erkenntnis. Und all die schönen Dinge zwischendrin an sich zu reißen, sich daran zu erinnern, das ist Leben.

Einen Freund gewinnen, den man wiederfinden wird. Nächte durchmachen, volle Flaschen leeren, ein Beet umgraben. Einem üblen Typen den Hund klauen, ihn zu einem besseren Herren bringen. Barfuß und oben ohne durchs jüdische Viertel laufen. Alles echt!

In Berührung mit dem Leben von anderen Menschen kommen, Spuren in deren Köpfen und vielleicht sogar Herzen hinterlassen. Wenn er so darüber nachdenkt, ist er zufrieden.

Es ist sogar in Ordnung, dass Ilona sich dafür entschieden hat, mit einem anderen Mann aus dem Zug zu steigen. Ihre gemeinsame Geschichte hat zwar kein glückliches Ende – aber auch dafür muss er dankbar sein. Nur weil sie den Weg nicht mit Casper zu Ende gehen wollte, kann er doch froh sein, sie überhaupt kennengelernt zu haben.

Ilona, die Kettensprengerin. Die große Befreierin eines verhärteten Gefühlsklumpens, der irgendwo in Caspers Arterien feststeckte und alles verstopfte. Ohne Ilona hätte es nie funktioniert. Wenn er sie nicht getroffen hätte, hätte er nicht kapiert, dass er in so kurzer Zeit so viel fühlen kann. Die Anspannung, wenn ihre Augen vor Zorn funkelten. Das Glück, wenn sie ihren Kopf in den Nacken geworfen und laut gelacht hat. Die fast knisternde Reibung in der Luft, bevor sich ihr

Zorn entladen hat. Das Ziehen in der Brust vor Eifersucht, der pochende Herzschlag während eines ihrer lauten Streits. Und dann das Gefühl, sie immer beschützen zu wollen, mit ihr bis ans Ende der Welt zu gehen. Ihre spitzen Ohren im Mondschein zu vermissen. Casper schließt die Augen, als er merkt, wie sie feucht werden. Was hätte aus ihnen werden können? Was hätte er anders machen müssen, um am Ende Hand in Hand mit Ilona am Bosporus zu stehen? Casper wischt sich die Tränen aus dem Gesicht. Er darf nicht darüber nachdenken, an welchem Punkt er hätte anders handeln sollen. Er muss damit abschließen, weil er keine Vergleichsmöglichkeit hat. Muss es akzeptieren. Ihr das Beste wünschen und dann weitermachen. Er hat es kapiert, plötzlich ist es klar. Casper braucht nichts verbrennen, um abzuschließen. Er muss einfach nur loslassen und sich entscheiden weiterzuleben. Mit allen Gefahren und Überraschungen. Ohne sich hinter der Formel, einem getakteten Alltag oder zu engmaschigen Plänen zu verstecken.

Nicht so, wie es damals Papa gemacht hat. Der Gedanke schmerzt, drückt auf die Brust, schnürt die Luft ab. Und Casper lässt es zu, wischt die Tränen nicht mehr ab. Es ist in Ordnung, dass es endlich wehtut, wie es wehtun soll.

Sein Vater ist schon so lang weg. Erst jetzt kann Casper ihn loslassen. Endlich fühlt es sich richtig an.

Er schließt die Augen, wartet. Dann wischt er sich die Tränen von den Wangen. Feierlich legt er die eine Hälfte, dann die andere Hälfte des Notizbuches auf die Mitte des Schreibtisches. Er greift noch mal in die Manteltasche, tastet nach dem Metallding, das seinem Großvater und vor ihm seinem Vater gehört hat. Klappt es auf, betrachtet das vergilbte Messingzifferblatt. Dann platziert er den Kompass in der Mitte. Andächtig betrachtet er seine Komposition. Er nimmt sich vor, dieses Bild für immer vor Augen zu behalten. Dann legt er die erste Hälfte des Notizbuches in den Koffer, schließt ihn und schiebt die zweite Hälfte zurück in die rechte Hosentasche.

»Ich will es besser machen als du, Papa«, sagt Casper in die Stille hinein. »Ich will wirklich leben und nicht mehr versuchen, die schlimmste Art von Physiker zu sein.«

◇

In dieser Nacht braucht Casper lange, um einzuschlafen. Als er in seinem dunklen Jugendzimmer liegt, unter den Lamellen des Pappmaché-Pilzes, eingekuschelt in sein altes Bett, muss er sich mit seiner neu gewonnenen Zufriedenheit vertraut machen.

›Was hat sich verändert?‹, denkt er.

Eigentlich nichts. Aber der Druck auf seiner Brust ist weg. Es ist, als ob er plötzlich wieder atmen kann.

Als ob er ein Problem abgeschlossen, einen überraschenden Lösungsweg gefunden hätte. Dann fällt es ihm ein. Mit einem Ruck setzt er sich auf. Ilona hatte recht. Er trägt das Gewicht der Welt nicht alleine auf seinen Schultern.

Es geht ihm besser, weil er seine Weltformel gefunden hat. Endlich. Nach Jahren harter Arbeit. Erst jetzt hat er kapiert, dass die Welt keine Formel braucht.

ILONA

»Bitte, ein Ticket, Gaziosmanpaşa.«

Noch ist Ilonas Türkisch schlecht. Sie versteht nur ein paar Worte und kann selbst nur wenige aussprechen. Manchmal lachen die Leute, wenn sie nach dem Weg fragt und dafür ein Wort von der Karte abliest.

Während Ilona das Ticket entgegennimmt, schiebt sich die Sonne zwischen die Minarette, die auf der anderen Seite des Bosporus in die Höhe ragen. Bevor sie auf das Deck des Wasserbusses steigt, hält sie kurz die Luft an und betrachtet die Umrisse der goldenen Stadt. Die langen leuchtenden Türme, die Silhouetten der bäuchigen Moscheen, das Glitzern des Bosporus.

Wie eine Touristin bleibt sie draußen auf dem Schiffsbug stehen, lässt sich den Wind um die Nase wehen, die Sonne ins Gesicht scheinen. Es ist der dritte Tag in Istanbul, und Ilona kann ihr Glück immer noch nicht fassen. Dass die paar Hundert Euros für die Busfahrt gereicht haben, war schon ein kleines Wunder. Aber dass der Rest des Geldes zu so vielen Türkischen Liras wurde, dass sie sich das kleine Zimmer in der Pension in Bahçeşehir buchen konnte – das war unfassbar.

Und jetzt ist sie auf dem Weg zu einem Vorstellungsgespräch, das ihr ein Leben in Istanbul für immer ermöglichen könnte.

Wer hätte gedacht, dass eine ehemalige Einmal-Prostituierte mit fließenden Ungarisch-Kenntnissen ideale Bedingungen mitbringt, um in einem staatlich finanzierten Ermittlungsbüro zu arbeiten? Ilona nicht.

Wie hätte sie wissen können, dass es die beste Idee seit Langem war, ihr Herz einer fremden Frau im Bus auszuschütten? Dass die ihr eine Visitenkarte in die Hand drücken und sagen würde, sie solle sich unbedingt melden, wenn sie Arbeit suche und gegen den Menschenhandel vorgehen wolle?

Verlasse dich nicht auf den Zufall, aber baue ihm goldene Brücken. Das hat Casper mal gesagt.

Im Bus nach Istanbul hat sie es noch für einen Witz gehalten. Aber dann, als sie mit klopfendem Herzen in ihrem dunklen Zimmer in der Pension saß, mit zitternden Fingern die Tasten des alten Hoteltelefons gedrückt und dem Piepen in der Leitung gelauscht hatte – da wusste sie, dass sie es wirklich wollte. Dem Zufall eine goldene Brücke bauen, ja, das fühlt sich richtig an.

Schon vor ein paar Tagen wollte sie Casper anrufen. Ein bisschen erzählen und sich bedanken. Aber sie hat nicht mal seine Nummer. Trotzdem ist da noch Hoffnung.

Irgendwie wird der Zufall sie schon wieder zusammenbringen.

Ilona riecht die salzige Luft, lauscht dem Geräusch der Wellen, das sich mit dem Dröhnen des Wasserbusses vermischt.

Sie inhaliert den Moment, das ganze Echte. Die Freiheit und die Hoffnung und das Leichte. Wer hätte gedacht, dass hundert schlimme Dinge zu einem Guten werden können?

CASPER

»Der Herbst kommt.«

Fachmännisch betrachtet sie die gelblich gefärbten Blattspitzen der Laubbäume, sucht nach den ersten roten Flecken im verblassenden Grün. Während seine Mutter die Hand schützend vor die Augen hält, dreht sich Casper mit dem Gesicht zur Sonne, sodass er nichts mehr sieht außer goldenes Licht. Wieder ist es, als stünde er noch im Budapester Hinterland, hinter ihm der Schuppen, vor ihm der Garten, irgendwo dazwischen Ilona unter einem Pfirsichbaum. Es fühlt sich kurz gut an, die Erinnerung auszukosten und die Süße eines Moments zu schmecken, der nicht zurückkommt.

»Wann fährst du wieder nach Berlin?«

Schon während dem ganzen Spaziergang wartet er auf diese Frage, die seiner Mutter offensichtlich auf der Zunge lag.

»Vielleicht überhaupt nicht mehr.« Casper zuckt mit den Schultern. »Der Mietvertrag läuft nächsten Monat sowieso aus.« Wirklich überrascht ist sie nicht.

»Aber was machst du dann?«, fragt sie, zieht eine Augenbraue nach oben.

»Die Frage hab ich mir auch schon gestellt.«

Casper lacht. Das Gesicht seiner Mutter ist so ernst, dass sie ihm gleich wieder leidtut.

»Ich will einfach sehen, was passiert«, erklärt er.

Das Entsetzen zeichnet sich in ihrem Gesicht ab.

»Aber du kannst doch nicht einfach so in den Tag hineinleben und mal sehen, was daraus wird.« Händeringend bleibt sie stehen, versucht die richtigen Worte zu finden.

»Was wird aus deiner Promotion? Deinem Titel? Du wolltest doch immer Physiker werden.«

»Ich wollte einfach nur glücklich sein«, seufzt Casper. »Die Welt zu einem Ort machen, der mir wirklich gefällt.«

Er schüttelt den Kopf.

»Aber das geht eben nicht. Und vor allem nicht, wenn ich ein Leben führe, das mir nicht lebenswert erscheint.«

Verdattert kratzt sich seine Mutter am Kopf. »Macht dir deine Arbeit denn überhaupt keinen Spaß?«, fragt sie. Es ist das erste Mal, dass sie darüber reden. Nach so vielen Jahren, so vielen Gelegenheiten. Während der Wind durch die Baumkronen weht und der Herbst kommt. Casper sieht ihr fest in die Augen und schüttelt dann entschlossen den Kopf.

»Nein. Überhaupt nicht.«

Sie schluckt.

»Ich verstehe es nicht.« Ihre Stimme zittert.

»Ich auch nicht.«

Nach einem kurzen Moment des Schweigens fasst Casper Mut.

»Mama. Ich verstehe sogar noch weniger als du. Fast überhaupt nichts. Nicht die Welt, nicht die anderen, nicht mich selbst. Ich bin doch eigentlich frei, kann jede Entscheidung treffen, die ich treffen will. Nichts und niemand kann mich davon abhalten, das Konventions-Korsett zu sprengen, wenn ich Lust drauf habe! Nicht das Gerede und nicht die anderen, die so alltagsblind sind, dass sie ihre unsichtbaren Ketten schon gar nicht mehr sehen.«

Der Schmerz in ihren Augen, das betretene Schweigen, dass sie seinem Blick ausweicht. All das hat Casper erwartet. Aber es ändert nichts an den Tatsachen.

»Es ist eben so, Mama. Ich will mir das Leben nicht mehr einfach so durch die Finger gleiten lassen. Ich will nicht mehr in diesem kleinen Kabuff sitzen, das sie Büro nennen. Tagein, tagaus, ohne Kontakt zu etwas Echtem, ohne Freude am Forschen. Physik ist nach wie vor super, aber für mich auch wie eine Brille, die alles grau macht, die man einfach absetzen muss, um wieder Farbe zu sehen. Verstehst du? Ich will Farbe! Ich will überhaupt nichts mehr analysieren müssen, außer mich und meine Gefühle, und das für eine ganze Weile.«

Es tut gut, es klar auszusprechen. Die Überzeugung, die in den letzten Wochen gewachsen ist, rauszulassen. Seiner Mutter und dem Herbst und den Bäumen gegenüber endlich reinen Tisch zu machen.

»Es ist okay, dass ich es so sehe«, wirft Casper in die Stille. »Ich habe mein Leben deshalb nicht weniger im Griff. Ich habe das Leben endlich am Genick gepackt, verstehst du? Wie soll ich die Welt verbessern, wenn ich die Welt hasse? Verstehst du, Mama?«

Seine Stimme ist so flehend geworden, dass er selbst kurz innehält. Die Mutter hebt den Kopf. Noch schweigt sie. Sieht ihn mit festem Blick an. Ewig, wie Casper meint. Dann legt sie eine Hand auf seine Schulter.

»Ja«, formen ihre Lippen. »Ich verstehe«, sagt sie.

Ganz kurz, nur ein paar Sekunden lang, hat er das Gefühl, dass sie ihn anlügt. Aber dann nickt er, lässt die Erleichterung zu. Wahrscheinlich hätte sein Vater ihn verstanden. Noch während er den Gedanken sacken lässt, flackert es in ihren Augen. Casper sieht, dass sie mit der nächsten Frage ringt. Dass sie es eigentlich zurückhalten will, aber den Kampf gegen den eigenen Kopf verliert.

»Aber, also.« Sie schluckt. »Was wirst du als Nächstes tun?«

Casper muss fast wieder lachen. Bemüht sich, ernst zu bleiben.

»Vielleicht erst mal auf einem Gemüsehof arbeiten«, grinst er und zuckt mit den Schultern. »Ein paar Dinge ausprobieren. Reisen. Sehen, was mir wirklich, wirklich Freude macht. Rausfinden, wie es sich anfühlt, wenn man richtig lebt, wenn man frei ist. Die Weltformel hab ich gefunden, indem ich sie nicht gefunden habe. Aber vielleicht finde ich am Ende den goldenen Mittelweg. Irgendwas zwischen Gefühl und Analyse. Vielleicht ist das der Weg für mich, um am ehesten mit dem Leben klarzukommen. Nur so kann ich die Welt verbessern.«

Seufzend schüttelt sie den Kopf. Sorgenvoll betrachtet sie ihren seltsamen Sohn. Sieht ihn an, wie die Ornithologin den seltenen Vogel ansieht. Liebe gehört dazu, aber Angst eben auch. Verstehen wird sie ihn nie. Aber es ist ein schönes Gefühl, dass sie es versucht. Während sie sich noch verwundert am Kopf kratzt, hat er sie schon in seine Arme geschlossen.

»Keine Sorge. Das wird schon, Mama.«

◇

Mit klopfendem Herzen schiebt er seine SIM-Karte in das alte Handy, das in einer der staubigen Kisten zwischen den Büchern lag. Hat dafür einen Adapter gekauft und die klitzekleine Plastikkarte in das Plastikskelett operiert. Zwei Mal ist ihm die Karte aus den schwitzenden Fingern gerutscht, bis es geklappt hat. Als er den Adapter endlich im dafür vorgesehenen Schlitz versenkt hat, zögert er nicht lange. Er drückt den Knopf, der das Gerät hochfährt. Es dauert nur ein paar Sekunden, bis der Bildschirm leuchtet. Während der Netzsuche wischt sich Casper die Hände an der Hose ab. Dann endlich, Netzbetreiber gefunden. Ein Strich. Zwei Striche.

Noch während die Nachrichten das Gerät fluten, beginnt das alte Ding zu klingeln. Laut und blechern tönt die Tetris-Melodie aus den Lautsprechern. Casper starrt auf die Nummer, +36, das ist Ungarn. Sofort bekommt er ein flaues Gefühl im Magen. Hat Ilona seine Nummer vielleicht irgendwie …? Das Herz klopft immer schneller, dann nimmt er ab. Er ist nur kurz enttäuscht, als er am anderen Ende János' Brummen hört.

»Und, wie ist Istanbul?«, fragt er.

»Schön«, sagt Casper. »Nur bin ich dort nie angekommen.«

Für János beschränkt er sich auf eine Kurzzusammenfassung.

»Es gibt also eigentlich nicht viel Neues. Habe tagelang fast nur geschlafen, ab und zu mal was gegessen. Ach so. Und ich hab aufgehört zu rauchen.«

János pfeift anerkennend am anderen Ende der Leitung.

»Ich hatte kein Handy mehr, jetzt aber schon. Dann können wir ab und zu telefonieren«, grinst Casper. »Und vielleicht komm ich dich bald in den Bergen besuchen.«

»Oder ich in Deutschland zu dir Besuch«, lacht János. »Ist nett in Holzhaus mit Hund, aber fahre mit Lastwagen immer wieder über die Grenze. Hund kommt mit.«

»Ja, das würde mich auch freuen.«

Casper hat wieder dieses warme Gefühl in der Brust, das er aus Budapest mitgebracht hat. »Schön, dass wir uns sprechen, János. Und es ist toll, dass du dein neues Leben magst.«

»Ich mag neues Leben. Und!«, beginnt János aufgeregt, »ganz wichtig, noch etwas ist passiert.«

»Und was?«

Schweigen. János gluckst.

»Rate mal.«

»Du hast ein Wildschwein erlegt und geräuchert?«

»Näää. Das nicht.«

Er macht einen kurzen Exkurs und erzählt von seiner ersten Jagd, der Begegnung mit einem Hirsch. »Er war so ein großer Tier, der König von ganze Wald«, erzählt er in poetischem Kauderwelsch-Singsang. »Und vielleicht hat Kinder«, seufzt János, der auch seinen Cousin, den Jäger, davon abgehalten hat zu schießen. »Vielleicht schaffe ein Tag«, erklärt János. »Aber vielleicht versuche auch gar nie wieder.«

Casper atmet erleichtert aus. Wie gut, dass János so ein Softie ist. Wahrscheinlich eben wie alle Bären, die satt sind. Er muss wieder grinsen, diesmal übers ganze Gesicht.

»Rate noch mal.«

»Weiß nicht«, sagt Casper nach angestrengtem Grübeln.

»Sag schon. Ich komm nicht drauf.«

»Hähä«, macht János, senkt dann seine Stimme und erzählt in verschwörerischem Tonfall.

»Észter hat angerufen. Das Formel hat sich geirrt. Weil wir uns morgen treffen, hier bei mir vor Holzhaus zu spazieren«, gluckst Janos.

»Ja, heftig!« Casper lacht mit.

So ist das eben. Er hat Werte benutzt, die er nicht mit Sicherheit validieren konnte. Aber auch wenn er perfekte Werte gehabt hätte, wäre nichts gewiss gewesen. Die Formel kombiniert vielleicht Sozialphysik mit Biologie und Psychologie – aber ist und bleibt unvollständig. So wie eben alle Wissenschaften nur Teildisziplinen sind. Selbst wenn man sie übereinanderlegen würde wie Schablonen, die sich irgendwie ergänzen – sie würden doch immer nur unzureichend viele Dimension vom Großen und Ganzen einfangen. Und alles, was dazwischen liegt, geht verloren, bleibt Nebel zwischen den Theorien.

»Ich freue mich für dich, János. Hoffentlich wird es ein netter Spaziergang morgen. Du weißt ja, dass du es auch alleine schaffst.«

János bedankt sich, da habe Casper recht. Und dann fragt er die Frage aller Fragen, die er sich wohl aus gutem Grund bis jetzt verkniffen hat.

»Aber sag mal. Und sag bitte ehrlich. Was ist jetzt mit Ilona?«

Ja, was ist eigentlich mit Ilona?

CASPER

Adresse:
Hauptbahnhof Berlin
Zwischengeschoss
DB Reisezentrum
Mittlere Kabine
Herr mit Halbglatze

Lieber Schalterbeamte,

herzliche Grüße aus Istanbul. Auf der Karte sehen Sie die Blaue Moschee. Viele Grüße und einen frühen Feierabend wünscht Ihnen,

der junge Herr mit Hut

◇

Ilona hatte auf jeden Fall recht. Istanbul ist magisch. Die Luft am Bosporus schmeckt nach Salz und Karamell, in den Cafés riecht es nach Schwarztee und Sesam, die kühle Herbstsonne taucht die weißen Gemäuer in goldenes Licht. Zu gerne hätte er das Strahlen gesehen. Ilonas leuchtende Augen, den Wind in ihren Haaren. Casper steht auf der europäischen Seite und sieht nach Asien, ohne Plan und Ziel. Sein Rucksack sitzt wie ein schwerer Zwerg auf seinem Rücken, er kann nur ein paar Tage, aber auch Wochen bleiben. Mit klebrigen Fingern zerteilt er eine Dattel und schiebt sie sich in den Mund. Das Bittersüße kennt er gar nicht aus Deutschland, da schmecken die Datteln nur nach Zucker oder Honig.

Nachdem er sich die Hände mit einem der feuchten Taschentücher abgeputzt hat, die man hier in jedem Kiosk nachgeworfen bekommt, macht er sich auf den Weg, um eine Stadtkarte oder Ähnliches zu finden. Sein Handy ist angeschaltet, jederzeit kann er es rausholen und nach dem Weg sehen. Aber wozu, wenn der Weg das Ziel ist?

Casper wird eine Bleibe finden, etwas Unkonventionelles suchen. Vielleicht einfach wieder ein paar Leute auf der Straße ansprechen. Er könnte Glück haben oder sich auch in Gefahr bringen. Er hat nichts zu verlieren, jetzt, wo er die Freiheit wirklich verstanden hat. Wenn das Leben vorbei ist, hat er es zumindest gehabt. Es fühlt sich gut an.

Während er entspannt auf eine Schautafel mit den bunten Wasserbuslinien zuschlendert, macht es einen Ruck auf seinem Rücken. Der linke Träger seines Backpacks ist gerissen. Genervt zieht er ihn über die rechte Schulter, setzt ihn auf dem Boden ab. Dass das blöde Ding gerade jetzt den Geist aufgeben muss. Vorsichtig inspiziert er den gerissenen Träger. Ob man ihn vielleicht nähen könnte? Während er die gerissenen Stoffteile aneinanderlegt, schwebt etwas Gelbes im oberen Sichtfeld vorbei. Sofort hebt er den Kopf, fixiert den Rock, der nur ein paar Meter von ihm entfernt flattert. Sieht zwei braune Beine, schlanke Füße in filigranen Ledersandalen, die den Rock durch eine Traube von Touristen tragen.

Sein Puls beschleunigt sich. Das Herz rast. Schnell richtet er sich auf, drauf und dran, den Rock zu verfolgen.

Caspers Brücke ist genau jetzt die goldenste in Istanbul.

Als er sich durch die Touristengruppe schiebt, sieht er das helle Haar in der Sonne leuchten. Noch drei Schritte. Noch zwei, noch einer und dann. Als er ganz nah hinter ihr steht, legt er ihr die Hand auf die Schulter. Und dann.

Dann dreht sie sich um.

EPILOG

Irgendwo hinter Budapest, ungefähr vierhundert Schritte von einer Lichtung entfernt, steht eine rußige Holzruine, die friedlich zwischen Hügeln, Pfirsichbäumen und einem exakt bemessenen Gartenbeet liegt. Im Schutz der verkohlten Bretter haben Blauracken eine Brutröhre gegraben. Nur ein Zaun trennt das Grundstück von dem daneben.

Der schwarze Kater schlüpft problemlos durch die Zwischenräume der Latten, schreitet majestätisch auf die Mauern des Nachbarhauses zu. Dass ihm ein Ohr fehlt, mindert seine Anmut nicht.

Seine Augen verengen sich. Das Objekt ist begehbar.

Eines der Fenster steht halb offen. Lauernd nimmt er sein Ziel ins Visier. Mit einem gekonnten Satz landet er auf dem Fensterbrett, ist in unbekanntes Gebiet eingedrungen.

Es riecht nach Schuhen, Fleisch und Seife.

Der eine Mensch ist erst vor Kurzem gegangen, der andere Mensch ist schon länger weg. Sein Duft löst sich langsam auf. Der Kater riecht das bisschen Süße, das da noch ist, aber nicht mehr lange bleiben wird. Seine Augen gleiten über das fremde Reich, bleiben an Formen und Schatten hängen. Dann macht er einen Satz nach unten, landet weich. Schlägt seine Krallen in das gepolsterte Ding und wetzt sie genüsslich mehrmals am Stoff, bis sie wieder scharf sind. Danach muss er nur noch der Nase nach. Er hört das Surren einen Raum weiter, Klingeln in seinem Ohr. Drüben liegt mehr Fleisch in der Luft, mehr Seife, weniger Schuh. Der Kater inspiziert den großen grauen Kasten, der heiß wird, wenn man die richtige Stelle erwischt.

Unter der blinkenden Reihe bleibt er stehen.

Dann hebt er das Pfötchen. Wieder wird er rechtzeitig durchs Fenster kommen. Der Fluchtweg ist frei. Mit verengten Pupillen springt er nach oben. Dann braucht er nur noch draußen zu warten. Diesmal aber mit etwas mehr Abstand.

DANKSAGUNG

Mein größter Dank geht an die *Prosathek*, allen voran Alexander Wachter und Verena Ullmann, die mir als Komplettleser viel Zeit geschenkt und wortkräftig beigestanden haben. Danke, dass ich euch Tag und Nacht befragen konnte, dass ihr Ilona und Casper geliebt, so viel gefühlt und mich auf den letzten Metern beflügelt habt.

Von ganzem Herzen danke ich meinen Experten Florian Schroll, David Heider und Apon Dunkl, den Geduldigen, Armağan Bücgün und Familie. Und dann noch denen, die sogar noch im Schlaf mitgefiebert haben – danke, Mama.

Das letzte Wort gilt dem, der die Kugel ins Rollen gebracht hat. Auf einer unendlichen Ebene, umschlossen von unendlichem Gezänk. Im rasenden Fall ins Schwarze verwandelte sich alles zum Flug.

Auf dass wir uns wiedersehen, David.

MIX
Papier aus verantwortungsvollen Quellen
FSC® C014889
FSC www.fsc.org

Klimaneutral
ClimatePartner.com/14044-1912-1001
Druckprodukt

Penguin Random House Verlagsgruppe FSC® N001967

Neumarkter Str. 28, 81673 München
Umschlag: zero-media.net, München
Umschlagmotiv: Gettyimages / Milan Sillik / EyeEm
Druck und Bindung: Friedrich Pustet GmbH & Co. KG, Regensburg
Printed in Germany
ISBN 978-3-424-35103-3
www.diederichs-verlag.de

Dieses Buch ist auch als E-Book erhältlich.